# 认知构式语法的理论演绎与应用研究

顾鸣镝 著

学林出版社

图书在版编目(CIP)数据

认知构式语法的理论演绎与应用研究/ 顾鸣镝著.
—上海：学林出版社，2013.6
ISBN 978-7-5486-0462-4

Ⅰ.①认… Ⅱ.①顾… Ⅲ.①汉语—语法结构—研究
Ⅳ.①H14

中国版本图书馆 CIP 数据核字(2013)第 074176 号

## 认知构式语法的理论演绎与应用研究

**著　　者**——顾鸣镝
**责任编辑**——吴耀根
**封面设计**——严克勤

| | | |
|---|---|---|
| **出　　版**—— | 上海世纪出版股份有限公司 | 学林出版社 |
| | 地址：上海钦州南路81号 | 电话/传真：64515005 |
| **发　　行**—— | 中国图书进出口上海公司 | |
| | 地址：上海市广中路88号 | 电话：36357888 |
| **排　　版**—— | 南京展望文化发展有限公司 | |
| **字　　数**—— | 28万 | |
| **书　　号**—— | ISBN 978-7-5486-0462-4/H・37 | |

(如发生印刷、装订质量问题，读者可向工厂调换。)

上海市学位委员会大文科培育项目资助(B-7063-12-001002)

浙江省教育厅2012年度科研项目资助(Y201222971)

美国联邦基金项目资助(S-CH500-12-GR242)

# 序

顾鸣镝的这本书是借鉴当代构式语法理论来探索构式承继关系的一本专著。构式语法并不是指某种单一的语法理论，它代表了一种语法研究理念，表现为一种语法理论模型。它不仅指国内介绍较多的 Goldberg 为代表的构式语法，还包括 Kay & Fillmore 基于"框架语义学"的构式语法，近年来 Croft 提出的激进构式语法以及 Bergen & Chang 提出的体验构式语法，Langacker 也把他的认知语法作为构式语法的一种。构式语法理论被引进汉语语法研究以来，引起了学界的广泛关注，也引起了一些争议。陆俭明(2007)在 Goldberg(1995)中译本的序言中对此作了较为全面的评述，在此不再赘述。事实上不论哪个学派，哪种理论，对语言研究都有一定的解释力，也都有局限，不可能解决全部问题，基于认知语言学的构式语言理论也不例外。不过，相对而言，认知语言学似乎更适合汉语这种形式标志不明显而注重"意合"的语言类型。

处于这样的判定，近些年来笔者一直致力于汉语构式的研究，做了一些个案以彰显该理论框架的合理性和解释力。但在此过程中，也经常面临一些学者的质疑。一个问题是：你研究的明明是"句式"，为什么一定要叫"构式"呢？关于这个问题，笔者是基于如下两个方面的考虑：第一，两者的概括范围不同。传统语法对句式的界定，通常是指形式上具有某种特征或某种标志的句子格局，是对部分句子概括的结果，如"把"字句、"被"字句、"连"字句、连动句、兼语句、存现句、判断句，等等。可是如何来判定一个句子是否具有某种特征或某种标志，并没有明确的依据，因此传统语法中的"句式"是一个模糊的集合，外延并不清楚。而"构式"的英文是 construction，显然指的是结构式，包括所有形式和意义匹配的结构形式，因此一个"句式"显然是一个"构式"，可"构式"却不一定就是"句式"，还涵盖了其他所有的结构形式。事实表明，两个或两个以上语言单位组合，小到复合词，大到句子，都是一种特定的"构式"，它们形成一个非离散性的连续统，形成了某种语言特定的构式网络清单,其间很难加以一刀切。第二,两者的研究理念不同。传统语法对"句式"的研究立足于语言中组词成句的规律,以解释句子结构成分之间的相互关系编码序列的规则为目的,就研究理念来说,注重句法语义的"分析"。而构式语法在传统语法研究的基础上借鉴认知心理学的"完形"理论,坚持"整体大于部分之和"的理念,注重句法语义及其功能的"整合"。与传统的汉语句式研究相比,构式语法理论较注重如下的一些方面:(1)注重对构式义(constructional meaning)的提炼,即在句法框架(frame)的基础上准确地把握整体大于部分的构式义,这不仅是语义层面的概括,更是语用层面的概括。(2)注重构式的能产性(productivity),即构式内部的差异,以及依据最大理据性原则(Principle of Maximized Motivation)考察相关构式之间的承继链接(inheritance links)。(3)注重构式的话语功能,即强调说话人对情境(scene)的"识解"(construal),也就是特定构式对于特定语境的适切度,解释人们在什么样的语境条件下会说这样的话。其实,如果研究的对象是某类句子,叫"句式"也完全可以,事实上"构式语法"刚被引进时就称作"句式语法",这本来就是个名称的问题。

另一个问题是:"承继"这个概念是一个历时的概念,而你的研究明明是属于共时平面的,怎么能用这个概念呢?笔者认为这里有个误解,按照一般通用义的理解汉语中的"承继"应该是一个历时概念,但构式语法理论中采用的"承继"(inheritance)概念不一样。它是一个专门术语,这个术语源于计算机JAVA语言,代表的是一种"面向对象"的概括理念,其反映的实质是范畴不能以一套必要而充分的特征来界定,而是由一组聚集在一起的特征束来定义的。因此,从某种意义上来说,构式语法理论中的"承继"是基于共时语法化范畴的概念,即通过合理的逻辑推导而发现的构式与构式之间的理据性关联(motivation link)。构式承继的理据描写是一种语言概括的方法,描写并解释了构式之间的"同中有异"或"异中有同"这一语言事实。

因为问的人多了,就想找个机会把这些理论问题澄清一下。正好顾鸣镐考上了我的博士生,需要确定研究方向,我就与他沟通定下了这个题目。他本科阶段学习的是英语专业,曾经赴美国明尼苏达大学任访问学者,英语水平相当高,事实上为了本课题的研究,他与认知构式语法理论的创始人 Goldberg 保持了直接的联系,能及时获得并了解认知构式语法的最新研究动态及其成果;但也由于他是英语背景的学生,对汉语语法研究不太熟悉,可以说几乎是"零起点"。而笔者的情况似乎正好相反,于是,我俩虽是师生却建立了一种互补的"合作"关系,于是就有了这本专著。该专著的研究思路和整体框架如下:首先分析构式语法理论的学术渊源,全面地阐述了以 Goldberg 为代表的认知构式语法关于"承继"问题的相关研究成果,作为研究的理论依据。然后在此基础上,结合汉语学界相关研究的成果,以典型示例分析的方式,分别论述了与构式承继关系相关的系列问题,包括句法同构与多义解读、原型构式与隐喻派生、词类准入与构式赋义、语块整合与构式义提炼、语用心理与语境适切度、参数变量与构式变异等问题。通过对这些相关问题的系统探讨,期望对构式承继关系问题有一个较为全面的梳理和阐释。

当然,值得说明的是,按照构式语法理论的框架和基本观点,实际上构式承继问题存在于两个层面。一个是原型构式及其相关变式之间的承继,集中体现了构式基于隐喻机制的能产性效应,可以说是一种"内部"承继;另一个是不同构式之间的承继,集中体现了基于理据最大化原理的多重承继关系,可以说是一种"外部"承继。这后一个层面显然是更为重要的承继关系研究,构式语法理论作为功能认知学派的一个重要流派,初衷就是期望通过构式承继关系的研究,构建起某种语言所有构式的一个承继网络系统,呈现这个承继网络系统的全部理据性"清单",并进而发现跨语言的具有类型学价值的共性归纳。但事实上这本专著的考察和研究局限于前一个层面,即原型构式及其相关变式之间的内部承继,并没有涉及后一个层面。这样做是基于如下两方面的考虑:第一,就构式语法理论本身来说,对于构式之间基于理据最大化原理的多重承继关系问题,目前也还停留在原则性思考和示例考察阶段,并没有实质性的展示。尽管学者们正在努力探索,事实上能否实现还不得而知。根据近一个多世纪以来的语言研究历程和现状,要实现这个愿望还是有难度的。第二,就国内外汉语构式研究现状来看,自觉地借鉴构式语法理论来考察汉语构式的研究成果,基本上也还停留在某个特定构式及其相关变体之间的承继关系。这方面的研究成果越来越多,方兴未艾。这是因为传统汉语句式研究局限于句法语义层面的"分析",没有从"整合"的角度对句式的整体语义,尤其是话语功能加以探索。因此,这就为汉语句式研究的发展提供了一个广阔的空间,引起了学界的极大关注和兴趣。正因为个案研究成果非常丰硕,才有可能使我们在此基础上,对汉语原型构式及其相关变式的承继关系加以全面、系统的梳理、分析、考察,并对相关问题加以探讨。

顾鸣镝是在职攻读博士学位,担任了相当繁重的行政工作,但他能刻苦专研,努力拼搏。好在他身体棒,悟性高,工作效率突出,所以短短三年,他的学术训练是有效的,学术素养提升很快,对汉语语法研究也有了相当的积累和兴趣,令人不得不刮目相看。目前他终于顺利完成了各项学业,写出了颇有学术水准的博士学位论文,并出版了这本专著。对此笔者感到非常欣慰,也替他感到高兴。希望他能在此基础上,进一步选择更有利于自身发展的"平台",为语言研究以及对外汉语教学做出自己应有的贡献。

吴为善<br>
于 2013 年春节

# 目　　录

第一章　绪论 ································································· 1
　1.1　选题意义及题解 ····················································· 1
　1.2　构式语法理论的思想起源 ········································· 3
　　1.2.1　转换生成语法概述 ············································ 3
　　1.2.2　对转换生成语法的批判 ······································ 6
　1.3　国内外研究概述 ····················································· 9
　　1.3.1　国外构式语法理论的研究 ·································· 10
　　1.3.2　国内构式理据的研究 ········································ 11
　　1.3.3　存在的问题及需要突破的方面 ···························· 12
　1.4　理论基础与研究方法 ·············································· 13
　　1.4.1　功能主义语言观的价值取向 ······························· 13
　　1.4.2　描写和解释相结合的基本原则 ···························· 13
　　1.4.3　形式与功能相匹配的研究理念 ···························· 13
　　1.4.4　个性与共性相蕴含的考察视野 ···························· 14
　1.5　语料来源说明 ······················································· 14
第二章　构式语法理论的学术渊源 ······································ 15
　2.1　引言 ··································································· 15
　2.2　Fillmore 及其理论影响 ··········································· 17
　　2.2.1　框架语义学 ···················································· 17
　　2.2.2　构式语法思想 ················································· 20
　2.3　Lakoff 及其理论影响 ·············································· 23
　　2.3.1　认知语义学 ···················································· 23
　　2.3.2　构式语法思想 ················································· 27
　2.4　Langacker 及其理论影响 ········································· 29
　　2.4.1　认知语法 ······················································· 30
　　2.4.2　构式语法思想 ················································· 32

2.5 Croft 及其理论影响 ······················································· 34
 2.5.1 激进构式语法 ························································ 34
 2.5.2 构式语法思想 ························································ 36
2.6 本章小结 ····································································· 39

第三章 论元结构构式语法的承继研究 ·································· 42
3.1 引言 ·········································································· 42
3.2 论元结构的构式语法 ···················································· 43
 3.2.1 构式对动词的支配关系 ·········································· 44
 3.2.2 构式和构式的组织原则 ·········································· 46
 3.2.3 构式研究的基本程序 ············································· 47
3.3 构式的部分能产性机制 ················································· 47
 3.3.1 能产性的概念解读 ················································ 48
 3.3.2 能产性的机制研究 ················································ 49
 3.3.3 能产性的梯度考察 ················································ 50
3.4 构式的承继链接理据 ···················································· 53
 3.4.1 承继概念 ····························································· 53
 3.4.2 理据定义 ····························································· 55
 3.4.3 链接关联 ····························································· 55
3.5 本章小结 ···································································· 56

第四章 认知构式语法的承继研究 ······································· 58
4.1 引言 ·········································································· 58
4.2 认知构式语法的理论要点 ·············································· 58
 4.2.1 形式和功能的匹配体 ············································· 59
 4.2.2 语言习得的载体 ···················································· 61
 4.2.3 语言概括性的体现 ················································ 62
4.3 认知构式语法的研究思路 ·············································· 65
 4.3.1 统计优选 ····························································· 66
 4.3.2 表层概括假设 ······················································· 69
 4.3.3 功能承继网络 ······················································· 69
4.4 理据的象似性和层级性 ················································· 72
 4.4.1 理据的象似性 ······················································· 73
 4.4.2 理据的层级性 ······················································· 76
4.5 本章小结 ···································································· 77

# 目录

## 第五章 句法同构与多义解读 …… 79
- 5.1 引言 …… 79
- 5.2 NP 分裂前移话题化与数量同构 …… 80
  - 5.2.1 "NP$_{(受)}$＋VP$_{(t)}$＋QM"的句法同构性 …… 81
  - 5.2.2 句式同构的理据解析 …… 82
- 5.3 递进性差比义构式与时间序列 …… 85
  - 5.3.1 "一 M 比一 M＋VP"的递进性差比义 …… 86
  - 5.3.2 量级序列的属性演变 …… 87
- 5.4 非典型"连"字句与语块变异 …… 90
  - 5.4.1 典型"连"字句的构式特征 …… 91
  - 5.4.2 非典型"连"字句的演绎 …… 92
- 5.5 本章小结 …… 93

## 第六章 原型构式与隐喻扩展 …… 95
- 6.1 引言 …… 95
- 6.2 连动构式的认知层级解释 …… 96
  - 6.2.1 原型连动构式的认知框架 …… 97
  - 6.2.2 子类连动构式的隐喻引申 …… 98
- 6.3 "把"字句的位移图式描写 …… 99
  - 6.3.1 典型"把"字句的空间位移隐喻 …… 100
  - 6.3.2 非典型"把"字句的变体图式解析 …… 101
- 6.4 NV 构式的事件称谓性理据 …… 103
  - 6.4.1 事件称谓性 NV 构式的结构特征 …… 104
  - 6.4.2 实体称谓性构式的隐喻类推效应 …… 106
- 6.5 本章小结 …… 108

## 第七章 词类准入与构式赋义 …… 110
- 7.1 引言 …… 110
- 7.2 汉语双及物构式的动词扩展 …… 111
  - 7.2.1 给予类双及物构式的动词扩展 …… 111
  - 7.2.2 引申类双及物构式的动词扩展 …… 114
- 7.3 "V 不到哪里去"的形容词替换 …… 117
  - 7.3.1 "V 不到哪里去"的构式成因 …… 118
  - 7.3.2 "A 不到哪里去"的词类替换 …… 120
- 7.4 "程度副词＋形容词"的名词准入 …… 122

  7.4.1 "很+N"的名词准入条件 …… 123
  7.4.2 "很+N"的构式赋义机制 …… 124
 7.5 本章小结 …… 126

## 第八章 语块整合与构式义提炼 …… 128
 8.1 引言 …… 128
 8.2 "把"字句的主观处置义辨析 …… 129
  8.2.1 "把"字句的主观处置义表征 …… 130
  8.2.2 "主观性"的认知动因与类型 …… 132
 8.3 NP+VR构式的自致使义解读 …… 134
  8.3.1 自致使义NP+VR构式的原型语义 …… 135
  8.3.2 自致使义NP+VR构式的语块整合 …… 137
 8.4 "有"字领有句的语义倾向探源 …… 140
  8.4.1 "有+N"构式的语义倾向 …… 140
  8.4.2 "有"字领有句的语义倾向 …… 143
 8.5 本章小结 …… 145

## 第九章 语用心理和语境适切度 …… 147
 9.1 引言 …… 147
 9.2 数量宾语后置的主观认知 …… 148
  9.2.1 $NP_{(受)}+VP_{(t)}+QM$构式的主观量评价 …… 148
  9.2.2 $NP_{(受)}+VP_{(t)}+QM$构式的移情效应 …… 150
 9.3 带"得"状态补语的语境识解 …… 152
  9.3.1 带"得"状态补语的程度凸显 …… 153
  9.3.2 带"得"状态补语的语用预设 …… 155
 9.4 "看你A的"构式的情绪诱因 …… 157
  9.4.1 "看你A的"构式的情绪倾向 …… 157
  9.4.2 "看你A的"构式的语用心理 …… 159
 9.5 本章小结 …… 159

## 第十章 参数变量与构式变异 …… 161
 10.1 引言 …… 161
 10.2 "V起来"的句法分布与语义虚化 …… 162
  10.2.1 "V起来"的句法分布 …… 162
  10.2.2 "V起来"的语义虚化 …… 165
 10.3 同形异构体V+N的整合与结构识别 …… 166

  10.3.1 V+N 的韵律整合框架 ·················· 168
  10.3.2 V+N 的元素准入条件 ·················· 170
 10.4 遍指性非差比义与量级序列缺失 ················ 175
  10.4.1 递进性差比义构式的量级序列 ············· 175
  10.4.2 非递进性遍指义变式的参数缺失 ············ 177
 10.5 本章小结 ······························· 178
第十一章 结语和思考 ·························· 180
 11.1 本文的主要结论及其不足之处 ················ 180
  11.1.1 本文的主要结论 ···················· 180
  11.1.2 本文的不足之处 ···················· 183
 11.2 本课题后续研究的基本思路 ·················· 184
  11.2.1 语用驱动的理据探索 ·················· 184
  11.2.2 语义结构的理据探索 ·················· 186
  11.2.3 句法形式的理据探索 ·················· 187
参考文献 ································· 190
后记 ··································· 197

# 第一章 绪 论

## 1.1 选题意义及题解

本文基于认知构式语法的理论框架,对汉语构式的承继关系加以系统的研究,从研究的对象来看,主要来源是传统语法所说的"句式"。那么我们为什么不采用"句式"的概念,而采用"构式"的概念呢？笔者是基于如下一些思考：

第一,概括范围不同。传统语法对句式的界定,通常是指形式上具有某种特征或某种标志的句子格局,是对部分句子的概括结果,如"把"字句、"被"字句、"连"字句、连动句、兼语句、存现句、判断句等等。可是如何来判定一个句子是否具有某种特征或某种标志,并没有明确的依据,因此传统语法中的句式是一个模糊的集合,外延不清楚。而"构式"(construction)指的是结构式,包括所有形式和意义匹配的结构形式,一个"句式"显然是一个"构式",可"构式"却不一定就是"句式",还涵盖了其他所有的结构形式,如本文所考察的"N+V"、"有+NP"、"瞧你 A 的"、"A 不到哪里去"等等。事实表明,两个或两个以上语言单位的组合,小到复合词,大到句子,都是一种特定的"构式",它们形成一个非离散性的连续统,形成了某种语言特定的构式网络清单,其间很难加以"一刀切"。

第二,研究理念不同。传统语法对"句式"的研究立足于语言中词组合成句子的表层规律,以解释句子结构成分之间的相互关系和组成句子序列的规则为目的,重点是讨论句法和语义之间的关联。就研究理念来说,注重句法语义的"分析"。而认知构式语法在此基础上借鉴认知心理学的完形理论,坚持"整体大于部分之和"的理念,注重句法语义及其功能的"整合"。首先,构式语法理论在对"构件"描写的基础上,注重整体"构式义"的提炼。比如传统语法对汉语"把"字句的研究是比较充分的,沈家煊(2002)在此基础上通过对"把"字句与一般主谓宾句的对比,指出"把"字句表达的是一种"主观处置义"。同时,构式语法理论在提炼"构式义"的基础上,注重话语功能的概括,即特定构式的"语境适切度",强调说话人基于"情景"(scene)的"识解"(construe)而作出的形式编码选择。比如传统语法对汉语"连"字句的研究也是比较充分的,刘丹青(2005)在此基础上,基于对非典型"连"字句的考察,进一步指出"连"字句是用来表达一种与预期形成强烈反差因而带有强调义的典型构式。

本文研究涉及到的另一个概念就是"承继",按照一般通用义的理解"承继"应该是一个历时的概念。但本文采用的"承继"(inheritance)是一个专门术语,这个术语源于计算机JAVA语言,代表的是一种"面向对象"的概括理念,其反映的实质是范畴不能以一套必要而充分的特征来界定,而是由一组聚集在一起的特征束来定义的。因此,在构式语法理论中"承继"是基于共时语法化范畴的概念,即通过合理的逻辑推导而发现的构式与构式之间的"理据性关联"(motivation link)。构式承继的理据描写是一种语言概括的方法,描述了构式之间在某些方面相同,而在其他方面不同这一语言事实。比如传统语法对汉语双宾句的研究也是比较充分的,张伯江(1999)借鉴构式语法的承继概念,将双宾句界定为"双及物构式",并勾勒出"给与类"双及物构式基于隐喻途径而形成的6类子构式的承继序列。

就学术渊源而言,构式语法理论兴起于20世纪80年代,目前已成为国内外学界关注的热点。从2001年至今,International Conference on Construction Grammar(国际构式语法研讨会,简称ICCG)已举办了五次。构式语法理论一个值得注意的发展趋势是:认知语言学和语言类型学的结合(Fillmore 1985,1988;Fillmore & Kay 1988;Lakoff 1987,1993;Goldberg 1995,2006;Langacker 2005,2007,2009;Taylor 2002;Croft 2001,2005;等)。美国学者 Adele E·Goldberg 于2006年出版了 Constructions at Work: The Nature of Generalization in Language(《运作中的构式:语言概括的本质》),对结构与功能的匹配、构式的习得与概括、语言概括的解释等进行了研究。这部专著被学界认为是认知构式语法理论的奠基之作,确立了这一语法理论在国际认知构式语法领域的重要地位。认知构式语法理论是一种基于使用的语法理论模型,它不仅源于对具体语言现象的描写,还来自于对非语言范畴的认知,其功能是解释语言示例和语言概括的习得。

近三十年来,国内学者对于构式及其承继关系的语义基础、同构限制、功能属性、认知原则等方面均有相当深入地分析和解释,但以往的研究多局限于考察某个特定构式基于语义延伸的子类承继现象,尚未对构式的承继问题作系统性的研究。本文选取语言中的构式承继问题作为研究目标,试图说明认知构式语法理论有助于对单一语言理据研究的深化;与此同时,对单一语言研究的深入与细化,具体到对构式承继问题的研究,无疑也会对语言的概括产生重要意义。本文强调构式是形式和功能的匹配体,所蕴含的特征无法得到完全预测,关注的焦点是构式承继理据的可探究性,目的是凸显构式的整体形式价值和表义价值。希望能从语言类型学的视野和认知语言学的角度出发进行研究,解释为什么在构式扩展的过程中,结构和功能的可分解性逐渐消失,而结构的基本语块要素和构式的基本功能属性却被完整保留。

本文的研究思路和整体框架如下：首先分析构式语法理论的学术渊源，全面地阐述了以 Adele E·Goldberg 为代表的论元结构构式语法，以及其后的认知构式语法关于承继问题的研究成果，并把它们作为本文研究的理论依据。在此基础上，结合汉语学界的相关研究成果，以典型示例分析的方式，分别论述句法同构与多义解读、原型构式与隐喻派生、词类准入与构式赋义、语块整合与构式义提炼、语用心理与语境适切度等问题，希冀对汉语构式承继关系问题有一个全面、系统的梳理和阐释。

## 1.2 构式语法理论的思想起源

学界普遍认为构式语法源于对转换生成语法理论的反思，是从格语法演化而来的。构式贯穿了语言的各个层面，其最大的贡献是突破了传统的模块式语法观。

### 1.2.1 转换生成语法概述

20 世纪中叶起，Chomsky 的"生成语言学"（TG：Transformational Grammar）在国际语言学研究领域一直处于主流地位。Chomsky 毕业于美国麻省理工学院，师从描写语言学大师 Z·Harris。20 世纪 50 年代，在继承了 17 世纪法国的普遍唯理语法和 R·Descartes 的唯理论思想的基础上，Chomsky 对结构主义语言学的认知论基础进行了批判，认为语法研究的最终目的是对语言现象提出合理的解释，即从语言机制去探讨人类大脑的工作机制，以达到了解人类思维活动的本质。Chomsky 提倡语言研究不能只要求达到"观察的充分性"（observative adequacy），还要达到"描写的充分性"（descriptive adequacy），更要求达到"解释的充分性"（explanatory adequacy）。石定栩（2002），刘润清、封宗信（2003）将转换生成语法理论从 1957 年问世至今分成五个发展阶段，笔者在此基础上对时间的分布稍做了修改。具体如下所示：

| 阶　段 | 时　间 | 名　　称 | 代　表　作 |
| --- | --- | --- | --- |
| 第一阶段 | 1957—1965 | 第一语言模式<br>The First Linguistic Model | *Syntactic Structure*<br>（Chomsky 1957） |
| 第二阶段 | 1965—1969 | 标准理论<br>Standard Theory | *Aspects of the Theory of Syntax*<br>（Chomsky 1965） |
| 第三阶段 | 20 世纪<br>70 年代 | 扩展的标准理论<br>Extended Standard Theory | *Essays on Form and Interpretation*<br>（Chomsky 1977） |

续 表

| 阶 段 | 时 间 | 名 称 | 代 表 作 |
|---|---|---|---|
| 第四阶段 | 20世纪80年代 | 管辖与约束 Government and Binding Theory | *Lectures on Government and Binding* (Chomsky 1981) |
| 第五阶段 | 20世纪90年代— | 最简方案 Minimalist Program | *A Minimalist Program of Linguistic Theory* (Chomsky 1993) |

第一阶段,"第一语言模式"时期,也称作"古典理论时期",代表作《句法结构》。Chomsky(1957:16)认为,生成和转换规则就是生成语言序列(通常指句子)的过程中所依赖的准则。他在这一时期对语法的定义是:

The grammar of L will thus be a device that generates all of the grammatical sequence of L and none of the ungrammatical ones.

语法是一种工具,能够生成并只能生成语言中所有合乎语法的序列。

第二阶段,"标准理论"时期,代表作《句法理论的若干问题》。Chomsky(1965)提出"次范畴化"(subcategorization)来限制能与每个成分一同出现的其他成分的句法特征。例如:

(1) a. Put:V:[___NP PP]
　　b. Belief:N:[___(PP),___(S)]

例(1)a 表示 put 所在的动词短语内,put 后面必须加名词短语和介词短语;例(1)b 表示 belief 后面可以加介词短语或从句。Chomsky 将例(1)这种以所在框架的句法特征对语言符号进行的分析称为选择性规则。他同时指出:生成语法包括句法、语音和语义三个主要部分,提出"深层结构"(deep structure)和"表层结构"(surface structure)的概念。语音部分决定语音形式、连接结构和语音符号;语义部分决定意义、连接结构和语义表征。深层结构决定语义解释,表层结构决定语音解释,深层结构通过转化规则形成表层结构。具体如左图所示:

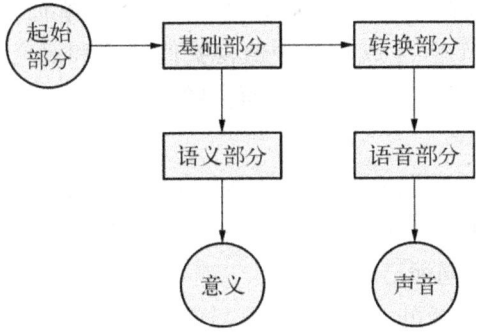

第三阶段,"扩展的标准理论"时期,代表作《关于形式和解释的论集》。需要

第一章 绪　论

指出的是,Chomsky 于 20 世纪 70 年代初分别发表和出版了《关于动词名物化的一些看法》、《深层结构、表层结构和语义解释》以及《转换的必要条件》。因此,笔者认为第三阶段应该是贯穿整个 20 世纪 70 年代的。在这一阶段中,Chomsky(1977:63)正式提出了"普遍语法"(Universal Grammar,简称 UG)的概念:

> The general theory of grammar — call it 'universal grammar' — is a system of principles that determines: (1) what counts as a grammar and (2) how grammars function to generate structural descriptions of sentences.
>
> 语法的普遍理论——称之为普遍语法——是一个规则系统,这些规则决定:(1)什么是语法;(2)语法是如何具备生成对句子结构性描述的功能的。

第四阶段,"管辖与约束"时期,代表作《管辖与约束论》(简称《管约论》)。Chomsky(1981)假设语言机制中储存了数量有限的规则和参数,规则为所有语言共有,参数体现语言差异。他用"D 结构"(D-structure)和"S 结构"(S-structure)替代了深层结构与表层结构的提法,添加了"音系式"(Phonetic Form,简称 PF)。他继而指出,普遍语法要提供从 S 结构到语音式以及从 S 结构到逻辑式的映射(或投射)规则。

第五阶段,"最简方案"时期,代表作《语言学理论最简方案》。Chomsky(1993:171)在这一时期指出:

> The linguistic expression are the optimal realization of the interface conditions, where the 'optimality' is determined by the economy conditions of UG.
>
> 语言表达是接口条件的最优实现,"选优性"由普遍语法的经济原则决定。

这里的接口指的是普遍语法与实际语言发生联系的层面;经济原则可理解为人类在认知过程中力求以最少的付出获得最大回报的原理。

Chomsky 理论观点的问世,掀起了学界关于语言研究的"乔姆斯基革命"(Chomskien Revolution)。陆俭明(2005)对转换生成语法中值得我们重视和研究的内容进行了总结,认为 Chomsky 的理论构建对人类语言学研究的贡献主要包括四个方面。具体归纳如下:

(一)强调语言研究的最终目的是要对语言现象进行充分而又合理的解释;

(二)各民族、各地区虽然语言各异,但有相同原则,人类语言存在着普遍语法,存在着共性,语言之间的差异只是参数不同而已;

(三)人类语言的普遍规则应该是高度概括的,因而可以根据这些规则生成各

种语言的所有合法的结构;

（四）关于人的大脑里到底是否有一个内在的语言机制,至今仍无定论,无论对错与否,都值得我们持续关注并不断研究。

### 1.2.2 对转换生成语法的批判

学界对转换生成语法的批判是建立在质疑该学派的四个理论假设基础上的。具体归纳如下:

（一）对语言天赋观假设的批判

Chomsky认为人类的语言能力是先天的,人在出生时大脑中就内嵌了一种独立于其他认知能力的语言能力,这就是"语言习得机制"(Language Acquisition Device,简称LAD)。这个潜在的天赋性语言机制的内部核心就是"普遍语法"。转换生成语法因此仅关心那些具有普遍意义的核心语法,而忽略了其边缘部分。比如,英语中存在着大量的习语,有的符合语法表达,有的属于半语法表达,有的表达则根本无语法规则可言,是非语法表达。但不可否认的是,习语是人类语言交际中的重要组成部分。Chomsky等主张将习语归类到"词库"中,从而避免用句法理论来处理词汇习得问题。Fried & Östman(2004:15)对此批评指出:

> TG's machineries are designed to generate and recognize unlimitedly complex sentences, while leaving outside of their scope many kinds of structures that speakers of a given language produce and comprehend in their every-day language use.
>
> 转换生成语法理论的提出是为了能生成和识别无限复杂的句子,事实却将许多种类的结构排除在该理论之外,而这些结构恰恰是某种语言的说话人在日常语言运用中所生成和理解的。

（二）对语法是自足系统假设的批判

生成语言学的一个重要假设是:语法是自足的。王寅(2011a:94)列举了英语中的实例,说明不参照意义,不考虑百科知识,我们就无法从句法角度判别语句的正误。例如:

(2) *I was a teacher all my life.

(3) *There is a tree around the garden.

(4) *I have gone.

(5) *My sister is six months older that I.

(6) * It took me ten years to write novels.
(7) * The dog scattered.

以上都是符合英语句法的表达式,但语义上都存在矛盾。例(2)中的过去时(指过去的事或已故的人)与整句意义搭配不上;例(3)中的 a tree 在空间与数量上不可能环绕整个花园;例(4)中的 have gone 表示人已不在场,I 不可能在不在场的情况下如此对话;例(5)违反了"十月怀胎"的自然规律;例(6)中的 ten years 表示有界的概念,而 write novels 是无界的概念,两者不匹配;例(7)中主语应当用复数 the dogs,或改用 The dog was scattered,语义才能成立。

(三) 对普遍句法范畴假设的批判

生成语言学派先假定了概括抽象的规则来支配语言的运用,认为语言中无法用这些规则解释的现象(如习语、隐喻等)是反常的,并不属于语言的核心部分。Kay & Fillmore(1999:30)反对这一观点,他们认为概括性的结论需要符合具体的语言运用,而概括性的结论是建立在分析归纳不同句法结构特征的基础上的。为此他们指出:

> The investigation of the idiomatic thus involved the analyst directly in the study of the most general constructions of the grammar. ... In grammar, the investigations of the idiomatic and of the general are the same; the study of the periphery is the study of the core — and vice versa. ... the particular and the general are knit together seamlessly.
>
> 习语的研究是分析者对语法中最具概括性构式的直接研究。……语法中,对习语和一般现象的研究具有同等作用,对边缘现象的研究就是对核心现象的研究—反之亦然。……特殊现象与普遍现象密切地交织在一起。

Croft(2001:32—61)也对此提出了颇为激进的批判,认为即使在同一语言中也不存在完全统一的句法范畴和句法关系,它们仅只存在于特定的具体构式之中,句法范畴和句法关系必须参照它们所用于的具体构式来定义。为此他指出:

> There are universals of language, but not in syntactic structure taken by itself. The universals of language are found in semantic structure and in symbolic structure, that is, the mapping between linguistic function and linguistic form.
>
> 语言存在共性,但不是来自句法结构本身。语言的共性来自语义结构与象征结构,即语言的形式和意义之间映射关系的普遍性。

### （四）对模块式语法观假设的批判

转换生成语法采用的模块式语法观是一种词汇加规则的模式，把语言知识分为语音、句法、语义等各个不同的模块，模块之间根据连接规则互相联系。词汇是基本单位，受语音、句法和语义三个层面的限制组成短语或句子，语用因素不在其考虑范围之内。

Fillmore 通过对英语并列连词"let alone"的研究，认为这一模式无法解释此类习语中的某些现象。例如：

(8) a. George doesn't understand math, let alone rocket science.
乔治不懂数学，更别说火箭科学了。
b. George doesn't understand rocket science.
乔治不懂火箭科学。

从语义上看，例(8)b 直接否定 George understands rocket science；而例(8)a 先否定了 George understands math，并以此为基础否定 George understands rocket science，这种否定在语用上更加有力。体现这种话语功能的手段是通过 let alone 连接 understand math 和 understand rocket science 进行强度上的比较，显示后者的强度高于前者。据此，Fillmore(1988：534)对转换生成语法采用的模块式语法观提出了质疑，反对把语言知识进行分层处理。他指出：

> It has seemed to us that a large part of a language user's competence is to be described as a repertory of clusters of information including, simultaneously, morphosyntactic patterns, semantic interpretation principles to which these are described, and, in many cases, specific pragmatic functions in whose service they exist.
>
> 我们似乎已经发现，语言使用者的大部分能力应描述为一个信息群的集合，这个信息集合同时包括：形态句法模式、描述这些模式所依据的语义阐释原则、在很多情况下还包括具体的语用功能，这些形态句法模式的存在就是为这些语用功能服务的。

值得注意的是，虽然转换生成语法理论与构式语法理论存在着观点的碰撞与矛盾，但二者之间并非处于完全对立的状态。Newmeyer(1999：17)就认为，转换生成语法学派的最新发展使其正在向认知语言学靠近。他指出：

> we have seen that there is good reason to believe that generative and cognitive linguistics are closer than is generally thought; they both espouse

the cognitive commitment, the autonomy thesis allows the statement of direct form-meaning relations, both theories permit a lexicon, and the foundations of generative grammar go not require the adoption of model-theoretic approaches to semantics or to a theoretically significant separation of semantics and pragmatics.

我们有理由相信，生成语言学与认知语言学的关系比大家普遍认为的更为紧密：它们都拥护认知共识，都允许形式与意义的直接关联，都允许词库的存在，生成语法的基础不需要接受模型语义学，也不需要对语义和语用做严格的划分。

Goldberg(2006：4)也承认转换生成语法理论对构式语法理论的建立与发展是有影响的，二者之间具有共性的成分。她指出：

Both approaches agree that it is essential to consider language as a cognitive (mental) system; both approaches acknowledge that there must be a way to combine structures to create novel utterances, and both approaches recognize that a non-trivial theory of language learning is needed.

两种语法理论都坚持将语言看作是一个认知（心智）系统；两种语法理论都承认必定有一种方法可将一些结构连接起来，从而组成新的语言表达方式；两种语法理论都认为语言习得研究需要一种简单明了的理论。

综上所述，转换生成语法理论和构式语法理论的共性成分具体可以归纳如下：

（一）两种语法理论都是用整体结构或部整关系来表征语法单位的；

（二）两种语法理论都坚持将语言看作是一个认知系统，进而从认知的角度对人类语言进行研究；

（三）转换生成语法理论认为语法是说话人头脑里的语言习得机制，构式语法理论将语法定义为贮存在人们大脑里的有组织的、归约性的语言单位的集合；

（四）转换生成语法理论旨在发现人类语言的普遍语法，而构式语法理论的最终目标是对贮存在人们大脑中的"心智语法"做出概括。

## 1.3 国内外研究概述

本文借鉴认知构式语法理论来探索语言构式的承继关系。与传统的句式研究相比，构式语法理论较注重以下一些方面的研究：

（一）构式语法理论注重对"构式义"的提炼，即在句法"框架"和"构件"描写的

基础上准确地把握整体大于部分的构式义,这不仅是语义层面的概括,更是语用层面的概括;

(二)构式语法理论注重构式的"能产性"(productivity),即构式内部的差异,以及依据"最大理据性原则"(principle of maximized motivation)考察相关构式之间的"承继链接"(inheritance links);

(三)构式语法理论注重构式的话语功能,即强调说话人对"情境"的"识解",也就是特定构式对于特定语境的适切度,解释人们在什么样的语境条件下会选择说这样的话。

### 1.3.1 国外构式语法理论的研究

国外构式语法理论兴起于20世纪80年代,从学术渊源来看构式语法理论的发展大致经历了三个阶段:

20世纪80年代末至90年代中期,随着国外语言学界对转换生成语法理论的质疑与批判,越来越多的学者将视野转向符合人类普遍认知规律的语言研究。Fillmore(1985)提出了"框架语义学",强调以事件或整体结构为背景知识,从参与者的意向、社会文化背景、动作或状态等经验角度来分析语义成分及其结构关系。Kay & Fillmore(1999)通过对英语"WXDY"构式的形式与意义的匹配研究,开创了构式之间承继关系的描写。Lakoff(1987)借鉴了格式塔心理学派的研究,认为一个构式的特征越是有理据,就越是一个完整的格式塔(完形),构式与构式之间的关系可以看作是由一个原型范畴构式和若干个次范畴构式组成的辐射状的组织结构。

20世纪90年代中期至本世纪初,学界开始运用语法理论模型来解释构式之间的承继关系。Croft(2001)的语义地图模型反映了特定句法结构在具有共性的概念空间中的走向,个别语言的差异类型被投射到了具有共性的概念空间之上。Langacker(1991)提出的图式范畴理论较为详细地论述了象征单位之间的关系,为从认知角度解释构式间的承继链接提供了重要的理论基础。Goldberg 在1995年的专著 *Constructions: A Construction Grammar Approach to Argument Structure*(《构式:论元结构的构式语法研究》)一书中明确指出,构式语法不仅代表了一种语法研究理念,更表现为一种语法理论模型,构式之间的承继关系的研究目的是在于发现"跨构式的系统概括"。

进入新世纪以来,以 Goldberg 为代表的构式语法理论得到了进一步的深化,Goldberg 对构式定义的修订彰显了认知语言学的语言使用观,为此她把自己的"论元结构构式语法"提升为"认知构式语法",并将构式间的承继关系定义为基于功能性理据的承继网络。

### 1.3.2 国内构式理据的研究

国内学界对汉语构式承继问题的研究源于对国外构式语法理论的引进和应用。根据文献资料统计,20世纪90年代,大约有40多篇发表在核心期刊的论文专门探讨汉语构式的理据及其承继关系。进入新世纪以来,汉语构式研究有了长足的进展,一批专著相继问世,关于汉语构式研究的论文多达数百篇,尤其是很多硕士学位论文和博士学位论文,选择汉语构式作为研究课题,使得汉语构式研究成为学界新的热点。就总体而言,立足汉语特点,汉语构式研究的重点主要集中在两个方面:一个是揭示汉语构式内部基于"同构性"的承继特征;另一个是探索汉语构式之间基于"理据性"的承继关联。

国内学者近一时期陆续出版了介绍构式语法理论或探索汉语构式的专著,深化了学界对构式语法理论的认识。有的学者对国外的构式语法理论进行了介绍、梳理、总结与归纳,比如王寅(2011a)的《构式语法研究(上卷):理论思索》、牛保义(2011)的《构式语法理论研究》等;有的学者在认知语言学派的大背景下对构式语法理论进行了阐释,比如李福印(2009)的《认知语言学概论》、吴为善(2011d)的《认知语言学与汉语研究》等;有的学者从汉语构式角度论证构式语法理论的适切性,比如王寅(2011b)的《构式语法研究(下卷):分析应用》、朱军(2010)的《汉语构式语法研究》。值得关注的是有的学者将构式语法理论与传统汉语句式研究相结合,提出了新的理论框架,比如陆俭明(2009a)提出的"构式—语块"理论假设。

同时,不少论文的相继发表进一步推动了汉语构式的实证研究。张伯江(1999)运用构式语法理论对汉语双及物构式的原型构式义进行提炼,并提出了基于隐喻机制的构式承继关系。这引发了国内学者对该构式语义类型的讨论,较有代表性的如徐盛桓(2001)、李淑静(2001)、陆俭明(2002)、石毓智(2004)、张建理(2006)等;这种讨论逐渐发展成为对该构式部分能产性机制的探索,较有代表性的如李勇忠(2005)、林晓恒(2006)、熊学亮(2007)、徐盛桓(2007)等;由此引发了对原型构式和子类构式之间承继与理据问题的研究,较有代表性的如吴长安(2007)、熊学亮、杨子(2008)等。通过对汉语双及物构式的系统研究,国内学者逐渐掌握了构式语法理论的方法观,并以此为基础对汉语现象进行了广泛的研究,重点是对构式义的解析和对构式内部子类构式承继链接的描写。比如沈家煊(1999)对"在"字句和"给"字句的研究;张伯江(2000)关于"把"字句的句式语义提炼;林晓恒(2006)对"都+V+的+N"构式的解析;吴长安(2007)"爱咋咋地"构式的特点归纳;李云靖(2008)对"NP+的+VP"构式的句法阐释;熊学亮、杨子(2008)对"V+NP+NP"

构式的语用解读；吴为善(2010b)对自致使义动结构式"NP+VR"的句法语义考察；等等。在运用构式语法理论对汉语构式进行全面研究的过程中，国内学者把研究重点转向汉语构式理据及其认知心理机制的探究。比如沈家煊(2002)阐释了汉语"把"字句的"主观处置义"；李勇忠(2004)描写了构式压制中的转喻动因；刘丹青(2005)分析了作为典型构式的非典型"连"字句；张韧(2007)探索了转喻的构式化表征；陆俭明(2009b)考察了构式承继中隐喻和转喻的作用；吴为善、夏芳芳(2011b)概括并分析了"A不到哪里去"的话题功能及其成因；等等。

需要指出的是，近30年来汉语构式语法研究中出现了一些值得关注的创新成果。比如戴浩一(1988)考察了汉语语序和客观时间顺序的关系，提出了"时间顺序原则"和"时间范围原则"；沈家煊(1995、2004)引进国外"界论"概念，分析了汉语名词、动词、形容词三大实词范畴类的"有界"、"无界"属性；郭继懋、王红旗(2001)对于汉语粘合补语和组合补语的表达差异进行了认知分析；刘丹青(2002)借鉴Dik的"联系项居中原则"，解释了汉语"框式介词"的成因及其认知机制；陆丙甫(2005)基于优势语序的认知解释，提出了制约汉语语序的"可别度领先原则"；吴为善(2010a)通过对汉语音节结构的微观考察，从认识论和语言观的角度，提出了语言系统信息同构的观点；陆丙甫(2011)就汉语偏正型结构的标记隐现，提出了"重度——标志对应律"。这些学者的研究成果是立足汉语事实的一种考察和探索，并不是有意识地针对构式语法理论而展开的，因而是不自觉的。但事实上，这些研究成果对汉语构式多重承继关系的理据性解释，具有重大意义，所以当我们来关注汉语构式多重承继的理据性时，应该充分考量这些研究成果的价值。

### 1.3.3　存在的问题及需要突破的方面

构式承继关系的研究是为了论证功能类范畴分类的科学性，目的是得到"跨构式的概括"。Goldberg(1995)认为一般情况下的承继系统可表述为"有向非循环图形"，允许次规则和例外存在，只要层级承继关系中的上位构式(支配构式)和下位构式(被支配构式)之间的信息不矛盾，某个下位构式就存在能够承继上位构式部分信息特征的可能性。学界也多持此看法。但是，从非同构多重承继和同构子类承继这两个层面考察，原型意义会延伸出何种意义和用法是无法预测的。正如Michaelis(2001)所指出的，构式之间的相互关系从历时角度来说并不具有透明性。相对于形式特征较为明显的英语，注重意合的汉语论元的配置更为灵活。但就目前而言，基于认知构式语法的汉语构式研究多数还只关注形义独特的构式(如"习语")，以及传统研究中界定的典型"句式"，尚未从语言"态系"构式着手，系统地考察构式网络，尤其是不同构式之间基于最大理据性原则建构起来的承继关联。因

第一章 绪 论

此本文旨在将认知构式语法运用于数个范畴及其次范畴的研究,对构式的"同构性"特征进行重新界定,从而有效定位"同构"与"非同构"的界限。在此基础上研究同构子类承继的构式赋义过程,研究非同构多重承继链接的认知依据,从而得出构式之间理据传承的动因。

## 1.4 理论基础与研究方法

### 1.4.1 功能主义语言观的价值取向

功能学派的崛起带来语言观的变化,语言学家不再将语言视为自足自治的纯形式系统,因此必然会寻求隐藏在形式背后的语义和功能动因。当代语言类型学的共性研究经过几十年的发展成就斐然,人们在归纳出来的大量语言共性规律的基础上开始试图解释这些规律,发现在毫无亲缘关系的众多语言里一再出现某些相似的形式与功能的匹配关系。既然语言符号及其结构序列的能指和所指之间的关联是非任意的,那么两者之间一定会存在某种经得起论证的理据。构式可以视作语言的基本单位,构式之间的整体关系反映了语法的关系网络状况和语言的细致表征系统,承继性理据的探究本质上是依据语言象似性概念对相关构式的语言结构与经验认知之间"临摹性"的解释。汉语无严格意义上的形态,更依赖于语序整合和语义意合,因此与构式的理据有着更强的匹配性。

### 1.4.2 描写和解释相结合的基本原则

关于构式的承继问题,前人已经对特定构式的语义特征做过大量细致的描写,但在对构式承继性理据的规律表述和解释方面尚有所欠缺,本文的目标是在前贤对语言事实描写的基础上,朝理论解释的方向再进一步。这也与认知语言学的根本目标相吻合,即达到对人类自然语言结构规律的合理解释。认知构式语法理论的研究角度决定了我们的研究目标并非仅仅是提炼构式义,而是在此基础上作出认知上有意义的构式网络的概括。

### 1.4.3 形式与功能相匹配的研究理念

认知构式语法的理论渊源决定了其研究方法自上而下的根本观点,即不刻意追求形式化,不以形式解释形式,而是以语义、功能、概念出发探索语言范畴和语言结构的概念基础。首先,在本体论的层面,把语义和功能看作是促动、限制形式的一个基本要素；其次，在方法论的层面，充分承认形式验证的必要性，强调并倚重语义、功能的分析，试图用意义要素分化、解释形式上的差别。

### 1.4.4　个性与共性相蕴含的考察视野

事实证明，语言现象的共性是人类认知的深层机理，语言现象的个性是共性的具体表现，是不同语言的一种策略选择。个性必然蕴含共性，共性表现为功能共性而不是形式共性，这是语言类型学研究的共识。本文对汉语构式承继问题的研究立足于跨语言的比较，在描写语言事实、解释其中规律时，从共性着眼，从个性着手，力图从个性中发掘共性的机理。

## 1.5　语料来源说明

本课题所用语料除了随文注出的以外，主要来源于：

1. 现代汉语的材料主要来源于北京大学汉语语言学研究中心开发的CCL语料库检索系统。网址：http://ccl.pku.edu.cn:8080/ccl_corpus/

2. 中华人民共和国教育部语言文字应用研究所开发的语料库在线检索系统。网址：http://www.cncorpus.org/

3. 美国Brigham Young University开发的COCA语料库检索系统。网址：http://corpus.byu.edu/coca/

4. 百度搜索。网址：http://www.baidu.com/

5. 谷歌搜索。网址：http://www.google.com.hk/

6. 维基百科。网址：http://wikipedia.jaylee.cn/

# 第二章 构式语法理论的学术渊源

## 2.1 引 言

　　构式语法是从格语法演化而来的。Fillmore(1966)认为转换生成语法学派过分强调了句法的地位,他们只关注句法层面的成分,比如主语、宾语等,但由于句法成分在不同语言中有不同的表层形式,因此不具有普遍性。他主张将句法与语义相结合,以语义研究为基本出发点,从分析语义格角色入手,寻找具有普遍性的深层语义结构,并以此来解释语言表层结构的生成问题。Fillmore(1975)将格语法发展成为框架语义学。之后,Fillmore(1985)从句法、语义和语用方面研究了英语的习语,提出了"构式"这一概念。

　　构式语法的另一理论渊源出自认知语义学。Lakoff(1973)反思了转换生成语法关于深层结构把句子的意义放在底层,转换不能改变底层结构意义这一假设之后,彻底抛弃了有关深层结构的假设。Lakoff 自 20 世纪 70 年代开始在生成语义学的框架内开始关注对语用和"模糊语法"(fuzzy grammar)的研究,这说明他开始接受这样一个观点,即语言能力是人类心智能力不可分割的一个部分。20 世纪 70 年代中期,在接受美国网络杂志主编 John Brockman 的采访时,他这样描述了自己的转变:

> 　　1975 年的时候,我熟悉了研究"心智的身体化理论"(An Embodied Theory of Mind)的各类认知科学成果,包括关于颜色感知的神经生理学理论,原型和基本范畴理论,Talmy 关于空间关系的概念,以及 Fillmore 的框架语义学。这些理论使我认定,整个关于生成语义学和形式逻辑的研究都是没有出路的。于是我和 L・Talmy,R・Langacker 以及 G・Fauconnier 一起着手建立一种新的语言学,一种与认知科学和神经科学相容的语言学,它叫作认知语言学,一种正在蓬勃兴起的科学与研究。

　　刘宇红(2002)指出,Lakoff 的理论发展道路不是偶然的,语言系统内部句法与语义在转换过程中的张力要求它一步步走向语言的认知研究,认知科学的迅速崛起也为认知语法的形成和发展提供了外部学术环境。Lakoff(1987)对英语 there

构式的句法条件和语义条件进行了阐述,将构式定义为形式和意义的匹配体,提出了理据的概念,论证了构式的理据性。他的研究为 Goldberg(1995)提出"论元结构构式语法"(A Construction Grammar Approach to Argument Structure),并将其发展为"认知构式语法"(CCxG)这一认知语言学的全新流派提供了充分的理论依据。

构式语法理论作为认知语言学的一个分支,也必然继承了 Langacker 的语法思想。Langacker 把一种语言的语法定义为一种语言能力,包括心智能力、感知能力和实际运用语言的能力,是"有组织的,归约性的语言单位库"。Langacker(1987:82)承认他自己的认知语法也是构式语法的一种模型,认为"构式"是多个"词素"的"组合",一个词素是一个象征单位,两个或数个词素并置后,经过整合加工就形成了一个句法上相对复杂的表达形式。他认为:

> Grammar involves the syntagmatic combination of morphemes and larger expressions to form progressively more elaborate symbolic structures. These structures are called grammatical constructions. Constructions are therefore symbolically complex, in the sense of containning two or more symbolic structures as components.
>
> 语法涉及多个词素和更大表达式的组合逐步形成更复杂的象征结构。这些象征结构叫做构式。因此,构式就是象征复合体,其中包括两个或者两个以上的象征结构。

Langacker(2009)对 Goldberg 的 1995 年专著关于构式定义中的"不可预测性"提出质疑,认为将规则的、固定的表达式任意地排除在构式之外显然是不可取的,构式的定义还应考虑与使用相关的频率、固化度和规约度。这成为了 Goldberg 对构式定义进行修订的重要原因。

Croft(2001:146)对构式的"激进"研究也极大推动了构式语法理论的构建,他认为构式本身就是语言研究的最基本目标。为此他提出了如下论断:

> Constructions, not categories and relations, are the basic, primitive units of syntactic representation.
>
> 构式,而非句法范畴和句法关系,是句法表征的最基本、最原始的单位。

受到基于格式塔心理学的"整体大于部分之和"的认知观的影响,Croft 将他的激进构式语法理论的句法表征思想称为"非还原理论"(nonreductionist theory),指句法表征是从大单位开始,根据小单位(组成部分)与大单位之间的关系来界定小单位。

# 第二章 构式语法理论的学术渊源

王寅(2011a：219)点明了 Croft 的构式语法的"激进"之处：

> Goldberg(1995)在处理句法范畴(词类)和句法关系(如主、宾语与动词的关系)时基本上还沿用了传统的语法术语和分析方法。而 Croft 针对这一不足采取了一种更为彻底的"激进"策略，力主取消传统语法研究中的"普遍句法范畴"，诸如名词、动词、主语、宾语等。基本的"句法范畴"和"句法关系"都不是组成语法的基本单位，构式本身才是语法的原素性基本单位。

## 2.2 Fillmore 及其理论影响

格语法是 Fillmore 上一世纪 60 年代末和 70 年代初提出的句法语义研究模型，他随后又在此基础上建立了框架语义学理论，为构式语法的语义建构提供了重要的依据。

### 2.2.1 框架语义学

Fillmore 的格语法主要研究了谓语动词与作论元的名词短语之间普遍存在的内在语义格关系，即语义格角色。例如：

(1) a. The door will open.
    b. The door will open with the key.
    c. The key will open the door.
    d. The man will open the door with the key.
    e. The door will be opened by the man.
    f. The man will use the key to open the door.

上述六个句子虽然表述的角度不同，但基本上是在描述同一事件，而且 man、key、open、door 之间的语义关系保持不变，总是由 man 使用 key 采取 open 作用于 door。虽然它们在句中担任主宾的情况有所不同，但 man 总是施事格(在 a、b 和 c 句中省略)，key 总是工具格，door 总是宾格。

Fillmore 采用"深层结构"来分析动词或动词短语的语义结构，即一个动词总是在和某些"语义格"连用时，才能生成正确的句子。例如：

(2) John hit the window with a hammer.
    约翰用榔头击打了窗户。

John 是施事格(A), window 是宾格(O), a hammer 是工具格(I), 因此动词 hit 的深层框架可记作:[+____AO(I)]。"+"表示所列举的语义格可在同一句中出现,"____"表示框内有一动词;句子使用时,必须保证 hit 与施事格(A)、宾格(O)同用;工具格(I)不必明述,可省略,因此置于括号之中。

虽然格语法本身具有一些难以解决的问题,比如语义格的具体命名与论述,具有普遍性的句法成分蕴含等级如何分布,以及如何理清语义格与句法结构之间的对应关系等。然而,恰恰是这些用格语法理论难以解决的问题为构式语法的产生提供了动因。也就是说,格语法为我们打开了一个语义与句法接口研究的新思路。具体要点阐述如下:

(一)语义格表示述语跟与之有关的名词短语之间语义关系的语义角色,即述语有其固有的论旨角色。论旨角色表示述语所涉及的主、客体或动作、行为、状态、处所、动作的起点、方向、终点、原因及引起的结果、凭籍的工具等等。论元指带有论旨角色的名词短语,在句中所占的位置称作论元位置。具体如下所示:

(二)Fillmore 尝试将语言类型学中的蕴含等级分析法运用于格语法理论中,试图在深层结构中建立具有普遍性的句法成分蕴含等级。比如,充当句法主语的语义格,其等级顺序为"施事格＞工具格＞宾格"。虽然 Fillmore 的论述仅局限于对个别例句的解释,但为后来的语言学家探讨"究竟是什么因素决定论旨出现在句中论元位置上的次序"奠定了基础。在之后的研究中,学界将论旨角色按照阶层排列的形式称为"论旨阶层"(thematic hierarchy),确定了"施事者＞处所/终点/起点＞客体"的位置排列。也就是说,论元之间的排列是有顺序的,域外论元和域内论元的区分就是这种顺序的具体反映。具体如下所示:

格语法的研究基础和不足促使 Fillmore 进一步思考现实世界的"概念结构"(语义知识)。"概念结构"的核心部分是基于对真实场景反复体验和提炼而成的意象图式,强调了概念结构的体验性和意象图式性。比如,当我们谈及"购物"这一事件时,必定涉及买方、货物、卖方、货币这四个基本因素,它们构成了[BUY]框架,表示典型商务事件中主要的活动类型。观察的角度不同,凸显的要素也随之不同,语言的表达方式因此随之改变。具体如下所示:

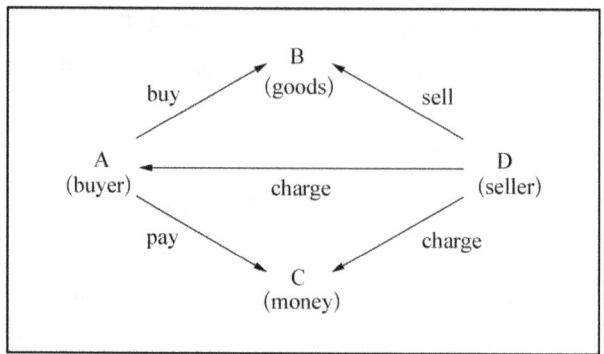

若要凸显框架中从 A 到 B 的关系,就用动词 buy;若要凸显该框架中从 A 到 C 的关系,就用动词 pay;若要凸显该框架中从 D 到 B 的关系,就用动词 sell;若要凸显该框架中从 D 到 A 或 C 的关系,就用动词 charge。例如:

(3) a. Bill bought the used car from Mary for 3,000 dollars.
比尔花了 3 000 美元,从玛丽那儿买了这辆二手车。
b. Bill paid 3,000 dollars to Mary for the used car.
比尔付给玛丽 3 000 美元,买了这辆二手车。
c. Mary sold the used car to Bill for 3,000 dollars.
玛丽将这辆二手车用 3 000 美元卖给了比尔。
d. Mary charged Bill 3,000 dollars for the used car.
玛丽收了比尔 3 000 美元,卖给他了这辆二手车。

Fillmore 运用商务事件框架讨论了人们是如何基于同一具体事件和相同的概念结构,通过凸显不同的视角,形成不同的句法表达形式的。框架语义学的核心观点表明,一个词语的意义应当在其可能激活的一整套结构或经验空间的全景式框架中获得妥切的理解,对概念结构框架的句法表达应考虑不同"透视域"(perspective)的选择,即从不同视角凸显其中不同的语义关系,会形成不同的句法形式。

框架语义学解决了部分格语法所遗留下来的问题,是 Fillmore 进行构式语法理论研究的基础。具体归纳如下:

(一)框架语义学属于认知语言学,研究话语主体如何根据概念结构来理解句子当中词汇项的语义内容,为语义结构的描写提供了指导。

(二)框架语义学依据特定的事件框架来理解具体的词义和语句表达;当一个框架中的某一个概念被置于相关语境时,概念框架中的其他所有概念都会被自动激活。

（三）框架语义学以事件域整体结构为背景知识，语义还包括参加者的意向、社会文化的背景，动作或状态的行为等。

（四）框架语义学提出从经验角度来分析语义成分及其之间的结构关系，虽然未能详述句法实现的机制与其遵循的哲学原则，但为语法理论的创新与实践提供了空间与暗示。

### 2.2.2 构式语法思想

Fillmore & Kay(1988)提出了词汇语义研究在构式语法中的中心地位。在随后的研究中(Kay & Fillmore：1999)，他们反复强调构式是句法形式、语义解释和语用功能三位一体的模型。他们重视从部分到整体的研究，将构式表述为若干个先设单位或特征结构的形义结合体。然而，Fillmore & Kay 的形义匹配研究是以词汇规则为中心的，因此他们的构式语法理论是一个"单层级"的、以限制为基础的、非派生的语法理论模型。比如，Kay & Fillmore(1999)在分析英语双及物构式时将构式语义及构式的整体性基本上简化为动词的框架语义和动词框架的整体性，甚至将双及物小句和与格结构纳入同一个构式范畴，说明了该理论关注的是相同语义结构的不同句法表现形式。

Fillmore 注重语言边缘现象的研究，将语言中的习语定义为"有着整体意义的复杂表达形式"，指出当一组词以某一形式结合在一起时，它们所表达的意义，与将它们单个的意义加在一起是不同的。他将习语分为"语法习语"（grammatical idioms）和"超语法习语"（extragrammatical idioms）。语法习语是通过一般的句法规则能够做出解释的习语，比如 make face(做鬼脸)，名词 face 作动词 make 的宾语。超语法习语则是不能通过一般句法规则做出解释的习语，比如 by and large(总的来说)，by 是介词、and 是连词、large 是形容词，它们之间的联接超出了正常的语法规则。构式的习语性是指一个构式所表达的语义或语用功能，不能从其组成部分的语义中推测出来。据此，Fillmore(1988：36)将构式定义为：

> By grammatical construction we mean any syntactic pattern which is assigned one or more conventional functions in a language, together with whatever is linguistically conventionalized about its contribution to the meaning or the use of structures containing it.

> 我们所认为的构式是指，在一种语言中被赋予至少一项归约性功能的句法结构形式，包括对其所在结构的意义与用法的归约性影响。

Kay & Fillmore(1999)对英语习语 WXDY(What is X doing Y?)进行了研究，对 WXDY 构式的形式与意义进行了详细的阐述，强调构式是一个"形义匹配体"，开创了构式之间承继关系的描写。例如：

(4) a. What is this scratch doing on the table?
在桌上挠什么呢？
b. What do you think your name is doing in my book?
你的名字为什么要出现在我书中呢？
c. I wonder what the salesman will say this house is doing without a kitchen.
我都不知道销售员对于这种没有厨房的房子会说些什么？
d. I don't suppose the police had anything to say about what their so-called detective thought the foot prints were doing under the bedroom window.
我猜测那个被他们称为侦探的警察对于卧室窗户下的脚印根本没有意见可以表达。
e. What is it doing raining?
这关下雨什么事儿？
f. What's a nice girl like you doing in a place like this?
像你这么漂亮的女孩在这种地方干嘛？
g. What am I doing reading this paper?
我读这种报纸干嘛？

WXDY 构式由 be、doing、what、X 和 Y 五部分组成的。X 是句子的主语；doing 短语是 be 的补足成分（其中 doing 是中心语，what 和 Y 是 doing 的补足成分，what 是 doing 的直接宾语，Y 是受主语控制的次谓语）。如例(4)f 所示，说话人在某个地方发现 The girl is in a place like this. 与 The girl is nice. 的身份是不协调的，说话人对 The girl is in a place like this. 表示惊讶，相当于 How come the girl is in a place like this?。从句法特征上分析，WXDY 是一个以动词 be 为中心语的构式；从语义特征上分析，WXDY 的语义框架表示"对一个事件的不恰当性做出判断"；从配价特征上分析，最大的括号表示整个 WXDY 构式的配价集。具体如下所示：

当 WXDY 构式被看做是"主语—助动词倒置构式"（SAI construction）时，承继了中心语构式的允准条件，即允许一个构式包含两个组成构式，其中一个是由词汇表

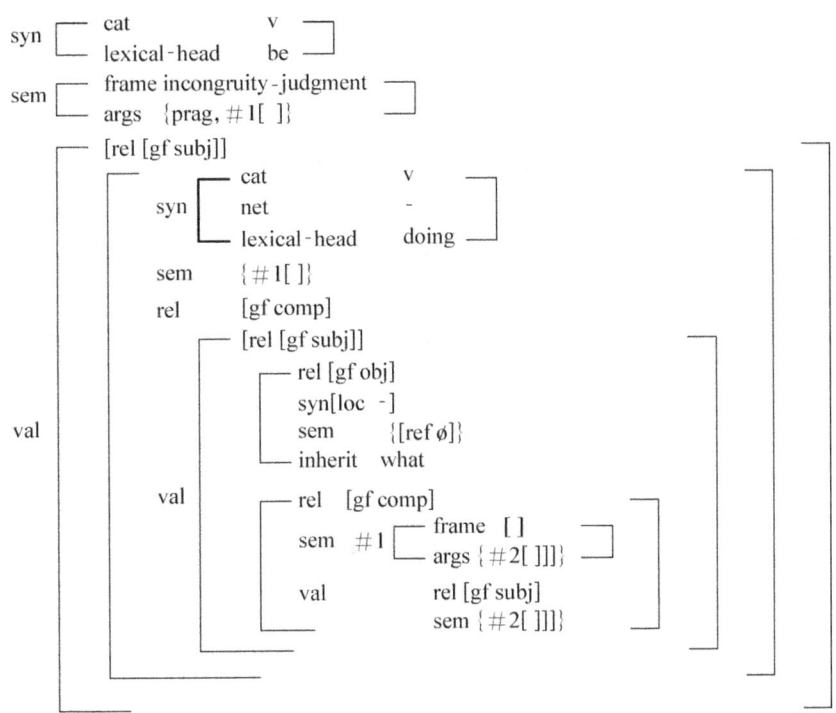

征的中心语构式,另一个是由填充词表征的构式。如例(4)a 所示,限定性助动词 is 为中心语,表征中心语构式;填充词表征的构式包括主语 this scratch 和附加语 doing on the table。具体如下所示:

```
inherit   HC
srs       +
cat       v        this scratch   doing on the table    +
aux       be
vinfl     fin
```

Kay & Fillmore 同时指出,WXDY 构式的 DY 部分是一个以 doing 为中心语的动词短语构式,包括中心语 doing 及其补足成分 Y。中心语 doing 相当于一个连系动词,不表示任何时态、体态或情态意义。如例(4)f 所示,doing 的补足成分 in a place like this 被认定为表示"不恰当"意义的述谓成分,可以分析为 WXDY 构式的次谓语成分,其涉及的过程是中心语把中心语路径值从词汇项扩展到以该词汇项为中心语的外部结构。WXDY 构式中的 W 部分,可被视作是"左孤立构式"

(left-isolation construction)，即 Wh-词前置和"左偏"的现象。被孤立在左边的成分常常是直接实现补足语或附加语功能的成分。如例(4)a 所示，what 满足了作补足成分的 doing 的配价需求，获得了远距离依存关系。通过对习语 WXDY 构式和英语 SAI 构式、VP 构式以及左孤立构式的研究，Kay & Fillmore 初步就构式间的承继关系做出了描写。

学界对 Fillmore & Kay 的构式语法的理论价值做过多方面的评述，国外学者如 Croft & Cruse、Östman & Fried、Evans & Green，国内学者如王寅、牛保义等对此都进行了讨论，不再一一赘述。笔者认为 Fillmore & Kay 的构式语法理论的价值可以总结为四个方面：

（一）Fillmore & Kay 的构式语法理论带有浓厚的形式主义色彩，虽然摒弃了生成语言学从词汇和语法规则出发进行语言研究的观点，但在本质上仍可看作是生成语法的一个分支，局限于对构式内部结构的描写。

（二）Fillmore & Kay 从语言中比较特殊的习语入手，提出它们的意义不能够从其组成部分中推测出来，揭示了一个形式可表达多重的意义或功能，这为之后构式的成熟定义奠定了理论基础。

（三）Fillmore & Kay 以整合不同语域或不同层次的语法成分为目标，坚持从句法、语义和语用三个平面综合性地进行语法研究，提出形式和意义(或功能)之间的关系具有约定俗成性，构式会影响整个结构的意义和用法。这一观点为 Goldberg 创新"构式赋义"(coercion)提供了思路。

（四）Fillmore & Kay 对构式之间的承继关系进行了初步研究，开启了运用构式语法理论对语言现象进行概括的方法之门，具有值得借鉴的方法论意义。

## 2.3　Lakoff 及其理论影响

构式语法的另一理论渊源来自 Lakoff 在 20 世纪 70 年代末建立的认知语义学(格式塔语法)，认知语义学把整个句子结构视为整体而不是各个部分组合的思路成为构式语法的理论基础。

### 2.3.1　认知语义学

认知语义学理论是建立在格式塔心理学派研究的基础上的，因此也称为"格式塔语法"(Gestalt Grammar)。认知语义学是认知语言学的一个重要分支，主要研究概念系统、意义和推理。Lakoff 将语义研究和认知科学相结合，从认知角度先后提出了"多义范畴的辐射型"、"隐喻"以及"意象图式"等概念，对语义进行了全方位的研究。

### （一）多义范畴的辐射型

多义范畴常常难以用某个共同的语义特征或特征集束来概括，其数个子范畴中虽然存在着一个核心子范畴，但其他子范畴往往不是通过上下位关系与它联系，而是通过家族相似关系与之相连，形成一个意义链，链上相邻的节点之间因语义扩展的关系（往往通过隐喻映射或转喻映射）而共有某些属性，不相邻的节点不一定共有某些属性，这样形成的范畴被称为"辐射状范畴"。Lakoff详细研究了日语量词"本"，发现能与该量词搭配的最常见的名词是指"细长物体"的词，例如棍子、手杖、铅笔、蜡烛、树枝、死蛇、干鱼等。然而这个量词还可以与一些不含"细长"特性的名词性成分搭配。例如：

(5) a. 以剑、棍进行的武术比赛；
　　b. 棒球的安全打。

上述语言现象是规约的结果，范畴的扩展是通过有"动因的规约"完成的。例(5)a是典型的转喻性扩展，武术比赛所使用的剑、棍是这类比赛中主要的功能性物件，而剑、棍都是细长且质地坚硬的物体，因此可使用量词"本"。例(5)b则涉及两方面的动因，首先棒球赛的一个显著的主要功能物件是细长形状的球棒，它是能用量词"本"的名词类中的核心成员，因此是一种转喻扩展；其次是球在被击打后形成一条细长的运动轨迹，涉及意象图式的转换，即某个功能物件（球棒）形成的细长物体图式与另一个功能物件（球）的运动形成的细长形状的射线图式具有转换的关系。因此，多义词是一个以原型为基础的范畴化过程的特例，多义词的各个义项是相关范畴的成员，原型性高的义项距离中心原型义项近，原型性低的义项距离中心原型义项远。辐射状范畴的规约化存在于人的长时语义记忆中，辐射状范畴并不是要解释各个不同的义项是如何从原型义项"生成的"，而是说明各个意义不相同而又相互联系的义项是如何在长时记忆中"储存的"。

### （二）概念隐喻

Lakoff & Johnson(1980)提出的概念隐喻理论是认知语义学研究的核心内容，后逐步发展成为认知语言学最重要的理论之一。李福印(2009：132)将相关的主要内容摘译后归纳为以下八个要点：

1. 隐喻是认知手段。隐喻是我们用来理解抽象概念、进行抽象推理的主要机制。隐喻让我们用更具体的、有高度组织结构的事情来理解相对抽象的或相对无内部结构的事物。许多主题，从最普通的事情到最深奥的科学理论只能通过隐喻来理解。

2. 隐喻的本质是概念性的。隐喻从根本上讲是概念性的,不是语言层面上的。隐喻性语言是概念隐喻的表层体现。

3. 隐喻是跨概念域的系统映射。跨概念域的映射是不对称的,是部分的。每一种映射都是源域与目标域之间一系列固定的本体对应。一旦那些固定的对应被激活,映射可以把源域的推理模式投射到目标域中的推理模式上去。

4. 隐喻映射遵循恒定原则。源域的意象图式结构以目标域的内部结构相一致的方式投射到目标域。

5. 映射的基础是人体的经验。映射不是任意的,它根植于人体的日常经验及知识。

6. 概念系统的本质是隐喻的。概念系统中含有数以千计的常规隐喻映射,这些映射构成概念系统中有高度组合的次概念系统。

7. 概念隐喻的使用是潜意识的。绝大部分常规概念隐喻系统是潜意识的、不自觉的,使用起来是毫不费力的,正像我们的语言系统及概念系统中的其他部分一样。

8. 概念隐喻是人类共有的。隐喻映射的普遍性有所不同,一些似乎是具有共性的,另外一些是广泛的,还有一些似乎是某种文化持有的。

纵观 Lakoff 的认知观点,张敏(1998:90—91)对隐喻的认知观进行了提炼,总结为"普遍性"、"系统性"、"概念性"三个特征:

隐喻的普遍性:隐喻不是一种特殊的语言表达手段,它代表了语言的常态,在日常语言中的运用是相当普遍的。最有生命力、最有效的正是那些确立已久以致于人们习以为常,不费力气便自动冒出来的无意识的东西。因此,最重要的隐喻是那些通过长期形成的规约而潜移默化地进入日常语言的无意识的隐喻。

隐喻的系统性:隐喻不是个别地、随意地制造出来的,而是有系统的。不少看似孤立的隐喻,其实都有着这样那样的联系,可形成某种结构化的隐喻群。

隐喻的概念性:隐喻不光是个语言的问题,它更是一种思维方式,也就是说,思维过程本身就是隐喻性的,我们赖以思考和行动的概念系统大多是以隐喻的方式建构和界定的。

三个特征中第三个是最重要、最根本的理念,因此认知语言学所说的隐喻往往不限于指其语言形式,更是指体现在语言表达中的隐喻概念(metaphorical concept)或曰概念隐喻(conceptual metaphor)。

（三）意象图式

意象图式是以身体经验为基础形成的基本认知结构，它是联系感觉与理性的一道桥梁。比如，当一个人的注意力集中在草地上运动着的一个高尔夫球时，他利用的是动态的"路径"(PATH)意象图式，一旦该球停止运动，他的注意力就会在球体上停留。典型的意象图式往往包含成分和关系，一般来说其成分的数目都较少，关系也较简单。"路径"图式就很好地体现了这一特点，它由三个部分组成，即源点A、终点B和其间代表路径的一条实线，其中的关系是从A点移动到B点的动力向量关系。具体如下所示：

这个图式可以体现在一系列看起来并不相同的事件里，例如"某人从一处走到另一处"、"把球扔给玩伴"、"送人一件礼物"或者"冰融化为水"，等等。虽然以上事件内容不一，但其中的基本部分和关系是相同的。意象图式体现的是一种连续不断的活动的结构，我们根据这种活动来组织和理解我们的经验。同时，意象图式又具有很强的韧性，可以在完全不同的情境中以各种各样的形式表现出来，联系起大量具有一再出现的相同结构的经验。从上述这个例子可以看出意象图式具有以下几个方面的重要特性：

1. 意象图式比心理学家所说的心象更加抽象。心象常常是与环境相关的较具体的意象，需要有意识的努力才能形成，而意象图式则与特定环境无关，而且其形成和呈现也是无意识的。意象图式也比心理学中所说的"规约的丰富意象"更加抽象，后者指的是人们心目中杯子、马、大象、帆船之类的事物意象及吃意大利匹萨饼之类的行为意象，它们也是与环境无关，可下意识地呈现出来的意象，但仍比意象图式具体得多，而且受知识的限制，意象图式则是完全独立于任何特定的社会文化知识。

2. 意象图式可超越任何特定感知方式而独立存在。它主要附着在感觉运动的层面，与我们对空间位置、运动、形状的感受相关，是空间关系和空间位移的动态类比表征，可以同时是视觉的、听觉的、动觉的和触觉的。

3. 意象图式是一个心理认知上的完形结构。尽管它由可辨识的部分和关系组成，却是一个内部一致的、有意义的统一体。它是我们获得意义结构的主要方式。

为此 Lakoff(1987)列举了一些自然语言中常见的意象图式：

环　容器　平衡　迫动　阻碍　除阻　使能　吸引　路径　系联　刻度　合

并　分裂　匹配　叠加　反复　接触　过程　表面　物体　集群　反作用
线性序列　上—下　前—后　近—远　满—空　整体—部分　中心—边缘
可数—不可数

人类的理解和推理正是凭借着这样的意象图式进行的，各式各样的图式交织起来构成了经验的网络系统。他认为，每个图式都可以从身体经验、结构成分、基本逻辑这三个方面去界定和描述。

### 2.3.2　构式语法思想

对Lakoff构式语法理论的认识首先需要关注他的认知语法观中的两个承诺，即认知语言学的研究必须恪守"概括性承诺"和"认知性承诺"。"概括性"主要包括事实的归纳（基于用法的模型）、经验的总结（体验性）以及抽象出语言各个层面共通的认知规律。要能"概括"出语言中规则性和非规则性的用法特征，"概括性"就应当先于"生成性"。"认知性"主要是指语言能力不具有自足性，它与人们的其他认知能力不可分离，语言是建立在人们的互动体验、认知方式、概念结构之上的，语言不具有Chomsky所说的天赋性，主要是后天构建的。

正是秉持这样的语法哲学，Lakoff(1987)把语言中的构式看做是"语言表达形式"和"认知模型"的对应体，把构式定义为形式和意义的匹配体。"形式"是指句法和音位条件；"意义"是指语义和用法条件。也就是说，对一个构式的分析和解释，就是发现构式的句法条件和语义、语用的条件限制，发现句法条件和语义语用条件之间的对应关系。例如：

(6) a. Here comes Harry.
　　 哈里到了。
b. Here comes Harry around the corner.
　　 哈里就快到了。
c. *Here comes Harry from time to time.
　　 *哈里经常就快到了。

(7) a. Harry comes here.
　　 哈里来这里了。
b. *Harry comes here around the corner.
　　 *哈里来这里就快了。
c. Harry comes here from time to time.
　　 哈里经常来这里。

例(6)b"there"构式中 here 的语义是将 Harry 的位置标示为 around the corner(在附近),同时将 Harry 作为说话人方向移动的"射体"(Trajectory),因此可与 around the corner 连用;而例(7)b"简单句"构式中 here 的语义是表示说话人所在的位置,因此不能与 around the corner 搭配使用。there 构式中的 comes 表示"即刻发生的动作",是真正意义的现在时,不可以用 from time to time 修饰,如例(6)c 和例(7)c 所示;简单句构式中的 comes 表示"最近一段时间内多次发生的动作",因此可以用 from time to time 修饰。

对"there"构式的研究表明,构式不是一种"副现象"(epiphenomena),而是认知的一个部分;句法和词库之间没有明显的界限,而是一个连续统;语法也不是一个独立的"模块",而是与原型范畴化、认知模型和心智空间等认知因素密切相关的。因此,笔者这样理解 Lakoff 的构式语法思想:语法研究应以意义和交际功能为基础,对形式参数做出详尽的阐释,同时聚焦于发现语言事实背后的认知机制;语法理论应当聚焦于研究话语双方有关语法结构在心智中的表征,所以一切语言单位均可视为构式,语言具有构式性;构式的存在必有理据。比如,"there"构式可分为"指示 there"构式和"存在 there"构式,"指示 there"构式中原型范畴构式是其他次范畴构式存在的理据。例如:

(8) a. There's Harry with red jacket on. (prototype)
    穿着红夹克的是哈里。(原型)
  b. There goes the bell now! (perceptual)
    铃响了!(感知)
  c. There's a nice point to bring up in class. (discourse)
    在班级中成长的观点不错。(话语)
  d. There goes our last hope. (existence)
    最后的一线希望。(存在)
  e. There goes Harry, meditating again. (activity start)
    哈里来了,再好好想想。(活动起始)
  f. Here's your pizza, piping hot! (delivery)
    给你匹萨饼,热腾腾的!(传递)
  g. Now there was a real ballplayer! (paragon)
    一个真正的球员!(典范)
  h. There goes Harry again, making a fool of himself. (exasperation)

哈里又来了,把他自己弄的个傻瓜似的。(愤激)
i. There I was in the middle of the jungle … (narrative focus)
我现在一团糟……(描写性焦点)
j. Here I go, off to Africa. (new enterprise)
我走了,去非洲。(新事业)
k. There on that hill will be built by the alumni of this university a ping-pong facility second to none. (presentational)
校友们要在这座山上建成一座独一无二的乒乓球馆。(展示)

其中例(8)a 代表原型范畴构式,例(8)b—k 分别表示了不同意义,可以看作是原型构式的 10 个次范畴构式。Lakoff(1987)指出,构式与构式之间的关系可以看做是由一个原型范畴构式和若干个次范畴构式组成的辐射状的组织结构。次范畴构式是原型范畴构式的变体,次范畴构式承继了原型范畴构式中与其自身无矛盾的所有形式和意义上的特征。因此,原型范畴构式是辐射状组织结构中次范畴构式存在的理据。

## 2.4 Langacker 及其理论影响

根据 Langacker 的观点,构式是由两个或两个以上的象征结构或音义配对体组合而成的。比如英语 pins 是由象征单位[[PIN]/[pin]]和象征单位[[PL]/[-z]]组合而成的构式,记作[[[PIN]+[PL]]/[[pin]+[-z]]]。象征单位[[PIN]/[pin]]是语义单位[PIN]和音位单位[pin]的配对,象征单位[[PL]/[-z]]是语义单位[PL]和音位单位[-z]的配对,将它们并置整合后就是 pins 构式。这其中包括四个象征关系:最上面的语义单位[PIN-PL]和中间的音位单位[pin-z]之间的关系;语义单位[PIN]和音位单位[pin]之间的关系;语义单位[PL]和音位单位[-Z]之间的关系;语义单位[PIN]和语义单位[PL]之间的整合关系与音位单位[pin]和音位单位[-z]之间的整合关系。具体如右所示:

从简单的词汇构式到复杂的短语构式,或更复杂的句子,构式形成了一个连续统。

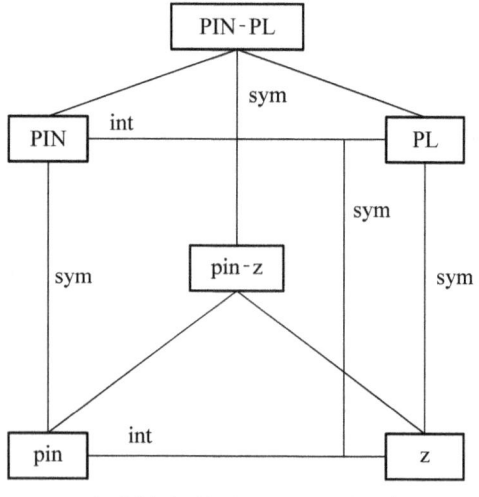

(sym 表示"象征关系";int 表示"整合")

英语中有像 pins 这样较小的、简单的词汇构式，也有 under the table 这样的短语构式，还有像 From the pitcher's mound to home plate, the grass has all been worn away 这样的复杂句构式。

### 2.4.1 认知语法

Langacker 的认知语法将语言系统的心理表征作为描写对象，详细阐释了"语言单位"的特征。首先，语言单位是一种认知结构，其结构形式包含"语义极"（semantic pole）和"音位极"（phonological pole）。在一个语言单位里，一定的音位结构或成分象征着一定的语义结构或成分，音位结构或成分和对应的语义结构或成分组成一个"象征单位"（symbolic unit）。具体如左所示：

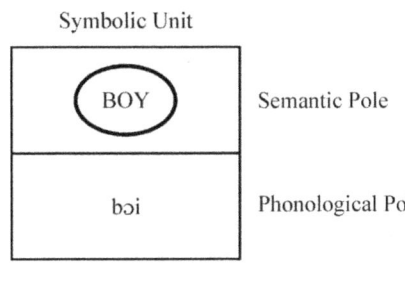

英语 boy 的象征单位可记作：[[BOY]/[bɔi]]。根据 Langacker（2008）的论述，用 Σ 表示象征单位，用 S 表示语义单位，用 P 表示音位单位，一个象征单位记作：[[S]/[P]]Σ。一个音义配对体就是一个象征单位，两个或两个以上的象征单位就整合而成一个"构式"，记作：[Σ1]+[Σ2]→[Σ3]（该式用箭头"→"而非等号"="，表明[Σ3]不是由其各成分简单组合而成的）。语言单位的另一个特征是"归约性"（conventionality）。从客观上讲，一个归约性的语言单位就是一个语言社团共享的一种语言表达形式；从主观上讲，归约性还包括语言的使用者从社会学角度对语言单位的认识。比如，英语 Sir 一词是一个归约性的语言单位，它的使用显示了说话人和听话人之间社会地位的不同。说话人不但知道这是可以使用的一种结构形式，而且明白这个语言单位的使用暗示交流双方社会地位的差异。Langacker（1987）指出，语法就是语言使用者运用所掌握的语言归约性知识来组织语言单位的能力，是"不同层级的象征性的构式集合组织起来的单位库"。比如，音位单位[d]、[o]和[g]是高一层音位单位[[d]—[o]—[g]]的组成部分；音位单位[[d]—[o]—[g]]结合语义单位[DOG]构成一个象征单位[[DOG]/[[d]—[o]—[g]]]，音位单位[[d]—[o]—[g]]和语义单位[DOG]分别又是象征单位[[DOG]/[[d]—[o]—[g]]]的组成部分；如果加上一个复数词尾，象征单位[[DOG]/[[d]—[o]—[g]]]又是象征[[DOG]/[[d]—[o]—[g]]+[z]]的组成部分。依此类推，一个语言单位可以是无数个高一层语言单位的组成部分。Langacker（2008：161）重申了这一观点：

# 第二章 构式语法理论的学术渊源

Constructions are symbolic assemblies. The objective of grammatical analysis is to describe such assemblies in clear and precise detail.

构式是象征性的集合。语法分析的目的是要清楚而准确地描述这类集合。

Langacker 的认知语法注重对"意象"(image)的研究,其目的是为了描写语义结构和直接映射语义结构的句法结构。张敏(1997)指出,Langacker 的"意象"概念的发展具有三个阶段,可以分别标记为"意象1"、"意象2"和"意象3"。具体如下:

(一)由刺激导致的感觉表现与相应的感觉意象实际上是同一事件类的两种不同的"例"(token),尽管前者为后者提供了建构的基础,但后者在高级认知活动中更为重要。这样的理解可被标记为"意象1"。

(二)人类具有以不同的方式去理解和把握某个感知到的情景的能力。对于同一情景,通过认识属性的显著性,形成不同的意象。这样的过程可被标记为"意象2"。例如:

(9) a. The clock is on the table.
   b. The clock is lying on the table.
   c. The clock is resting on the table.
   d. The table is supporting the clock.

例(9)的四个句子描述的是相同的情景,但各自构成不同的意象。例(9)a 提供了一个概括的格局;例(9)b 凸显的是钟与桌面水平轴呈直线排列的关系;例(9)c 凸显了空间关系中的静态性质;例(9)d 凸显的是桌子对施加于钟的引力的阻碍。意象2强调的是以不同方式理解情景的能力,其重点就是如何体现这些不同方式。

(三)意象3是指运用构成意象的能力,对具体的认知行为进行的一种描述和呈现的方法。Langacker(1987)对 enter、into、in 这三个英语词项的述义进行了分析,具体如下所示:

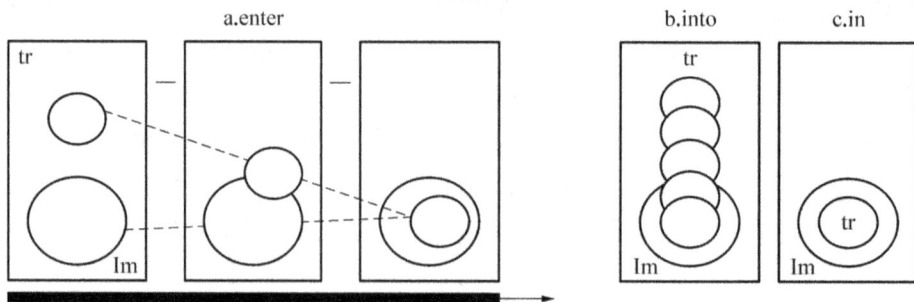

时间轴

上图 a 和 b 体现的是对某个共同的情景,即某一物体进入某一容器所作的不同方式的描写。a 是动词 enter 凸显了对[ENTER]这个过程的空间性质的描写。相对于一个"界标 lm"(大圆圈),某个"射体 tr"(小圆圈)在一定时间内与它的关系由外变内,其间涉及无数个成分状态(方框),每个状态由空间域里的界标和射体的关系而构成,界标与射体之间的各自的虚线反映出它们在不同状态中的等同关系。所有状态在时间上的映射构成了[ENTER]的实践侧面,用时间轴(粗线)表示。b 体现了介词 into 的意义,它和 enter 反映的情景是相同的,不同的是它们各自的"扫描"(Scanning)方式。a 中动词 enter 是次第扫描的结果,即成分状态是一个接着一个被处理,凸显的是过程;b 中的介词 into 是总括扫描的结果,即以累积的方式平行地激活所有的成分状态,因此同时呈现出来凸显的是关系。c 中的介词 in 与 into 一样,也是总括扫描的结果,凸显的也是关系而非过程。不同的是,c 中的射体是静态的,而 a 和 b 中的射体是动态的。

### 2.4.2　构式语法思想

Langacker(2007:122)认为基本句法范畴都有其语义基础,需要从人们对经验"识解"角度去理解,重点是概念的内容和对概念具体的构造方式,构式是有结构的习惯性语言表达单位库。因此他将构式看做是一种图式:

A construction is either an expression (of any size) or else a schema abstracted from expression to capture their commonality (at any level of specificity).

构式是一个语言表达式(可以是任何大小),或者是一个从许多语言表达式中抽象出来的图式,该图式能够代表这些语言表达的共性(以详略度而言,该图式可详可略)。

Langacker & Taylor 从图示和例示之间的关系入手,从图示角度探讨构式的生成机制,试图对构式的部分能产性机制进行认知解释。"图式"是对一组"例示"所具有的共性进行概括与抽象的产品,对范畴的形成具有原型性功能。具体如下所示:

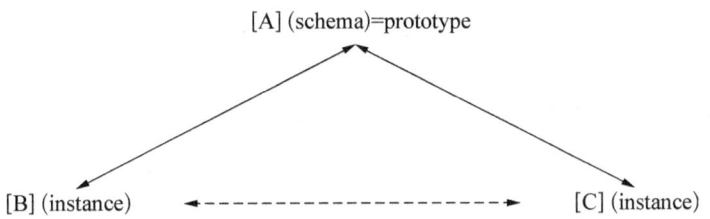

Taylor(2002)在吸收和消化了 Langacker 观点的基础上,认为"图式—例示"的范畴化关系可不断向上和向下扩展成一个复杂的、垂直的层级结构。因此,"图式—例示"范畴化分析法能够适用于分析语言的各个层面,是一种具有普遍性的,基本的认知方式。具体如下所示:

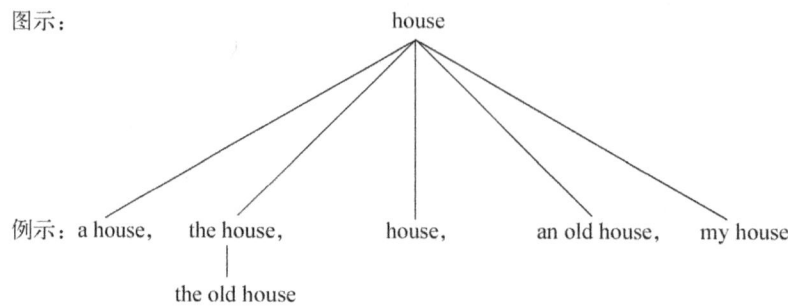

Langacker 与 Taylor 的分析思路基本相同,但在解释内部机制上有所差异。Langacker 认为"图式"、"原型"和"延伸"三者之间的关系是单向的。Taylor 认为"图式"即"原型",它与两个"例示",包括两个"例示"之间的关系是双向的,人们可从若干例示中抽象出图式,也可通过图式来例示具体样本。Langacker(2007:36)注意到,Taylor 的观点忽视了不同的例示在反映图式上不一定完全相同,所以他重新对"例示性"范畴化关系进行了描写:

> Y elaborates X. Y is an instance of X, Y is compatible with X but is specified in more detail... X is a more central or prototypical sense, Y is more peripheral. In this case, there is some conflict in meaning. Y does not completely match X. It suspends certain features of X. It changes X in some way. (Langacker 2007:36)
>
> 作为图式(X)的具体例示(Y),例示(Y)详尽阐述了图式(X)。例示(Y)与图式(X)兼容,但例示(Y)的内容更加详细、具体……图式(X)具有更为中心的或原型的意义,例示(Y)具有更边缘化的意义。在这种情况下,两者的意义会有所冲突。例示(Y)与图式(X)不完全一致。例示(Y)会搁置图式(X)的某些特征,从而在某些方面改变图式(X)。

综合 Langacker 和 Taylor 的观点,笔者认为图式是抽象的,存在若干个例示的具体样本,其中一个例示具有原型性,其他例示与延伸在程度上有所不同,但图式与例示之间、例示与例示之间都会存在一定的"相似性"和"关联性"。

## 2.5 Croft 及其理论影响

W·Croft 在《激进构式语法》一书中对语言中的语法范畴（词类）和语法关系（如主宾语和动词的关系）进行了探讨。他彻底摒弃了句法自足性的观点，采用非经典范畴结构与 Goldberg 的"以使用为基础"（Usage-based）的模型，创造性地提出"句法空间"、"语义地图"与"构式组织原则"，并以此建立了具有普遍意义的句法最简模型。

### 2.5.1 激进构式语法

"构式是语法中唯一的原始单位，是复杂的句法结构和复杂的语义结构的匹配体"，这是 Croft 的"构式中心论"的精髓所在。比如，英语中的动词类构式，十个不同的动词类双及物构式分别具有不同的构式义。例如（XPoss 代表"位移"）：

(10) a. [[SBJ GIVING. VERB OBJ1 OBJ2]/[actual XPoss]]

　　　[[SBJ BALL. MOT. VERB OBJ1 OBJ2]/[actual XPoss via ballistic motion ]]

　　　[[SBJ DEIC. CAUS. VERB OBJ1 OBJ2]/[actual XPoss via deictic caused motion]]

　　b. [[SBJ COND. GIVING. VERB OBJ1 OBJ2]/[conditional XPoss]]

　　c. [[SBJ REFUSE. VERB OBJ1 OBJ2]/[negative XPoss]]

　　d. [[SBJ FUT. GIVING. VERB OBJ1 OBJ2]/[future XPoss]]

　　e. [[SBJ PERMIT. VERB OBJ1 OBJ2]/[enabling XPoss]]

　　f. [[SBJ CREATE. VERB OBJ1 OBJ2]/[intended XPoss after creation]]

　　　[[SBJ OBTAIN. VERB OBJ1 OBJ2]/[intended XPoss after obtaining]]

　　g. [[SBJ COST. VERB OBJ1 OBJ2]/[depriving XPoss via paying]]

Croft 反对"句法范畴是句法表征的基本单位"的观点，认为句法范畴是构式的角色，句法关系是一个句法单位在其构式里的角色，诸如习语等复杂结构可被看做是一个语法表征的基本单位,传统意义上的"句法范畴"一旦脱离了特定构式,就不再具有独立的现实性。界定一个动词范畴是要看该动词范畴出现在什么样的构式里,以及它在这个构式里充当什么样的角色。比如英语中同一类动词的成员,并非都可以进入某一个特定构式(双及物构式)。例如:

(11) a. Sally permitted/allowed/＊let/＊enabled Bob a kiss.
[[SBJ permit OBJ1 OBJ2]/[enabling XPoss by permitting]]
[[SBJ allow OBJ1 OBJ2]/[enabling XPoss by allowing]]
b. Sally refused/denied/＊prevented/＊disallowed/＊forbad Bob a kiss.
[[SBJ refuse OBJ1 OBJ2]/[negative XPoss by refusing]]
[[SBJ deny OBJ1 OBJ2]/[negative XPoss by denying]]

不同的动词范畴出现在不同的构式里,动词范畴是由其所在的构式界定的。

激进构式语法的一个主要目标就是使得每个说话人的语言能够恰当地纳入到一个能够反映人类语法共性的模式中(语义地图模型),个别语言的个性分布类型投射到共性的概念空间中。所有的语言使用者都拥有大致相同的概念结构。概念结构是一种经验,在这种经验里同时存在着不同的,甚至相互冲突的概念化现象。这些不同的概念化现象表现为不同的语法成分,包括词汇和语法构式。具体如下所示:

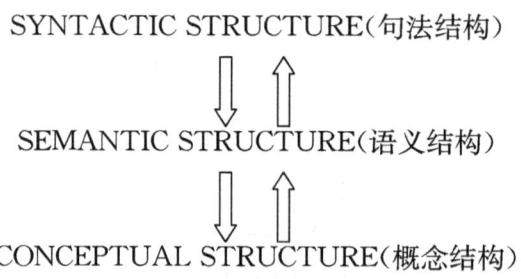

根据概念化的多维性,一个概念经验的语义结构允许有"新的识解",可以用非常规的句法结构来表示,如上图中的向下箭头所示。随着时间的推移,这一非常规的、新的句法结构的概念经验的其他普遍特征表现了出来,这些特征赋予构式的语义结构新的功能,从而导致句法结构形式的变化,如上图中的向上箭头所示。语义地图模型反映了特定句法结构在具有共性的概念空间中的走向,个别语言的差异类型被投射到了具有共性的概念空间之上。概括地说,人类语言中存在典型的四个语义特征:关系性、静态性、暂时性和等级性。具体如下所示:

|  | Relationality（关系性） | Stativity（静态性） | Transitoriness（暂时性） | Gradability（等级性） |
|---|---|---|---|---|
| Objects（客体） | nonrelational ✗ | state ✓ | permant ✗ | nongradable ✗ |
| Properties（性质） | relational ✓ | state ✓ | permant ✗ | gradable ✓ |
| Actions（行动） | relational ✓ | process ✗ | transitory ✓ | nongradable ✗ |

上表的四项语义特征具有共性，存在于人类的普遍概念空间中，以此为基础定义的三大词类，客体（名词）、性质（形容词）和行动（动词）因此也就具有一定的认知共性，尽管它们在不同的语言中有不同的表现形式，但却出自相同的概念空间。

### 2.5.2 构式语法思想

构式是语言专属的，但其结构特征可以映射到一个句法空间上，语类映射到既能表达共性约束又能反映人脑特性的概念空间上，一个构式就是一个象征单位。Croft 反对 Langacker 所提出的"构式是由若干个象征结构组成的，每一个象征结构都是由句法结构和对应的语义结构组成的"的观点，认为一个构式内部根本不存在句法关系和语义关系之间的象征关系，一个构式的句法结构表征不应当包括任何组成该构式的成分之间的句法关系。构式里唯一的句法结构就是构式和组成成分之间的"部分—整体"关系。具体如下所示：

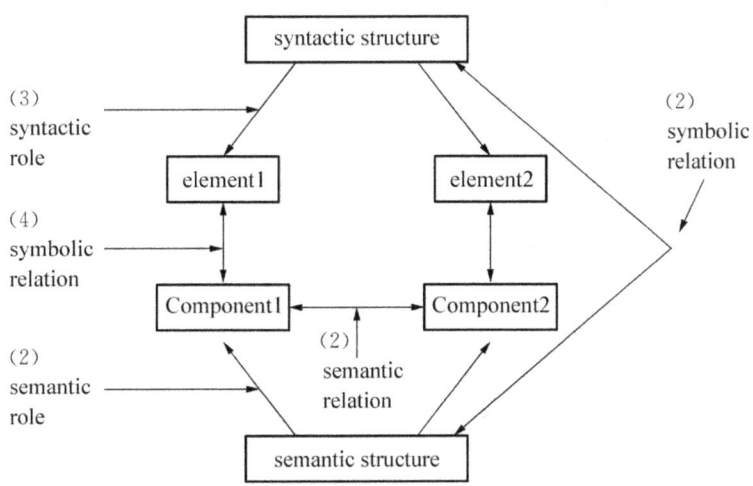

这一思想是激进构式语法理论之所以"激进的"的重要标志。比如，英语 He is always laughed at by his classmates（他经常被同学们嘲笑），可被识解为一个英语被动句构式。具体如下所示：

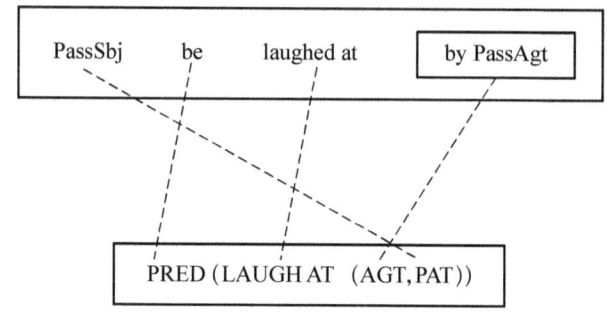

上图大方块表示整个结构；里边上方的方块表示构式的句法结构；里边下方的方块表示构式的语义结构；虚线表示该构式语义结构中各语义成分和句法结构里相应的句法成分之间为象征关系。通过象征连接，每一个句法成分够直接映射到相关的语义部分上。在实际的交际过程中，话语主体首先听到话语（特定构式的句法结构）；然后通过句法结构和语义结构之间的整体象征关系来理解构式义；之后识别出语义成分及其之间的关系，识别出构式中的句法成分；最后识别出语义成分与句法成分之间的象征关系。

Croft 认同语言共性的存在，认为语言共性不是存在于句法结构里的，而是存在于从语义到语言符号的映射关系中的。他以"语态构式"为例，从"主动语态构式"、"被动语态构式"和"倒置构式"出发进行了基于构式的语言类型学的研究。他把语态构式分为"基本语态类型"和"派生结构"，英语的主动语态构式属于基本语态类型。例如：

(12) They took the boy to school.
　　他们带男孩去了学校。

其中，施事编码为主语 they，受事编码为宾语 the boy，其他如 to the school 编码为"旁格"。除主动语态外，其他语态构式都可被归为语态派生结构构式，包括英语被动语态构式。例如：

(13) The boy was taken to school (by them).
　　男孩被带去了学校。

英语被动语态构式具有三个特征：施事（如果出现的话）编码为旁格；受事编码为主语；动词在主动语态构式中和在被动语态中的形态不同。Croft 原本以为这三个特征可以作为描写不同语言里被动语态的一种模型,比如汉语常采用"受事＋被(施事)＋动词",日语常采用"受事＋助词＋施事＋助词＋动词"的被动形式等。但是,在考察了北美印第安人"阿尔昆族"(Algonkian)的"克里语"(Cree)后,他发现该语言中的"倒置构式"既不同于主动语态构式,也不同于被动语态构式,与其相对的应该是"直接构式"。例如:

(14) ni-    wāpam   -ā     -wak（直接构式）
     I-     see     **-DIR** -3PL
     I see them.

(15) ni-    wāpam   **-ikw** -ak（倒置构式）
     I-     see     **-INV** -3PL
     They see me.

区别于英语被动语态构式,倒置构式的三个特征是:施事编码为直接论元,与直接构式中的受事一致;受事编码为直接论元,与直接构式中的施事一致;动词在直接构式中和在倒置构式中的形态不同。所以,根本没有普遍性的被动语态构式和倒置构式。Croft 通过对语态构式的研究,创造性地建立了语态构式的"句法域"(syntactic space),并以此对语态构式的结构特征的普遍性进行了描写。具体如下所示:

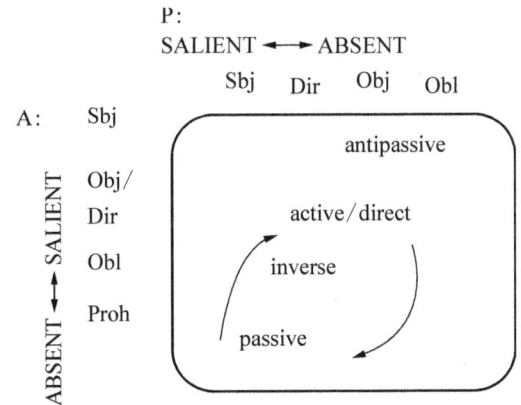

句法域包括施事、受事等可以被投射到表征施事、受事凸显的概念域。语态构式实际上是一个从主动或直接构式,通过倒置构式,形成被动构式的连续统,可记作"主动/直接构式→倒置构式→被动构式"。语态构式的句法域把施事和受事的编码投射到概念域中施事和受事的显著性上。当施事的显著性高于受事的显著性时,常使用无标记或标记性低的语态构式,例如主动/直接构式。反之,当施事的显著性较低时,则使用一些有标记或标记性较高的语态构式,例如倒置构式、被动构式。上图用曲线箭头表明,类似从主动到被动、再从被动到主动的过程是语言的一种渐变过程,涉及构式类型的转变,这个观点为处理语法化中的概念提供了全新思路。

全世界现存的语言大约有 5 000—6 000 种,这些语言无论是语音、词汇还是语法都有着独特的个性和与众不同的表现形式。众多的句法理论提出的形式化的句法装置只局限于个别语言,Croft 将以意义为基础的语言结构模型进行跨语言的研究无疑极大地推动了语言类型学的发展。

## 2.6 本章小结

目前,构式语法学界主要认同四种理论模型:除了 Lakoff & Goldberg 的"Cognitive Construction Grammar"(认知构式语法,简称 CCxG)之外,还包括 Langacker & Taylor 的"Cognitive Grammar"(认知语法,简称 CG),Fillmore & Kay 的"Unification Construction Grammar"(统一构式语法,简称 UCxG),Croft 的"Radical Construction Grammar"(激进构式语法,简称 RCxG)。构式语法理论的成功构建是语言学界对语法研究不断反思与创新的结果。Fillmore & Kay 从分析习语入手,着重探讨了句法结构与语义之间的关系;Lakoff 把语言中的构式看做是语言表达形式和认知模型的对子,从而把构式定义为形式和意义的匹配体;Langacker & Taylor 的图式范畴理论较为详细地论述了象征单位,在一定程度上影响了构式的分类;Croft 彻底取消了句法关系,从部整关系与构式的象似性出发提出了激进构式语法。Goldberg 在学界研究的基础上,提出了论元结构构式语法,并将其逐步发展成为"认知构式语法"(CCxG)。

参照 Croft(2001)从句法成分的范畴、类型、构式之间的关系和构式分层中的语法信息的角度出发,对这四种理论模型的详细描述。四种构式语法的异同具体如下所示:

|  | 句法成分的范畴在构式语法中的地位 | 句法关系的类型 | 构式之间的关系类型 | 语法信息如何储存于构式分层中 |
| --- | --- | --- | --- | --- |
| Fillmore & Kay | ① 分解论兼整体论;<br>② 习语+特殊构式;<br>③ 词汇+规则为中心。 | ① 三套术语;<br>② 匹配原则;<br>③ 部整分析思路。 | ① 构式可分上下层次。 | ① 完全传承模式;<br>② UG。 |

续 表

| | 句法成分的范畴在构式语法中的地位 | 句法关系的类型 | 构式之间的关系类型 | 语法信息如何储存于构式分层中 |
|---|---|---|---|---|
| Lakoff & Goldberg | ① 整体论；② 分解论；③（常规与特殊）构式为对象（兼顾词汇）。 | ① L：句法、词汇成分，句法、音位条件；② G：构式间关系；论元结构；句法角色的连接。 | ① 原型—扩展（多义）；② 构式间的分层关系、图式—例示关系、部整关系；③ 理据和承继性链接。 | ① 正常承继；② 多重进入模式；③ 储存简约表征；④ 基于用法的模型。 |
| Langacker & Taylor | ① 整体论，因语言而异；② 分解论；③ 象征单位和构式为研究对象；④ 识解原则。 | ① 从语义定义句法关系，用构式关系代替句法关系；② 配价有象征性和层级性；③ 精细化。 | ① 原型范畴理论；② 构式图式。 | ① 基于用法的模型。 |
| Croft | ① 放弃分解论；② 构式中心论；③ 部整关系。 | ① 取消句法关系，从纯语义角度来定义构式各部分之间的关系；② 部整关系；③ 构式的象似性。 | ① 复杂构式就是语法表征的基本单位；② 质疑构式具有原型—扩展机制。 | ① 基于用法的模型；② 语义映射模型，句法空间概念。 |

Goldberg 在 2006 的专著中，认为上述四种模型都属于"Syntactic Argument Structure"（句法论元结构理论，简称 SAS），其中 Fillmore & Kay 的统一构式语法强调概括的最大化，而且不属于基于使用的理论模型，因此与其他三种模型有所区别。具体如下所示：

| | CG, CCxG, RCxG | UCxG |
|---|---|---|
| Constructions（构式） | Learned pairings of form and function（形式与功能的匹配体） | Learned pairings of form and function（形式与功能的匹配体） |
| Role of constructions（构式角色） | Central（中心论） | Central（中心论） |

续 表

|  | CG, CCxG, RCxG | UCxG |
|---|---|---|
| Non-derivational<br>（非转换生成的） | Yes<br>（是） | Yes<br>（是） |
| Inheritance<br>（承继） | Default<br>（缺省） | Default (previously monotonic)<br>（缺省，曾经单调的） |
| Usage-based<br>（基于使用） | Yes<br>（是） | Not Uniformly<br>（不一致） |
| Formalism unification-based<br>（形式） | Notation developed for ease of exposition only<br>（用于表达说明） | Heavy focus on formalism<br>（注重形式的统一） |
| Role of "motivation"<br>（理据角色） | Central<br>（中心位置） | None<br>（无） |
| Emphasis on<br>（强调） | Psychological plausibility<br>（心智可信度） | Formal explicitness; maximal generalization<br>（直接的，概括最大化） |

# 第三章 论元结构构式语法的承继研究

## 3.1 引 言

构式语法理论兴起于 20 世纪 80 年代,目前已成为国际认知语言学领域的一大流派,受到学界的极大关注。美国语言学家 Adele E. Goldberg 于 1995 年发表了专著 *Constructions: A Construction Grammar Approach to Argument Structure*(《构式:论元结构的构式语法研究》),这是在认知语言学理论框架中构建构式语法理论的奠基之作。

Adele E·Goldberg 师从著名的认知语言学家 G·Lakoff 教授,1992 年毕业于加利福尼亚大学伯克利分校(University of California,Berkeley),获语言学博士学位,自 2004 年起,就任普林斯顿大学语言学系教授。2002 至 2005 年间,任美国语言学会(Linguistic Society of America)主办的 *Language*(《语言》)副主编;2004 至 2006 年间,任 *Cognitive Science*(《认知科学》)编委成员;2004 至 2007 年间,任 *Cognitive Linguistics*(《认知语言学》)主编;2004 至今,任 *Constructions*(《构式》)编委成员。Goldberg 1995 年的专著于 1996 年获 *North American Graduate Council*(北美研究生会)颁发的 *Gustave O. Arlt Book Award in the Humanities*(古斯塔夫人文类图书奖),被认知语言学家 Michael Tomasello 誉为"The Return of Constructions"(构式的回归)。鉴于 Goldberg 在认知构式语法领域的突出成就,2010 年德国柏林自由大学(Freie University of Berlin)特授予她"*Einstein Fellowship*"(爱因斯坦学术奖)。

《构式:论元结构的构式语法研究》一书共十章,大致可分为五个模块:
(一)构式的定义(第一章);
(二)动词与构式的关系(第二、五章);
(三)构式与构式的关系(第三、四章);
(四)构式例示的论述(第六、七、八、九章);
(五)构式研究渊源(第十章)。

本章将具体阐述 Goldberg 关于构式的定义、动词与构式的关系、构式与构式的关系等基本理论观点与依据,通过她对构式例示的论述,发掘她对构式解析的基本程序,特别是在这一时期她对构式之间承继关系的理解和对理据的探究。

## 3.2 论元结构的构式语法

Goldberg(1995:1)在绪论中对"构式"这个概念的渊源进行了描述:

The notion *construction* has a time-honored place in linguistics. Traditional grammarians have inevitably found it useful to refer to properties of particular constructions. The existence of constructions in the grammar was taken to be a self-evident fact that required little comment.

"构式"的概念在语言学的历史上占有非常重要的地位。传统语法学家已发现构式在研究特定构式特征属性上的作用。语法中存在构式被认为是不争的事实。

在转换语法的早期发展阶段,构式在语法中占据中心地位,与具体构式有关的规则和限制是当时的规范。至20世纪80年代,构式语法主要用于研究特殊构式。Goldberg在1995年的专著中吸收了语言学、语言习得和计算机科学等领域的研究成果,将语言中的常见构式融入构式研究当中,运用构式语法分析"论元结构"(Argument Structure),构式也因此逐渐被认为是语言的基本单位。Goldberg(1995:4)是这样定义构式的:

C is a CONSTRUCTION iff$_{def}$ C is a form-meaning pair ⟨Fi, Si⟩ such that some aspect of Fi or some aspect of Si is not strictly predictable from C's component parts or form other previously established constructions.

C是一个构式,当且仅当C是一个形式和意义的匹配体⟨Fi, Si⟩,且C的形式(Fi)或意义(Si)的某些方面不能从C的构成成分或其他先前已有的构式中得到完全预测。

Goldberg在这一时期对于构式的定义反映出她当时对构式的理解具有以下几个特点:

(一)"构式"的范围宽泛。Goldberg同意Langacker关于构式是"形义匹配体"(Form-meaning Correspondence)的观点,修改了构式是大于或等于两个象征单位的观点,将一个象征单位也视作一个构式。于是,从表层结构上看,任何一个语言表达形式,无论是语素、词、词组、短语、分句、句子,甚至语篇,只要其形式和意义的一些方面不能够从构式的组成成分或现有的构式中完全预测出来,即可看做是一个构式。

（二）"构式"的独立意义。Goldberg(1995：2)提出构式具有独立意义,倡导从构式语法的角度重新审视论元结构：

> Another goal of this monograph is to explicate the semantics associated with particular clausal patterns.
>
> 本书的另一个目的是阐述与特定句式相关的语义问题。

Goldberg 认为论元结构不是由句子中的主要动词决定的。例如：

（1）He sneezed the napkin off the table.
他打了个喷嚏,把纸巾喷到了桌子下面。

例(1)说明了构式的独立意义使得一价动词 sneeze 成为了三价动词,临时获得了两个额外的论元。

（三）"构式"是语言的基本单位。既然构式是形式和意义的匹配体,其范围涵盖语言的各个层面,它自然就成为了语言研究的基本单位,占据语言学研究的中心地位。

总之,构式语法理论强调"自上而下"的研究理念,倡导从构式的整体角度,结合动词或其他词语来审视句子的结构模式。

### 3.2.1 构式对动词的支配关系

Goldberg(1995：24)认为构式和动词的语义互相影响,因此动词和论元之间需要互相参照：

> Although I have argued that constructions have meaning independently of verbs, it is clearly not the case that the grammar works entirely top-down, with constructions simply imposing their meaning on suspecting verbs.
>
> 虽然我论证了构式自身具有独立于动词的意义,但很明显的是,语法的运作不完全是自上而下的,构式并不是简单地将其意义强加于动词之上。

构式和动词的关系主要可以从两个角度进行描写：一是动词与构式的互动,重点是角色互动和意义互动；二是构式的"部分能产性机制",即被严格定义的动词类型应该被理解为是由与构式规约相联系的语义和形态音位相似所定义的词群,而不是常规上被允许可以经历词汇规则的子类。一个特定句式的意义主要取决于构式义与动词义的整合,动词的"参与者角色"(participant roles of verbs)和构式的"论元角色"(argument roles of constructions)互相支持,论元角色对参与者角色具有

# 第三章　论元结构构式语法的承继研究

支配性。

论元角色的概括性较之参与者角色更强,参与者角色体现了具体的选择性限制。Goldberg(1995)用"No _ing occurred"框架举例,以动词的动名词形式解读动词的基本意义。例如:

(2) a. No kicking occurred. (解释为两个参与者)
　　b. No sneezing occurred. (解释为一个参与者)
　　c. No rambling occurred. (解释为一个参与者[发出声音])
　　d. No hammering occurred. (解释为一个参与者[发出声音]或两个参与者[冲击])
　　e. No painting occurred. (解释为两个参与者—[创作]或[着色])
　　f. No giving occurred. (解释为三个参与者)

但是,一些动词除非伴随有补语,否则不能出现在该框架中。例如:

(3) a. ＊No putting occurred.
　　　　No putting of cakes into the oven occurred.
　　b. ＊No devouring occurred.
　　　　No devouring of cupcakes occurred.

以上实例说明,我们不能在遇到一个新的句法形式时,就简单地赋予动词一个新的意义,动词的多义现象与其所在的框架语义有着直接的联系。动词的词汇义决定了它所在的框架语义知识中的哪些方面必须得到侧重,与动词相联的实体必须具有某种程度上的"凸显"(salience)。试比较英语动词 rob(抢)和 steal(偷),例如:

(4) a. Jesse robbed the rich (of all their money).
　　b. ＊Jesse robbed a million dollars (from the rich).
(5) a. Jesse stole money (from the rich).
　　b. ＊Jesse stole the rich (of money).

例(4)—(5)中,rob 和 steal 看起来似乎是同义的,但在句法的使用上却存在着差异。在使用 rob 时,侧重的是"抢劫者"和"目标";在使用 steal 时,侧重的是"偷窃者"和"被盗物"。具体语义框架如下所示:

rob ＜**thief**　**target**　goods＞
抢 ＜**抢劫者**　**目标**　被抢物＞
steal ＜**thief**　target　**goods**＞
偷 ＜**偷窃者**　目标　被盗物＞

特征凸显的差别决定了参与者角色在句法使用上的不同,被凸显的参与者角色必须与论元角色相融合。rob 凸显的是"受害者",steal 凸显的是"被盗物",rob 和 steal 的语义框架说明了二者论元角色的不同意义,rob 的受事是"受害者",steal 的受事是"被盗物"。具体语义框架如下所示:

  rob <**robber victim** goods>
  抢 <**抢劫者 受害者** 被抢物>
  steal <**stealer** source **goods**>
  偷 <**偷窃者** 来源 **被盗物**>

判断动词的参与者角色被侧重与判断构式的论元角色被侧重的标准有所不同。判断动词的参与者角色被侧重的标准是:所有在句法上得到表达的参与者角色,且仅有这些角色被侧重;判断构式的论元角色被侧重的标准是:所有被表达为直接语法功能项的论元角色,且仅有这些论元角色被侧重。

  构式规定动词以哪些方式与其整合,同时限制与其整合的动词的类型,整个过程涉及动词的参与者角色与构式的论元角色之间的融合:动词的参与者角色与构式的论元角色同时受到语义的限制,这不是简单地在一个词条中语义槽的融合。角色融合的可能性不是由一个角色填充项是否可同时填充两个角色决定的,而是取决于这些角色的类型是否相符。首先,我们认为动词意义与构式意义可能完全一致,此时可将前者视为后者的具体例示或一个词类,动词所具有的参与者角色能够与构式所具有的论元角色相互融合,两者互相说明、互相加强,体现了"语义连贯原则";其次,如果动词所表示的主要意义仅为构式整体性原型意义的一部分,两者之间就会存在转喻关系,比如表示整体事件的工具、结果、条件、方式、意愿等。

### 3.2.2 构式和构式的组织原则

  Goldberg 将构式与构式之间的关系定位于"承继关系"(inheritance relations),又叫"承继链接"(inheritance links)",目的在于发现"跨构式的系统概括"(systematic generalization across constructions),这是本文讨论的中心内容。构式是语言系统中的基本单位,因此基于构式概念表达的语言组织的相关心理认知原则在不同的功能主义框架中都能找到直接的对应原则,主要有三点:

  (一)"理据最大化原则"(the principle of maximized motivation)。如果构式 A 与构式 B 在句法上有联系,那么当构式 A 和构式 B 在语义上存在一定联系时,构式 A 的存在是有理据的。这种理据是最大化的。

  (二)"无同义原则"(the principle of no synonymy)。如果两个构式在句法上

不同,那么它们在语义或语用上也一定不同。这可以用两个推论进行表述:

推论A:如果两个构式在句法上不同,在语义上相同,那么它们在语用上一定不同。

推论B:如果两个构式在句法上不同,在语用上相同,那么它们在语义上一定不同。

(三)"表达最大化原则"(the principle of expressive power)。为达到交际目的,构式的数量最大化。换句话说,构式的存在数量是无穷尽的,因此更需要去探究跨构式的概括。

(四)"经济最大化原则"(the principles of maximized economy)。自然语言虽然允许偏离同构性现象的存在,但不同构式的数量应尽可能的最小化。

### 3.2.3 构式研究的基本程序

Goldberg在1995年的专著中系统描述了英语双及物构式、英语致使—移动构式、英语动结构式和英语way构式,从而使我们得以窥见她对构式研究的基本理念与程序。Evans & Green(2006:684)将其归纳并总结为五个步骤:

(一)首先论述构式存在的理据,它们的某些语义和句法特征不能从可进入的词汇中预测出来,因此得出"构式本身具有一定的意义"的结论;

(二)根据"基于用法的模型",详细调查构式的具体运用情况,并提炼出构式的中心意义和用法;

(三)在上述研究的基础上,准确定位所述构式的句法框架,分析相关论元结构的特征;

(四)建立构式的论元角色与动词的参与者角色之间的互动性映射联系,并以图式标示;

(五)在论述动词与构式互动映射的基础上进一步分析构式之间的承继关系,重点论述构式的多义性和隐喻性。

## 3.3 构式的部分能产性机制

构式的"能产性"特征源于Langacker对图式范畴理论的研究。"图式"是对一组"示例"所具有的共性进行概括与抽象的结果,对范畴的形成具有原型性功能。图式构式的能产性一方面规定和限制了能够出现在具体实例构式中的单位范畴,另一方面规定和限制了能够出现在实例构式中的单位范畴之间的相互整合的方式。Goldberg 进一步发展了图式范畴理论，提出了"构式的部分能产性机制"这一概念。

### 3.3.1 能产性的概念解读

对于什么是"构式的部分能产性机制"，Goldberg(1995：81)作了如下的解释：

This makes sense insofar as a productive construction is easier to learn given the existence of several instances, while at the same time, conventionalized instances are more likely to exist given the existence of a productive construction.

如果一个能产构式有若干个实例存在，那么该构式就更容易习得。同时，某个能产构式的存在也会增加规约实例存在的可能性。

构式在某种程度上是能产的，然而却不具备完全能产性。以双及物构式为例，新的动词可以进入双及物构式，比如名词 fax(传真)可以出现在双及物构式中做动词用。例如：

(6) Joe faxed Bob the report.
琼传真给鲍勃一份报告。

Goldberg 借鉴学界前期的实证研究，说明某个实际上并不存在的或者假设的动词也可以出现在双及物构式中。比如，假设的英语动词 shin(胫骨)，如果设定的意义是 to kick with shin(用胫骨踢)，那么我们就很自然地允许其出现在双及物构式中。例如：

(7) Joe shinned his teammate the ball.
琼用胫骨传给队友球。

在普遍定义的动词类型中，双及物构式并非是完全能产的。看似关系密切的动词与双及物构式的关系并不相同。例如：

(8) a. Joe gave the earthquake relief fund $5.
    b. *Joe donated the earthquake relief $5.
(9) a. Joe told Mary a story.
    b. *Joe whispered Mary a story.
(10) a. Joe baked Mary a cake.
    b. *Joe iced Mary a cake.

例(8)中的 give(给)和 donate(捐赠)都是表示"给予"意义的动词,但是 donate 却不能够出现在双及物式中,余例类推。这说明构式一方面能够赋予词项新的意义,使得相关词项能够出现在特定构式中,然而这种"赋义"是具有选择性的,需要一定的语境支持。换句话说,构式具有能产性,但这种能产性是部分的。

### 3.3.2 能产性的机制研究

Goldberg 对构式部分能产性机制的概念解读是建立在儿童语言习得研究的基础上的。无论是 Jackendoff 关于词汇规则仅用于解释词库中现存规则性的观点,还是 Bresnan 关于在非能产性规则和完全能产性规则之间找到一个中立位置的尝试,都不能解决儿童语言习得中的一个难题:既然儿童的语言能产机制允许他们把双及物构式的使用扩展到新的或者假设的动词上去,那是什么阻止了他们"过度概括"(overgeneralizaiton),以避免类似例(8)b—(10)b 等不合语法的句子的出现?

针对这一问题,Goldberg 提出了基于两种能产性机制的解决思路,以说明为什么构式的能产性是部分的:

(一)"间接负面证据"(indirect negative evidence)。"负面证据"是在纠正儿童或第二语言习得错误时所采取的一种方式:"直接负面证据"即直接纠正儿童或第二语言习得过程中的语法错误;"间接负面证据"则是通过对正确表达方式的不断重复刺激儿童或第二语言学习者自身对语法错误进行不自觉地纠偏。Goldberg 比较了儿童对"词汇使役式"(lexical causatives)和"迂说使役式"(periphrastic causatives),以及双及物构式和其带介词 to 释义构式的可接受性,指出在使用可以同时出现在两个构式中的动词时,儿童对于语用因素是敏感的。也就是说,间接负面证据对避免儿童语言习得的过度概括有着特殊的作用。Goldberg(1995:125)指出:

> Since two constructions generally differ either semantically or pragmatically, the hypothesis that indirect negative evidence is inferred from hearing a verb in a less-than-optimal construction deserves further study.
> 
> 由于两个构式在语义或语用上存在差异,在听到一个动词出现在一个并非最佳的构式中时,间接负面证据假设值得更进一步的研究。

(二)"限定动词类型"(circumscribing verb classes)。Goldberg 借鉴了 Pinker(1989)关于以一条"广义规则"(a broad-range rule)来描述动词出现在句法框架中的必要条件的研究成果,认为一个动词在某个特定构式中的"出现频率"

(frequency)同样影响儿童对于该动词的习得。而且,这一知识不能被归结于任何间接负面证据。如果某个动词在一个特定构式中的出现频率极低,儿童就很难期待它的再次出现;如果没有任何构式与目标构式在语义上有着密切联系,就不存在儿童使用目标构式的可能性。Goldberg(1995:126)指出:

> ... circumscribing narrowly defined classes of verbs to be classes of verbs to be associated with a particular construction will allow us to account for extremely low-frequency or novel non-alternating verbs (since the assured notion of indirect negative evidence presupposes hearing the verb in a non-optimal construction on several occasions).

> ……限定与一个特定构式有关的严格定义的动词类型,能使我们解释出现频率极低的,或没有替代的新动词(因为间接负面证据这一概念预设一个动词在非最佳构式中已听到过若干次)。

基于上述两个依据,Goldberg(1995:127)总结指出:

> There is no reason not to believe that children exploit multiple sources of evidence for learning argument structure; it is suggested here that they make use of narrowly defined verb classes as well as appealing to some degree of indirect negative evidence as described above.

> 我们没有理由不相信儿童能够利用多种证据习得论元结构。在此过程中,儿童既会借助间接负面证据,也会利用严格定义的动词类型。

### 3.3.3 能产性的梯度考察

Goldberg(1995:136)考察了英语的多个构式,指出不同构式的能产性程度会有所不同。她认为:

> The degree of productivity of other constructions can be seen to form a cline between those constructions which are not fully productive even within narrowly defined verb classes and those which approach full productivity as long as general constrained are obeyed.

> 即使在严格定义的动词类型中,构式与构式的能产性程度也各有不同,可以理解成一个强弱关系的梯度,有些构式只要遵循普遍限制原则就几乎完全能产。

比如,处在能产性梯度较高一端的是 way 构式。该构式几乎完全能产,大量动词可以出现在[SUBJi [POSSi way] OBL]中。例如：

(11) a. Frank dug his way out of the prison.
   b. He knows his way around town.
   c. Sam joked his way into the meeting.
   d. Sally drank her way through a case of vodka.

way构式的高产性有利于我们用该构式受到的普遍语义限制来解释极少数不能在该构式中出现的动词。比如，英语通用移动动词go、walk、move等就不能出现在way构式中。通过语料库研究，way构式的"条目频率"(token frequency)很低，在Lund Corpus(隆德语料库)的会话语篇和 *Wall Street Journal*(《华尔街日报》)中，大约每40 000—50 000的词中才会出现一例。结合上述二种情况分析，构式的部分能产性更多地与类型频率有关，而非条目频率。除类型频率这一因素之外，构式对于新成员的准入限制还涉及变项程度与家族相似性这二个因素，三者之间相互作用的结果就是"类型覆盖率"(coverage)，即已证实例与目标新成员的语义空间粘连性越强，说话人就会越自信地使用目标新成员。具体下面分而述之：

（一）"类型频率"会影响构式新成员的分类。Goldberg(1995：134)区别了两类频率信息。一类是条目频率，指一个具体实例出现在一个具体构式中的次数；另一类是类型频率，指在一个具体构式中出现的相同类型但不同成员的次数。她引用了Bybee等学者的研究成果，明确指出了类型频率与构式部分能产性之间的关系：

> It is the type frequency of a particular process (or a particular construction) that plays a crucial role in determining how likely it is that the process may be extended to new forms: the higher the type frequency, the higher the productivity.

一个特定的程序(或者是一个特定的构式)的类型频率在决定该程序能否被扩展到新形式时起着关键性的作用：类型频率越高，能产性越强。

（二）"变项程度"(variability)是指构式义与已证实例之间的语义关系。一个特定构式的变项程度越高，越多的新成员能够被允许进入该构式。变项程度由构式义的开放程度决定：如果特定构式变项程度的增加减弱了已证实例与目标新成员的相似性，构式的概括性就会被削弱；如果特定构式变项程度的增加不能够影响已证成员与目标新成员的相似性，那么变项程度因素就不会影响该构式的能产性。

（三）"家族相似性"(similarity)源于一个特定范畴的成员出现在一个特定构式中，限制了缺乏相似性特征的相邻范畴的成员被允许进入该构式。家族相似性的计算方法主要有两种：一是比较新成员与全部成员而得到的总体相似性；二是比较新成员与最相似的已证实例而得到的最大相似性。只要相似性非零，总体相似性总是随着类型频率的增高而增高。最大相似性是反直觉的，一个特定构式已证实例的家族相似性程度越高，能够被允许进入构式的新成员越少。

Osherson等(1990：185-200)曾经以心理实验证明了类型频率与变项程度、变项程度与家族相似性对类型覆盖率的影响。具体归纳如下：

(12) 假设一：狮子具有X特征。
　　　假设二：长颈鹿具有X特征。
　　　……
　　　推　论：兔子具有X特征。
(13) 假设一：狮子具有X特征。
　　　假设二：老虎具有X特征。
　　　……
　　　推　论：兔子具有X特征。

实验表明，比较例(12)与例(13)，说话人更容易接受例(12)的推论。例(13)中的狮子与老虎都是大型猫科动物，是典型的同类成员，在直觉上与兔子所在的类边界清晰；例(12)的特征归纳容易涉及所有的哺乳动物，兔子当然也具有哺乳动物的特征。假设的多样性决定了构式的变项程度与构式义的开放程度。

变项程度能够影响特征的归纳。具体如下：

(14) 假设一：狐狸具有Y特征。
　　　假设二：猪具有Y特征。
　　　……
　　　推　论：猩猩具有Y特征。
(15) 假设一：狐狸具有Y特征。
　　　假设二：猪具有Y特征。
　　　假设三：狼具有Y特征
　　　……
　　　推　论：猩猩具有Y特征。

实验表明，例(15)中新的假设一方面扩展了例(14)的范畴，另一方面减弱了例(14)中归纳的Y特征。在家族相似性的影响下，当变项程度扩展了范畴，变项程度减弱了说话人在特定构式中使用目标新成员的信心度。简而言之，类型频率越低，已证实例的家族相似性越高，构式的类型覆盖率越低，构式的能产性越弱；类型频率

第三章 论元结构构式语法的承继研究

越高,构式的变项程度越高,构式的类型覆盖率越高,构式的能产性越强。

## 3.4 构式的承继链接理据

理据与承继是研究构式概括的重要概念,理据是构式之间存在承继链接的客观依据。Goldberg(1995:99)指出:

Generalizations about relations among constructions can be captured by conceiving of the entire collection of constructions as forming a lattice, with individual constructions related by specific types of asymmetric normal mode inheritance links. If construction A inherits information from construction B, then B *motivates* A.

如果把语言中整个构式的集合视作是一个网络,且其中的个别构式通过特定类型的非对称正常样式承继链接,我们就可以得到关于构式之间关系的概括。即如果构式 A 从构式 B 承继了信息,那么构式 B 就是构式 A 存在的理据。

### 3.4.1 承继概念

Goldberg 根据计算机科学关于"客体—指向"(object-oriented design)的成果,将承继链接视作语言系统中的客体,认为承继链接也有内部结构,按层级关系相互联系。同时,她吸收消化了构式语法其他流派关于构式之间对于承继链接的描写,特别是 Langacker 基于范畴化理论的图式构式、原型构式与引申构式之间承继关系的描写,以及 Croft 对于图式构式与其实例之间部整性承继关系的描写,从认知语言学的角度出发,将构式视为语言知识在心智中的基本表达方式,提出了构式之间的"层级承继关系"(inheritance hierarchies)。

承继是语言概括的一种方法,描述了两个构式在某些方面相同,而在其他方面不同这一语言事实。Goldberg 在对构式之间的承继关系进行阐述时,根据功能框架直接类推,认为理据最大化原则在讨论构式之间的承继关系时起着重要的作用,具体如下所示:

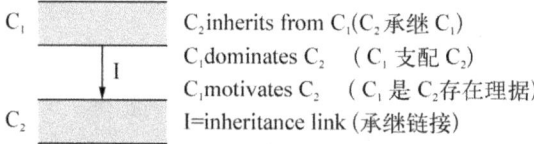

$C_1$   $C_2$ inherits from $C_1$ ($C_2$ 承继 $C_1$)
     $C_1$ dominates $C_2$ ($C_1$ 支配 $C_2$)
↓ I
     $C_1$ motivates $C_2$ ($C_1$ 是 $C_2$ 存在理据)
$C_2$   I=inheritance link (承继链接)

Goldberg 不采用"完全承继模式",认为它只适用于基于合一的语法,即每一个节点的所有特定信息在直接或间接统治某一特定节点时,都被该节点承继;指出承继系统在一般情况下是缠绕的,可被表述为"有向非循环图形"(directed acyclic graphs);主张"正常承继模式",允许次规则和例外存在,只要层级承继关系中的上位构式(支配构式)和下位构式(被支配构式)之间的信息不矛盾,该信息就可以得到承继,某个下位构式就存在能够承继上位构式部分信息特征的可能性。

简而言之,承继系统可以根据承继模式的不同分为"子类承继"和"多重承继"。就子类承继而言,某个下位构式是特定上位构式的一个子类。比如,英语动词 drive 的一个特殊意义"迫使"只能出现在动结构式中,drive 的这一意义把结果——目标论元的意义限制为"疯癫"。例如:

(16) a. Chris drove Pat mad/bonkers/bananas/crazy/over the edge.
b. *Chris drove Pat silly/dead/angry/happy/sick.

动词 drive 在动结构式中的特殊意义是从其本身的基本意义承继的,两个意义之间存在隐喻。也就是说,drive 体现这一特殊意义的构式是动结构式的一个子类。

对多重承继来说,某个下位构式可能存在多个上位构式。比如,Bolinger(1971)注意到在一些动结构式的实例中,结果短语既可以出现在动词后的名词词组前,也可以出现在其后。例如:

(17) a. He cut short the speech.
b. He cut the speech short.
(18) a. Break the cask open.
b. Break open the cask.

这一现象与"动词——小品词"(verb-particles)构式十分相似。例如:

(19) a. He cleaned the mess up.
b. He cleaned up the mess.

Goldberg 从构式承继关联的角度对此进行了分析,发现绝大多数动结构式的结果短语不能出现在动词后的名词词组前。例如:

(20) a. *He talked hoarse himself.
b. *He hammered flat the metal.
c. *He closed shut the door.
……

此外,动词——小品词构式允许"标体小品词"进入此类构式,而这类小品词并不能用作"名词短语论元"的谓词。例如：

（21）He hammered the metal flat.（动结式构式）
→ The metal is flat.
（22）He cleaned the mess up.（动词——小品词构式）
→ * The mess is up.

据此，Goldberg 认为类似例(17)—(18)之类的表达式在共时层面分别承继了动结构式和动词——小品词构式的部分特征，属于多重承继。

### 3.4.2 理据定义

理据是构式之间存在承继链接的客观依据。"理据"(motivation)这一术语最早见于 Saussure 的《普通语言学教程》。比如，法语中的复合词 dix-neuf（十九）的整体意义可从其组成部分的意义推得，任何知道 dix（十）和 neuf（九）意义的人都可以很容易地推导出 dix-neuf（十九）的意义。因此与 vingt（二十）相比，dix-neuf（十九）的存在具有"相对的理据"。也就是说，虽然我们没有能力预测语言使用的形式，但这并不表示语言的选择没有语义基础。比如，虽然我们不能预测 scissors（剪刀）、pants（裤子）、glasses（眼镜）以及 binoculars（望远镜）在使用中必须选择复数形式，但因为这类物品都是由两个互为关联的相似性部分组成的，那么这点就可以作为这些词项以复数形式存在的理据。

Lakoff(1987)借鉴了格式塔心理学派的研究，认为"理据"是介于预测性和任意性之间的概念。他为"理据"这一概念做出了如下定义：如果一个构式的结构承继了语言中其他构式的结构，那么该构式在一定程度上是具有理据的。假设句法与功能上互相关联的构式 A 与构式 B 之间存在非对称承继链接，当且仅当构式 B 承继构式 A 的某些特征，那么构式 A 是构式 B 存在的理据。也就是说，如果构式 A 以构式 B 为基础，构式 A 就会承继构式 B 中与其自身无矛盾的所有特征；一个范畴的冗余特征越多，存在的理据也就越多，并能更好地作为一个整体被语言系统容纳。

### 3.4.3 链接关联

Goldberg(1995：74—81)把承继链接分为四种主要类型：

（一）"多义链接"(Polysemy($I_P$) Links)。多义链接描述某个特定构式的原型义和以此为基础的扩展义之间的关系。比如，英语双及物构式的原型义是"X 致使 Y 收到 Z"，这个基本意义可以扩展至"满足条件暗示 X 会致使 Y 收到 Z"、"X 致使

Y 能够收到 Z"、"X 致使 Y 收不到 Z"、"X 有意致使 Y 收到 Z"以及"X 的行为致使 Y 在未来某个时间收到 Z"。

（二）"子部分链接"(Subpart ($I_S$) Lingks)。当一个构式是另一个构式固有的一个子部分，并且独立存在时，我们把该链接称为子部分链接。比如，"非及物移动构式"所具有的句法和语义限制可看做是"致使——移动构式"所具有的句法和语义限制的一个子部分，那么非及物移动构式通过子部分链接与致使——移动构式产生联系。

（三）"实例链接"(Instance ($I_I$) Links)。当一个具体构式是另一个构式的特殊实例时，该链接称为实例链接。一个实例链接总是蕴涵一个相反的子部分链接。比如上文例（22）所提及的 drive 表示"迫使"意义的构式，是动结构式"致使——成为"意义的一个实例。

（四）"隐喻扩展链接"(Metaphorical Extension ($I_M$) Links)。当两个构式通过一个隐喻映射产生联系时，我们把该链接称为隐喻链接。隐喻链接规定了"统治构式"的意义向"被统治构式"的意义映射的方式。比如，动结构式中的"结果短语"可被视作是"目标"的隐喻类型。

需要指出的是，Goldberg 在这一时期对构式承继问题的理解基本是建立在子类承继关联基础上的。比如上面所提及的四种承继类型，无论是语义上的"多义链接"，还是句法和语义相结合的"子部分链接"，或者是语用上的"实例链接"，甚至是认知层面的"隐喻链接"，它们都反映了这样一个事实，即一个下位构式肯定存在某个特定的上位构式，这个特定的上位构式在句法、语义、语用甚至认知层面上是其某个下位构式存在的理据。Goldberg 在这个时期对构式承继链接的描写突出了构式"一上必有一下，一下或有几上"的特点，体现了构式"自上而下"的语法理念，凸显了基于论元结构构式的语言概括的层级性和逻辑性。

## 3.5 本章小结

构式语法并不是指某种单一的语法理论，它代表了一种语法研究理念，表现为一种语法理论模型。在 1995 年的专著中，Goldberg 基于语言学及其他相关学科的研究成果，深入地探讨了以下理论问题：

（一）论元结构的构式具有独立于词语的意义。从构式语法的角度重新审视论元结构，既然构式是形式和意义的匹配体，其范围涵盖语言的各个层面，它自然就成了语言研究的基本单位，占据语言学研究的中心地位。

（二）构式的论元角色对动词的参与者角色具有支配性作用，两者之间的"融合"存在认知上的动因。

(三) 构式是一个依靠承继链接组织起来的网络。构式与构式之间的关系可以定位于"承继关系"(承继链接),其目的在于发现"跨构式的系统概括"。

综上所述,Goldberg 的构式语法理论在这一时期体现的主要思想是:一个个的语法构式,并不是如转换生成语法学派所说的那样由生成规则或普遍原则的操作所产生的副现象,句法不是生成的;词汇项和语法结构二者之间没有绝对的界线;每个构式本身表示某种独立的意义,不同的构式具有不同的意义。

# 第四章 认知构式语法的承继研究

## 4.1 引 言

Goldberg 2006 年出版的"Constructions at Work: the Nature of Generalization in Language"(《运作中的构式：语言概括的本质》),确立了基于认知语言学的认知构式语法流派。她(2006:1)对这本专著主要涉及的研究领域作了如下的说明：

> In an earlier book, *Constructions*, I focused primarily on arguments for adopting a constructionist approach to argument structure and an analysis of several argument structure constructions (Goldberg 1995). The goal of the present book is to investigate the nature of generalization in language: both in adults' knowledge of language and in the child's learning of language. That is, and how cross-linguistic and language-internal generalizations can be accounted for.

> 在早期的《构式》一书中,我使用了基于论元结构的构式语法分析论元结构的构式(Goldberg 1995)。本书的主要目的是为了调查语言概括的本质,包括：成人的语言知识和儿童的语言习得。即解释跨语言的和语言内部的概括。

全书内容共分三大部分(11 章)：第一部分包括 1—3 章,主要回顾了构式语法的发展过程与研究现状,强调了构式语法是源于认知语言学的,是以使用为基础的语法流派；第二部分包括 4—6 章,主要论述了构式的习得和制约,对构式部分能产性机制的限制作用进行了更深入地研究,同时指出在语言的概括过程中避免过度概括的基本因素；第三部分包括 7—11 章,提出功能和信息处理过程的结合能够有效地解释跨语言的以及语言内部的概括,并介绍了当前构式语法的主要流派。

## 4.2 认知构式语法的理论要点

Goldberg(2006:5)修正了构式的概念,突出了构式是"形式和功能"的匹配体,在此基础上重申构式是语言最基本的单位,因此是语言习得的载体,体现了语言的概括性。她强调：

## 第四章 认知构式语法的承继研究

All levels of grammatical analysis involve constructions: learned pairing of form with semantic or discourse function, including morphemes or words, idioms, partially lexically filled and fully general phrasal patterns.

所有层面的语法分析都涉及构式：构式就是形式与语义或话语功能的匹配体，包括语素或词、习语，部分和完整的短语结构。

认知构式语法理论特别重视以使用为基础的语法研究理念，目的是探寻语言研究的一般规律，强调句法表征从大单位开始，根据小单位（组成部分）与大单位之间的关系来界定小单位。Goldberg（2006：45）指出：

In particular, constructionist approaches are generally USAGE-BASED: facts about the actual use of linguistic expressions such as frequencies and individual patterns that are fully compositional are recorded alongside more traditional linguistic generalizations.

特别需要指出的是，构式语法是以使用为基础的：所有语言表达的实际情况，例如各种使用频率、结构的个体和较为传统的语言概括都被记录其中。

### 4.2.1 形式和功能的匹配体

Goldberg 将构式从相对单一、具体的范围扩展到一个从语素到习语或篇章的连续统。构式可以是一个语素，比如 pre-、-ing；可以是条件从句，比如 the Xer the Yer；也可以是双及物结构，比如 Subj V Obj1 Obj2，等等。具体如下所示：

| Morpheme | e.g. *pre-*, *-ing* |
|---|---|
| Word | e.g. *avocado, anaconda, and* |
| Complex word | e.g. *daredevil, shoo-in* |
| Complex word (partially filled) | e.g. [N-s] (for regular plurals) |
| Idiom (filled) | e.g. *going great guns, give the Devil his due* |
| Idiom (partially filled) | e.g. *jog <someone's> memory, send <someone> to the cleaners* |
| Covariational Conditional | The Xer the Yer (e.g. *the more you think about it, the less you understand*) |
| Ditransitive (double object) | Subj V Obj1 Obj2 (e.g. *he gave her a fish*) |
| Passive | Subj aux VPpp ($PP_{by}$) (e.g. *the armadillo was hit by a car*) |

为了突出体验哲学和认知语言学的理论背景，Goldberg（2006：5）调整了构式的定义：

> Any linguistic pattern is recognized as a construction as long as some aspect of its form or function is not strictly predictable from its component parts or from other constructions recognized to exist. In addition, patterns are stored as constructions even if they are fully predictable as long as they occur with sufficient frequency.
>
> 任何语言结构，只要在形式或功能的某个方面不能从其组成部分或其他已知构式中严格预测出来，就可视为构式。即使是能够被完全预测出来的语言结构，只要有足够的出现频率，也可被视为构式。

Goldberg 对于构式定义的变化体现了她对构式的理解进入了一个更高的层面。"不可预测性"不再作为构式设定的必要条件；根据"人类识解世界的方式"与"所见即所得"的原则，有足够出现频率，可以完全预测的语言结构也可被视为构式；构式的定义从形式与意义的匹配延伸到形式与功能的匹配，功能所涵盖的范围包括语义、语用和认知，而不局限于单纯的一般语义分析。Goldberg 的思想转变彰显了认知语言学的语言使用观，她因此把自己的论元结构构式语法归类为"认知构式语法"（Cognitive Construction Grammar，简称 CCxG）。

具体来说，特定的句法形式背后往往隐含着特殊的语义或语用功能。比如，英语 SAI（主语——助动词倒置构式）有多种话语表达方式，它的子类构式包括：Y/N questions（一般疑问句）、(Non-subject) wh-questions（特殊疑问句）、counterfactual conditionals（虚拟语气的条件句）、initial negative adverbs（否定词引导的倒装句）、wishes/curses（祝福/咒骂句）、exclamatives（感叹句）、comparatives（比较句）、negative conjunct（否定并连句）、positive rejoinder（肯定反驳句）。例如：

(1) a. Did she go?　　　　　　Y/N questions
　　b. Where did she go?　　　(None-subject) wh-questions
　　c. Had she gone, they would be here by now.
　　　　　　　　　　　　　　Counterfactual conditionals
　　d. Seldom had she gone there ...
　　　　　　　　　　　　　　Initial negative adverbs
　　e. May a million fleas infest his armpits!
　　　　　　　　　　　　　　Wishes/Curses
　　f. Boy did she go!　　　　Exclamatives

g. He was faster at it than was she.
　　Comparatives
h. Neither do they vote.　　Negative conjunct
i. So does she.　　Positive rejoinder

此类构式最重要的功能特征是表达非肯定的意义,英语 SAI 构式是由核心的"原型句"辐射到不同的方向形成一个 SAI 构式的范畴;构式的功能决定了形式,核心的"原型句"具备各种共享的功能,辐射出去的各个子构式则具备不同的,但是被共享功能先前界定的延伸功能。

### 4.2.2　语言习得的载体

Goldberg 认为形式和功能在论元结构层面上的联系是可以习得的。比如,虽然动词在论元框架中能够准确地预测构式的整体意义,但儿童是从具体动词和论元位置互相联系的层面上开始语言概括的。通过语料研究,Goldberg 发现在不及物移动构式、致使移动构式、双及物构式中,英语 mother(母亲)一词的使用根据不同动词的频率会有所不同。具体如下所示:

| Construction（构式） | Mothers（"母亲"匹配具体动词的频率） | Total Number of Verb Types（可选择动词类型的数量） |
| --- | --- | --- |
| 1. Subj V Obl | 39% *go* (136/353) | 39 verbs |
| 2. Subj V Obj Obl | 38% *put* (99/256) | 43 verbs |
| 3. Subj V Obj Obj$_2$ | 20% *give* (11/54) | 13 verbs |

事实表明儿童使用的高频动词,例如 go、put、give、make 等的意义在一定程度上和相对应的论元结构的构式义一致。具体如下所示:

| | | |
| --- | --- | --- |
| Go | X moves Y<br>(X 移向 Y) | Intransitive Motion<br>(不及物移动构式) |
| Put | X causes Y to move Z<br>(X 致使 Y 移向 Z) | Caused Motion<br>(致使移动构式) |
| Give | X causes Y to receive Z<br>(X 致使 Y 收到 Z) | Ditransitive<br>(双及物构式) |
| Make | X causes Y to become Z<br>(X 致使 Y 成为 Z) | Resultative<br>(结果构式) |

因此，特定动词在特定构式中出现的高频率为论元结构的概括提供了基础，其机制是范畴化。论元结构在预测构式整体意义的过程中和动词具有相同的"提示效力"（cue validity），并且具有更强的"范畴化效力"（categorical validity），这是儿童的语言概括最终能从具体的动词上升到更加抽象的论元结构的主要原因。论元结构的构式超过了词汇条目，发展成为儿童进行语言概括的主要依据。以英语动词 get 在 VOL（致使移动构式）和 VOO（双及物构式）中的功能为例，动词与论元结构的构式互相作用于句子整体意义的预测。具体如下所示：

| Label（类型） | Form（形式） |
| --- | --- |
| VOL： | (Subj) V Obj Obl$_{path/loc}$ |
| VOO： | (Subj) V Obj Obj2 |

当动词 get 单独出现时，它的提示效力很低。但当 get 出现在 VOL 构式中时，它表达的是"致使移动义"；get 出现在 VOO 构式中时，它表达的是"传递义"。例如：

  (2) a. Pat got the ball over the fence.
    （get＋VOL pattern→"caused motion"）
    帕特从篱笆那一侧拿到了球。
    （get＋致使移动构式→致使移动义）
   b. Pat got Bob a cake.
    （get＋VOO pattern→"transfer"）
    帕特给鲍勃拿了块蛋糕。
    （get＋双及物构式→传递义）

  动词大部分都可以出现在不同的构式中，相应的解释也会发生变化，然而说话者总是能够在论元结构构式的框架中很好地理解动词的意义。因此，构式才是说话者在语言理解过程中真正的心理范畴。构式不但能够促使儿童习得有关这些构式的形式和意义的概括，而且在第二语言学习中起着同样的作用。根据董燕萍、梁君英（2004）的实证研究，第二语言的初学者在理解句子意义时倾向于依据动词的意义，而高水平的学习者则更倾向于依据构式的意义。

### 4.2.3 语言概括性的体现

  Goldberg 对构式体现语言概括性的研究源于对"岛屿限制"（island constraints）和"辖域指派"（scope assignment）现象的分析。其过程包含论证"无界限依存"（unbounded Dependency）不可能涉及所有的"背景成分"（backgrounded elements);解释"辖域"与"话题"之间的紧密联系,包括对词项语义和相关构式的具体分析,界定论元的背景性或话题性。根据 Goldberg 的论述,"话题"、"焦点域"和"背景成分"在形式上的具体位置如下所示:

| Example(relevant constituent underlined) 例示(相关组构成成分标下划线) |
|---|
| **Primary topic** <u>She</u> hit a pole. 话题 |
| **Within the potential FOCUS DOMAIN** George <u>met her</u>. 焦点域 |
| **Backgrounded elements** The man <u>who she told him</u>. 背景信息 |

信息的打包过程是语言在反映同一事件时具有表达多样性的最重要的原因。"话题"是指陈述所围绕的某个(已建立的)兴趣点,与命题解释相互关联,目标是小句成分的语境化。"焦点域"是指句子的某个部分被认定存在进一步的解释,是一种焦点关系,把语用的非覆盖成分与命题的覆盖成分联系起来,是听话人心智中新的信息状态。句子中既不是话题,也不属于焦点域的成分是"背景成分"。例如:

(3) I read the book that Maya loaned me.
我读了玛雅借给我的书。

例(3)是英语中典型的限制性定语从句,that Maya loaned me(玛雅借给我的)所表达的"命题"并不属于焦点域成分,表现为小句的否定与整个句子的否定无关。例如:

(4) I read the book that Maya loaned me. →Maya loaned me the book.
我读了玛雅借给我的书。→ 玛雅借给我的书。

(5) I didn't read the book that Maya loaned me. →Maya loaned me the book.
我没有读玛雅借给我的书。→ 玛雅借给我的书。

综合上述概念,Goldberg(2006:135)提出"Backgrounded constructions are islands"(背景构式即岛屿,简称 BCI)的概念:

The restriction on backgrounded constructions is clearly motivated by the function of the constructions involved. Elements involved in unbounded dependencies are positioned in discourse-prominent slots. *It is pragmatically anomalous to treat an element as at once backgrounded and discourse-prominent.*

背景构式的限制是由所涉及的构式的功能决定的。无界限依存所包括的成分被填入话语凸显的位置。把这个成分处理为即刻的背景和话语凸显在语用上是不恰当的。

比如,学界的前期研究认为双及物构式的主语论元是一个"缺省的话题";其中的受事论元是一个"小句话题",往往不包含在潜在的焦点域中,因此是背景化的;与受事论元不同,双及物构式的话题论元倾向于能够进入该构式的、能够满足上下文语境需求的新信息。然而,双及物构式的带 to 的释义句(与格构式)却不受以上要求的限制。例如:

(6) Ditransitive:　Subj　　V　　Obj1　　　　　Obj2
　　(双及物构式)　agent　　　　recipient　　　theme
　　　　　　　　　topic　　　　secondary topic　new/accessible
　　a. She gave him a book.
　　b. She gave a man them.

(7) Dative:　　Subj　　V　　Obj1　　PP
　　(与格构式)　agent　　　　theme　　goal
　　　　　　　　topic
　　a. She gave a book to him.
　　b. She gave it to a man.

从上述二例比较得知,双及物构式的受事论元具有典型的"代名化"特征,可以用一个代名词替代一个词汇名词短语;双及物构式的话题与受事论元在一些方面具有同样的特质,它们往往属于旧信息,而且它们的存在可以被预测;双及物构式的受事论元一般不属于焦点域的组成部分,这只要通过简单的否定就可以得到证实。例如:

(8) She gave her a ball.
　　♯No, him.
(9) She gave HER a ball.
　　No, him.
(10) She gave a ball to her.
　　No,(to) him.

因此双及物构式的受事论元不是主话题,不包括在焦点域内;受事论元是其所在双及物构式的背景成分,通常可以省略;它可以不接受无界限依存。但是,当双及物构式的受事论元在被动句中做主语时,它就成为了句子的话题,必须接受无界限依存才能进行长距离移位。例如:

(11) a. Who was given the book?　　　　　　　　　　　(被动)
　　　b. Who did John give the book?　　　　　　　　　　(主动)
(12) a. The man who was given a book left early.　　　　(被动)
　　　b. The man who she gave a book left early.　　　　(主动)

可见,双及物构式的受事论元可以被视作是第二话题,具备比主题论元更广泛的辖域。

辖域与话题有着紧密的相关性,构式的信息结构特征可以预测该构式显著的辖域指派,具体表现为"移位现象",即某个特定构式与一个无界限依存构式的句法整合。比如,类似限制性定语从句、主语从句、宾语从句等对于无界限依存关系而言就是一个个的"岛屿"构式,用构式的"岛屿限制"这一理据就可以解释大多数的移位现象。

## 4.3　认知构式语法的研究思路

在语言的使用中存在着这样的现象,一些动词虽然在某些方面不符合形式的语法规则要求,却能够出现在论元结构的构式中,但这并不影响人们对于这些动词的概括。例如:

(13) She sneezed the foam off the cappuccino.
　　　她(一个喷嚏)吹去了卡普基诺(咖啡)上的泡沫。
(14) She danced her way to fame and fortune.
　　　她(跳舞)一路跳向荣誉与财富。
(15) The truck screeched down the street.
　　　卡车沿着街道呼啸而过。

sneeze、dance、screech在上述示例中分别做及物动词用,使得一价动词(不及物动词)成为了三价动词,临时获得了两个额外的论元。Goldberg(2006:94)为更好地解释这一语言现象,将这一现象归因为构式的部分能产性机制,其目的是满足上下文语境的功能性需求:

Overgeneralizations can be minimized is based on the idea that more specific knowledge always pre-empts general knowledge in production, *as long as either would satisfy the fuctional demands of the context equally well*.

只要更为具体的知识与概括性的知识能够同时满足上下文语境的功能性需求,语言的具体知识总在能产性上总是能够优先于概括性的知识,这是过度概括最小化的基础。

过度概括最小化的目标与理念促使 Goldberg 对两个问题的思考:(一)是什么样的机制帮助儿童(或者第二语言学习者)在语言习得过程中避免"过度概括"的?(二)基于什么样的表层形式的概括才是最大化蕴涵的概括?为了更好地解释这两个问题,她的研究思路中出现了两个新的概念:"统计优选"(statistical preemption)和"表层概括假设"(surface generalization hypothesis)。

### 4.3.1 统计优选

对于统计优选的研究可以追溯到 20 世纪 60 年代学界对儿童语言习得中直接负面证据可靠性的质疑。当儿童在使用语言时出现不符合语法规则的情况下,很少有人会指出错误并提供符合语法规则的语言使用指导。例如:

(16) Don't say '*the asleep boy*', dear, say '*the boy that is asleep*'.
别说"困的男孩",亲爱的,说"男孩困了"。

(17) \* *Me* loves you, Mommy.
\* 我(宾格)爱你,妈妈。

Boyd & Goldberg(2011)在研究了儿童语言习得后甚至认为,当听到儿童说例(17)这样具有明显语法错误的句子后,绝大多数的母亲会给孩子一个拥抱,而不是去纠正他的语法错误。儿童语法错误的纠正过程涉及从父母表达相同话语功能的语言中暗示性地获得话语的"重组",这可以视为统计优选的心理动因。

统计优选是建立在假设两种形式比较的基础上的,是具体的实践过程。例如:

(18) CHILD: Only boys who were *tall* made the team. (*tall* 做谓词)
儿童:只有那些长得高的男孩才能组队。
MOTHER: One day you'll be a *tall* boy. (*tall* 做定语)
母亲:有一天你会成为高个男孩的。

(19) CHILD: I *gave* the dog my sandwich. (*give* 出现在双及物构式中)
儿童:我给了狗我的三明治。

MOTHER: You *gave* your sandwich to THE DOG!?(*give* 出现在与格构式中)
母亲：你把你的三明治给了那条狗！

话语重组可以视为统计优选研究的心理机制，统计优选是建立在假设两种形式比较的基础上的。

统计优选与 Stefanowitsch(2008)提出的"基于使用的负面证据方法"(负面固化)有着内在联系。基于一个已知动词和一个已知构式在语言中的整体出现率，通过比较已知动词的期望出现率和在已知构式中的实际出现率，学习者可以通过对已知动词在已知构式中出现可能性的计算来推知负面证据。如果一个动词在一个构式中的期望出现率明显高于它的实际出现率，学习者就可推知该动词不能进入这个构式。例如：

(20) Dad *said Sue* something nice. (cf., Dad *told Sue* something nice.)
爸爸说苏有个东西不错。(正确形式：爸爸告诉苏有个东西不错。)

例(20)讨论的是英语动词 say 不能进入双及物构式的统计研究。双及物构式在语料库的所有语料中共出现 1 824 次，动词 say 在语料库的所有语料中共出现 3 333 次，语料库中所有动词的总数是 136 551 个。如果 say 在构式类型中的分布不受限制，那么它的"期望实例频率"(expected token frequency)应该是：1 824×3 333÷136 551=44.5；但事实上，通过检索发现，动词 say 在双及物构式中的实际出现频率是零，那么学习者就可以从数据的差异中(say 的期望出现率与实际出现率比：44.5∶0)推知，动词 say 不能出现在双及物构式中。

英语 preemption 的中文意思是"先买权、先占、先发制人"，这里是指虽然同一范畴的大部分成员根据语法规则不能够出现在某个特定的构式中，但其中的一些高实例频率动词却能够被构式优先选择和创造性地使用，并通过语料统计的结果显现出来。目前，国内学界主要认同"Statistical Preemption"的二种中文翻译，一是梁君英(2007)的"占先统计"，一是吴海波(2008)的"基于统计的替代"。笔者认为，英语"Statistical Preemption"在语言学研究文献中通常表现为基于客观语料库的人为统计结果，而实际上反映的是语言使用者源于语言习得和语言使用的积淀而形成的一种选择结果，属于语言认知机制的层面。语言使用者根据上下文语境的功能性需求，经过构式的部分能产性作用，形成了一种基于使用的惯性。笔者将"Statistical Preemption"译为"统计优选"主要出于以下两方面的考虑：

（一）认知构式语法是一种自上而下的语法理论，属于"非还原性理论"，译为"统计优选"能够更好地反映论元结构构式的主导性。

（二）语言的使用者具有在某个具体的论元结构构式中使用哪些具体动词的知识，动词在具体论元结构构式中的出现频率会影响语言使用者对语言的理解过程。动词出现频率的统计也是一个过程，其中包括了构式义对动词词义的"强制过程"。译为"统计优选"能够更好地反映这一现象的过程性。

语言学习者通过统计优选来避免过度概括，即在话语产生时特定的知识总是能够优先于一般知识得到提取，条件是两者能够等效地满足上下文的功能需求。如果一般规律显示构式 A 可以满足上下文的功能需求，但语言学习者发现在特定的情境中构式 B 才是人们经常使用的，构式 B 被优先选择。统计优选是限制构式能产性的重要因素，能够有效避免在论元结构领域的过度概括。例（13）She sneezed the foam off the cappuccino. 中，sneeze 是不及物动词，它之所以能够出现在致使移动构式中，主要是以下几个方面的原因：sneeze 被识解为能够出现在此构式中的已证实例的相近意义，表示一种"随意性的力量"，与涉及空气流动而产生力量的已证实例 blow 和表示非意志驱使力的已证实例 knock 有关；具有"（一个喷嚏）吹去了……"这样意义的其他动词几乎不存在，所以统计优选的过程决定了 sneeze 不会被其他动词取代。例（14）She danced her way to fame and fortune 与 way 构式的几乎完全能产性有关：各类动词在这个特定构式中都存在已证实例，dance 可以看作是表演类动词（其他如 sing）范畴内的典型成员，因此可以出现在 way 构式中；way 构式的构式义具有很强的专用性，隐喻特指"不惧困难险阻的旅行"，因此该构式的出现频率相对较低，直接导致了说话者找不到充分的已证实例以证明 dance 进入该构式是不恰当的。例（15）The truck screeched down the street 是关于 screech 的一个可接受的用法：其他有关发出声音的动词被证实能够出现在不及物移动构式中，并且与 screech 意义相似（其他如 rumble，表示"带着'隆隆'的声音移动"）；具有"……尖啸而过"这样意义的其他动词几乎不存在，所以统计优选的过程决定了 screech 不会被其他动词取代。

综上，Goldberg（2006：101）证明了在论元结构领域避免过度概括的关键因素：

> Thus a combination of both conservative extension based on semantic proximity to a cluster of attested instances, together with statistical preemption can go along way toward an avoidance of overgeneralizations in the domain of argument structure.

因此，将传统的基于已证实例语义相似性的扩展方法与统计优选方法相结合，我们就能有效地避免在论元结构领域的过度概括。

### 4.3.2 表层概括假设

概括是基于若干具体表达功能的抽象过程,是对形式和意义(或功能)两个层面的同一概括,既然特定表层形式蕴涵的概括要比派生或转换获得的概括更为宽泛,那么假设派生或转换就是多余的。假设 B 形式和 A 形式具备相同的目标句法或目标语义,但是 B 形式不是从 C 形式派生而来,那么 A 形式也不是从 C 形式派生出来的;假设 D 形式和 C 形式具备相同的句法或语义,但 D 形式不能作为生成 A 形式的输入条件,那么 A 形式也不是从 C 形式派生出来的。这就是"表层概括假设"。比如,转换生成语法认为双及物构式是从与格构式派生而来的,但是如果 for 与格构式和 to 与格构式具备相同的句法和功能,但是 for 与格构式并不能作为生成双及物构式的输入条件,那么双及物构式也不是从 to 与格构式中派生出来的。Goldberg(2006:25)指出每一个表层形式都有其相对应的功能,因此一个形式不是从另一个形式派生出来的。为此她提出了"表层概括假设":

**Surface Generalization Hypothesis**: there are typically broader syntactic and semantic generalizations associated with a surface argument structure form than exist between the same surface form and a distinct form that it is hypothesized to be syntactically and semantically derived from.

**表层概括假设**:一个表层论元结构形式所蕴涵的句法和意义的概括比该表层形式和与其假设的生成形式之间的句法和意义更加宽泛。

### 4.3.3 功能承继网络

Goldberg 认为特定的句法形式是由构式的语义和语用功能决定的,共时的功能性理据往往隐藏在表层的句法实例之下,但是却能够用来解释语法的各个层面,描写语法的整体"特性"。通过对 SAI 构式在语义和语用层面上的研究,Goldberg 提出了功能"属性子类"的概念。比如,baby(幼儿)的功能属性包含"小"、"可爱"、"需要被人照顾"、"心智不成熟"、"家中年龄最小的"等等。关于 baby 的每一条功能属性既可以同时显现,也可以独立表达。例如:

(21) a. Prototype: She had a baby.
原型:她生了个小孩。
(samll, human, cute, immature, needs to be taken care of, youngest in a family)
(小、人类、可爱、不成熟、需要被人照顾、家中最小的)

b. Baby carrots (small)
　　　小萝卜　　　　　　　　　　　（小）
　　c. Hey, Baby! (cute)
　　　嗨,小孩!　　　　　　　　　　（可爱）
　　d. Don't baby me. (to take care of as a parent would a baby)
　　　别把我当小孩。　　　　　　（需要被父母照顾的孩子）
　　e. He's such a baby. (emotionally immature)
　　　他太孩子气了。　　　　　　（心智不成熟）
　　f. Mr. Platt is the baby in his family. (youngest in the family)
　　　普拉特先生是家里的孩子。　（家中年龄最小）

可见 baby 的常见使用方式形成了一个范畴,不同的使用方式与原型之间通过转喻联系。

再来看 SAI 构式的功能承继网络。SAI 原型构式的语义包括"声明义"、"肯定断言义",其信息结构属于"谓词焦点域"结构,这个构式范畴的属性子类以功能为理据形成了承继网络。具体如下:

（一）疑问句

当不具有声明义或不具有断言或预示命题真实性的功能时,疑问句构式是非肯定义的。例如:

　　(22) a. Did he go?
　　　　　他去了吗?
　　　　b. What did he do?
　　　　　他干了什么?

作为一般疑问句,例(22)a 没有断言或预示 he left(他离开了);作为特殊疑问句,例(22)b 虽然预示了 he did something(他干了什么),但不具有声明义。

（二）虚拟语气的条件句

虚拟语气的条件句构式预示(无断言)了一个可能与事实相反的场景,即先行假设或设计一个与命题有关,但并不存在的场景。因此,该构式具有非肯定义,不具有判断命题真实性的功能。例如:

　　(23) a. Had he found a solution, he would take time off and relax.
　　　　　如果已经找到解决方案了,他就能够抽时间放松一下了。
　　　　b. * He had found a solution, he would take time off and relax.

Had he found a solution(如果他找到了解决方案)这个倒置短语不能独立成句,它

## 第四章 认知构式语法的承继研究

只有与后接部分 he would take time off and relax(他就能够抽时间放松一下了)同时出现才能表达完整的话语功能。

### (三)否定义副词起始句

当起始副词被识解为否定义时,SAI 构式可以出现;与之相反,SAI 构式不会出现在起始副词为肯定义的句子中。例如:

(24) a. Not until yesterday did he take a break.
直到昨天他才休息。
b. *Not until yesterday he did take a break.

(25) a. *Everywhere has he found a solution.
b. *Yesterday did he take a break.

当 SAI 构式出现在起始副词为否定义的句子中时,通常传递着否定义。例如:

(26) a. For no money would she leave.
如果没有钱,她会离开。
b. For no money she would leave.
她离开,是因为钱没了。

此类 SAI 构式还包括了以英语副词 may 起始的表达祝福与愿望的句子。例如:

(27) May you live to be 100!
你能活到 100 岁!

虽然不是否定副词,但 may 表达的是一种非可控的事件,具有非肯定义,不能够被预测。

### (四)带反驳义的感叹句

从表面上来看,感叹句构式似乎是颠覆 SAI 构式功能性解释的实例,因为它既表达了肯定义,又是以"话题评述"为焦点域的信息结构。但是,根据 Diessel (1997)和 Michaelis(2001)的研究,Goldberg 指出带有"反驳义"的感叹句构式至少是非断言义的,不涉及命题内容的真实性。例如:

(28) Boy, are you tired or what?!
孩子,你是累了还是怎么了?!

例(28)是具有反驳义的感叹句,许多带有反驳义的感叹句本身就是修辞疑问句,因为 or what(还是怎么了)是一般修辞疑问句的标记。

### (五)比较句

SAI 构式可以出现在比较句中,但必须满足一个条件,即倒置短语小句中的动词短语省略。例如：

> (29) a. He has read more articles than have his classmates.
> 他比他的同学们读了更多的文章。
> b. He has read more articles that his classmates have.
> 他读的文章比他同学读的更多。

例(29)a 出现了比较标记 than，其后的倒置短语小句中的动词 read 因而被省略。

（六）否定并连句

当 neither 或 nor 作为句子的起始词时，必须使用 SAI 构式。它们都表达了非肯定义，而且可以独立成句。例如：

> (30) a. Neither is this construction unexpected.
> 这个构式也不会出现。
> b. *Neither this construction is unexpected.

neither 是英语非肯定义句的标记之一，例(30)中当 neither 作为句子的起始词并且句子独立成句时，其后的句子主语 this construction 和助动词 is 必须倒置。

（七）肯定倒装句

当句子的起始词是 so/as/like 时，SAI 构式被使用。前提是须满足两个条件：一是需要语境支持；二是省略动词短语。例如：

> (31) Context: His girlfriend was worried.
> （语境：他女朋友累了。）
> a. So was I.
> （语境支持、省略动词短语）
> b. *So I was.
> （主语、助动词未倒装）
> c. *So was I worried.
> （未省略动词短语）

在语境支持的情况下，例(31)以 so 为起始词，表达的意义是 his girlfriend 和 I 的身体状态相同，因而在主语和助动词倒置的情况下可以省略动词 worried。

## 4.4 理据的象似性和层级性

语言总是能够反映出客观世界的某些特征，语言与现实之间的关系不是任意的,而是有着相当的联系。这就是我们通常所说的语言的象似性。语言又是现实世界经由人类认知加工而形成的结果,语言结构是在人们对客观世界的知觉和认知的基础上形成的概念和概念结构,也就是说,语言结构与人类的经验结构之间有一种必然的联系,语言不是任意的而是有理据的。

需要指出的是,认知构式语法理论框架中的象似性并不是传统意义上"语言符号"与"客观世界"之间的关系。人类的行为不是任意的,而是由理据驱动的,语言结构是人类行为的产品,因此一定也是有理据的。理据既是象似性在具体和抽象两个层面上的代表,又是功能和形式之间产生象似映射的动因。

### 4.4.1 理据的象似性

Goldberg 对象似性理据的研究集中在对形式和功能映射关系的普遍性研究,并从这个角度来探索跨语言的概括。根据"语言是人类对情境的识解"这个最大化的象似性理据,Goldberg 一连提出了三条高度抽象的象似性理据,分别是:"突出位置的显著参与者概括"(the Salient Participants in Prominent Slots Generalization,简称 SPPS)、"语用映射概括"(Pragmatic Mapping Generalizations)以及"低显著性原则"(Low Discourse Prominence)。下面分而述之。

（一）显著参与者概括

"显著参与者概括"的中心思想是对原型施、受事的认知解析。原型施事在认知上是显著的,行为的创始者具有认知上的易察觉性。因此,动词的选择使用凸显了更强的施事倾向性。即使是在非语言的环境中,原型施事依然是人们注意力的焦点。结合儿童语言习得研究,Goldberg(2006：186)是这样归纳和解释原型施事的特征的：

> Thus, the characteristics of Actors: volition, sentience (and/or perception), and movement are closely attended to by prelinguistic infants in visual as well as linguistic tasks.

> 原型施事的特征是：具有主观意愿的、具有感觉的（和/或感知能力的）、所涉及的运动和语言任务会受到尚不会使用语言的儿童的视觉上的注意。

原型受事在认知上也是显著的。原型受事往往是一个事件作用力的终点,终点通常比非语言的或语言任务的起点更容易受到关注。Goldberg(2006：186)指出：

Thus the observation that Actors and Undergoers tend to be expressed in prominent slots follows from general facts about human perception and attention.

原型施事和原型受事更倾向于出现在突出位置的现象是源自人类感知和注意力的客观事实。

基于原型施、受事的认知显著性，对于儿童的语言习得而言，传统的"同构映射假设"(Isomorphic Mapping Hypothesis)不具有普遍性。Goldberg(2006：188)指出：

Note first that the Isomorphic Mapping Hypothesis is far from being universally valid as a generalization about the surface structure that is available to children.

首先要指出的是，对于儿童而言，基于表层结构的同构映射假设远远达不到概括的普遍有效性。

比如，在英语的一些特定构式中，补语(语言表达出来的参与者)和论元(情境中表示中心语义的参与者)的数量明显不一致。具体如下所示：

| participants Construction Typ（构式类型） | Number of linguistically eexpressed NPs（名词短语数量） | Number of central Semantic in the scene(论元数量) |
|---|---|---|
| Short Passive（被动句）(e.g. *Pat was killed*) | 1：(*Pat*) | 2：(Pat, Pat's killer) |
| The Deprofiled Object construction（侧显构式）(e.g. *The tiger killed again*) | 1：(*the tiger*) | 2：(tiger, tiger's prey) |
| Semantic "Incorporation" Construction（语义合并构式）(e.g. *Pat buttered the toast*) | 2：(*Pat, the toast*) | 3：(Pat, toast, the spread) |
| Cognate Object construction（同源宾语构式）(e.g. *Pat laughed a hearty laugh*) | 2：(*Pat, a hearty laugh*) | 1：(Pat) |

续 表

| participants Construction<br>（构式类型）<br>Typ | Number of linguistically eexpressed NPs<br>（名词短语数量） | Number of central Semantic in the scene（论元数量） |
|---|---|---|
| **Certain idioms**<br>（习语）<br>(e. g. *Pat kicked the bucket*；<br>*Pat gave a salute*) | 2：(*Pat, the bucket/a salute*) | 1：(Pat) |

在上表的被动句中，例句 Pat was killed(帕特被杀了)表达出来的参与者只有一个 Pat；但是这一事件情境中表示中心语义的参与者却有两个，一个是受事 Pat，一另个是施事 killer。余例类推。

（二）语用概括映射

针对上述问题，Goldberg(2006：190)提出了"语用映射概括"的象似性理据：

Pragmatic Mapping Generalizations：

(A) The referents of linguistically expressed NPs are interpreted to be *relevant* to the message being conveyed.

(B) Any semantic participants in the event being conveyed that are *relevant* and *non-recoverable* from context must be overtly indicated.

语用映射概括：

① 语言中名词短语的所指与话语传递的信息密切相关。

② 必须明确事件中任何一个密切相关的、在上下文中不可复原的语义参与者。

翻译标号①的内容没有详细说明名词性短语是如何在语义上与指称对象紧密结合的；翻译标号②的内容没有具体说明语义参与者是如何明确指出的。但是，这两个未详细说明的语用概括映射的特点恰恰为不同的语言、不同的构式以不同的方式遵循语用概括映射提供了可能性。

（三）低显著性原则

根据语用映射概括，Goldberg(2006：196)发现论元在语篇中的低显著性为该论元的缺省提供了可能性，因此可以归纳为"低显著性原则"：

That is, omission is possible when the patient argument is not topical (or focal) in the discourse, and the action is particularly *emphasized*.

也就是说,当受事论元在话语中是非话题性的(或非焦点性的),并且当行为被特别"强调"时,论元的缺省是可能的。

"强调"指的是某个行为被识解为在话语中的显著部分,此时受事因显著性低往往可以缺省。例如:

(32) Pat gave and gave but Chris took and took. (Repeated action)
帕特给了又给(某物),但是克里斯拿了又拿(某物)。(强调重复行为)

(33) He was always opposed to the idea of murder, but in the middle of the battlefield, he had no trouble killing. (Discourse topic)
他一直都反对杀戮,但在战场上,他可以杀(人)。(强调话题)

(34) She picked up her carving knife and began to chop. (Narrow focus)
她拿起刻刀,开始劈(柴)。(强调狭域焦点)

(35) Why would they give this creep a light prison term!? He murdered! (Strong affective stance)
为什么他们给了这个卑鄙小人这么短的刑期!? 他可杀了(人)啊!(强调情感的激烈表达)

(36) "She could steal but she could not rob." (from the Beatles song "She Came in through the Bathroom Window") (contrastive focus)
"她能偷但不能抢。"(摘自披头士乐队歌曲《她从浴室的窗户进来了》)(强调焦点对比)

例(32)强调的是两个行为 give 和 take 的重复,行为因而被识解为话语中的显著部分;受事论元"某物"既是非话题性的,又是非焦点性的,它可以是整个话语语境中的旧信息,因而在整个句子中的显著性程度很低。所以,虽然例(32)省略了受事论元的信息,但也丝毫不影响人们对句子显著部分的关注和对整体意义的理解。余例可以类推解读。

### 4.4.2 理据的层级性

构式与构式之间存在承继性网络,理据是联系这个网络的节点。如果我们把理据也视作一个客体来进行研究,那么理据自身也具有承继的特征。笔者认为,认知构式语法理论中的理据研究需要区分两个概念:广义的理据和狭义的理据。狭义的理据就是构式本身,任何一个上位构式都可视作其下位构式存在的理据。广义的理据除了具体的构式以外,涵盖了从人类心智角度描写的整个语言系统中的语法关系。理据是具有层级性的,因此也存在下一级理据从上一级理据中获得相关信息。比如,上文所提及的人类语言的"对情境的识解"、认知层面的"突出位置的显著参与者概括"、语用层面的"映射概括"和形式上论元缺省的"低显著性原则"虽然都是抽象的理据,但是它们之间的层级却十分清晰。具体如下所示:

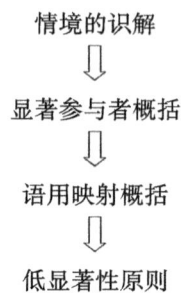

理据的层级性来自人类与客观世界、思维交往的需求,从抽象性的构式图式表征到具象性的语言表达构式。层级性是人类认知的基础,认知加工过程包括多层次的组织,同处一个层次上的成分可结合成一个复合结构,它又可作为一个整体成为更高级层级上的组成成分,依次进行下去。

笔者认为,语法本身就可被视作是一个层级性的结构,抽象的理据可以作为语法在心智上所要遵循的语言原则,而构式就是依靠这些语言原则组织起来的语法在心智上的表征形式,某个特定的构式因此也可作为其下位构式的具体的理据。

## 4.5 本章小结

梁君英(2007)指出,如果说 Goldberg 的 1995 年的专著只是对构式语法的浅尝辄止,那么她的 2006 年的专著就是构式语法的完善和系统化工程。作者运用大量的语料分析和实证研究,指出我们的构式知识,就如同其他知识,是一个整合理据的网络。

笔者认为 Goldberg 的 2006 年的专著具有以下特点:

1. Goldberg 接受了其他学者的合理意见,修正了构式的定义和范围;通过"表层概括假设",论证了每一个表层形式都有其相对应的功能,一个形式不是从另一个形式派生出来的;明确了认知构式语法理论是以使用为基础的非还原性理论。

2. Goldberg 通过对成人第二语言知识与儿童语言习得的研究,论证了构式是可以习得的。理据一是说话者语言理解过程中真正的心理范畴是论元结构的构式；理据二是构式的"产生机制"。

3. Goldberg 根据语料库研究，指出语言学习者主要通过"统计优选"来避免论元结构的"过度概括"；提出"背景构式即岛屿"，而岛屿限制是由所涉及的构式的功能决定的。

4. Goldberg 以描写基于功能的论元结构构式承继网络为目的，论述了"基于论元实现的跨语言概括"。她以"主语——助动词倒置构式"为例，提出了功能"属性子类"范畴；从分析"同构映射假设"不具有普遍性入手，归纳了突出位置的显著参与者概括、语用映射概括和低显著性原则。

总之，Goldberg 将语言研究的对象从英语延伸至跨语言的共性概括，可见她已经将研究视野拓展到语言类型学的范畴，试图探索人类自然语言构式的共性特征，这无疑是一个重大的突破和飞跃。

# 第五章　句法同构与多义解读

## 5.1　引　言

　　世界上的一切事物都具有相同的或者说是相类似的系统结构,比如九大行星围绕太阳转动和电子围绕质子转动是这两个事件能够互为关联的同构性所在。构式是语言系统中最基本的单位,基于构式概念的同构性应该是语言组织的相关心理认知原则在不同功能主义框架中的一一对应的体现。

　　句法同构与多义解读的事实表明,语言中形式和意义的对应往往不是一对一的,而是一对多的关系。多义现象在语言里十分普遍,既表现在词汇的多义解释,也表现在构式的语义延伸,而在构式层面的表现主要与构式的部分能产性相关。按照认知构式语法的解释,构式的部分能产性与类型频率有关,而构式对于新成员的准入限制还涉及变项程度与家族相似性这二个因素,三者之间相互作用的结果就是"类型覆盖率"(type coverage),即已证实例与目标新成员的语义空间粘连性越强,说话人就会越自信地使用目标新成员。"类型频率"(type frequency)指在一个具体构式中出现的相同类型但不同成员的次数。一个特定的程序(或者是一个特定的构式)的类型频率在决定该程序能否被扩展到新形式时起着关键性的作用：类型频率越高,能产性越强。"变项"(variability)指构式义与已证实例之间的语义关系。一个特定构式的变项程度越高,越多的新成员能够被允许进入该构式。变项程度由构式义的开放程度决定：如果特定构式变项程度的增加减弱了已证实例与目标新成员的相似性,构式的概括性就会被削弱；如果特定构式变项程度的增加不能够影响已证成员与目标新成员的相似性,那么变项程度因素就不会影响该构式的能产性。"家族相似性"(similarity)源于一个特定范畴的成员出现在一个特定构式中,限制了缺乏相似性特征的相邻范畴的成员被允许进入该构式。家族相似性的计算方法主要有两种：一是比较新成员与全部成员而得到的总体相似性；二是比较新成员与最相似的已证实例而得到的最大相似性。只要相似性非零,总体相似性总是随着类型频率的增高而增高。最大相似性是反直觉的,一个特定构式已证实例的家族相似性程度越高,能够被允许进入构式的新成员越少。(参见本文3.3.3)

认知构式语法理论强调句法和语义的关联性,并以此为基础描写整体和部分的互动与整合。表层形式相同,话语功能一致的若干构式形成一个多义范畴,范畴成员共有最大化的理据,却由于"表达最大化原则"(根据交际的需要,构式存在的数量是无穷尽的)和"经济最大化原则"(非同构构式的数量应尽可能的最小化)的相互制约与抵消使得句法同构的子类成员能够延伸出各种因为人们对具体情境识解的不同而存在的语义上的差异,这种差异具有可溯源性和不稳定性。可溯源性表明这种差异的认知解释是可探究的;差异的不稳定性源自构式的语用功能、语义参项和语块变异对构式义产生的影响。

本章将具体讨论表层形式相同且话语功能一致的多义子类构式的网络结构,集中讨论三个相关问题:

1. 句法同构与语用功能。以"NP 分裂前移话题化"构式作为具体研究对象,说明表层形式和语用功能的同一性是句法同构现象的基础,进而提出同构子类构式之间存在语义差异。

2. 句法同构与语义参项。以"递进性差比义"构式为例,说明同构的子类构式之间存在基于时间参项的承继链接,继而分析该构式的部分能产性机制。

3. 句法同构与语块变异。以非典型"连"字句构式为例,解读因"序列缺失"现象造成的同构子类构式的多义性,从"连"字句由典型到非典型的发展过程论述构式赋义具有整体性的表义价值。

## 5.2　NP 分裂前移话题化与数量同构

现代汉语中存在大量凸显计量的构式,数量成分包括物量、动量和时量。其中的一类构式可以根据表达需要进行相应的语用变换。例如:

(1) a. 攻占了三座城堡。
　　b. 攻占了城堡三座。
　　c. 城堡攻占了三座。
(2) a. 攻破了三次城堡。
　　b. 攻破了城堡三次。
　　c. 城堡攻破了三次。
(3) a. 攻打了三天城堡。
　　b. 攻打了城堡三天。
　　c. 城堡攻打了三天。

张伯江、方梅(1996)指出上述构式可以有两种不同的语序,即三组实例中的 a 句和 b 句,分别将它们概括为"VMN"和"VNM",其中 N(名词)和 M(数量)的语序不同。吴为善(2012a)在考察了以上两种语序的发展状况后又提出另一种变换语序,即上述三组实例中的 c 句,可概括为"NVM"。根据上述学者的考察和研究,笔者把上述三组例句中的 c 句码化为"$NP_{(受)}+VP_{(t)}+QM$"。其中的 NP 为话题主语,论元角色为受事;施事成分在语境中出现或隐含;V 为及物性的动作动词,往往带有如"占"、"破"等补语成分强调行为动作的结果;整个构式一般带有体标记"了",表述含有一个内在自然终止点的已然事件;"QM"为数量成分,是表述的信息焦点,凸显计量状态,包括物量、动量和时量。"$NP_{(受)}+VP_{(t)}+QM$"的构式义可以概括为:对已然事件及其相关因素的计量状态的主观化陈述。计量状态属于"量范畴",无论是物量、动量、时量,都具有客观真值意义,反映了事物的自然属性;逻辑宾语"$NP_{(受)}$"前移,受事成分充当了话题,语用变换过程涉及语义靠近原则消减,而指别领先原则增加的主观移情效应,即受事论元"NP"成为了说话人移情的对象。笔者进一步考察发现,例(1)—(3)c 句在表层形式和话语功能方面具有一致性,但是三类计量状态"三座"、"三次"、"三天"凸显了三个例句所分别代表的子类构式的语义差异,因此可以视作同构构式的三个子类。

### 5.2.1 "$NP_{(受)}+VP_{(t)}+QM$"的句法同构性

认知构式语法理论注重某个特定构式范畴内部子类语义差异的研究。笔者认为对时间因素的不同处理体现了该构式子类之间的多义性。例如:

(4) a. 屋顶突然掉下一块水泥板,桌腿压断了三条。
　　b. 地雷一起爆炸,敌人又被炸倒了三四个。
　　c. 油井晚投产一天,油就要少采几十吨。

(5) a. 电影连放了三场,村民们越看越来劲,放映员可吃不消了。
　　b. 她把所有时间都用在背诵、默写故事上,有时一篇故事要默写三四遍。
　　c. 光扔垃圾,他就楼上楼下跑了好几趟。

(6) a. 地铁一直修了七八年,总算如期完成了工程。
　　b. 他七岁上进了私塾,书才念上十来天,他爹死了。
　　c. 检查进行了几个小时,总算了结了。

例(4)中的 M 为物量,QM 是对某类实体的计量。比如 a 句中的"桌腿"通指一类实体,量词"条"落实了"桌腿"这个实体集合中的某个成员,成为可计量的个体,"三条"表述了量化状态。由于逻辑宾语"桌腿"的前移话题化,句尾的"三条"具有了指代功能,成为"压坏"支配的直接论元。该构式表述的是一个已然事件"压断了三条桌腿",就计量本身而言,与时间因素无关。余例可类推解读。例(5)中的 M 为动量,QM 是对事件类别的计量。比如 a 句中的"放电影"指一事件类,量词"场"落实了这个事件类集合中的某个成员,成为可计量的个体,"三场"表述了量化状态。由于逻辑宾语"电影"的前移话题化,句尾的"三场"具有了指代功能,成为"放了"的直接论元。QM 以整个事件过程的延续时间作为计量单位,与隐性的时间因素相关。余例可类推解读。例(6)中的 M 为时量,QM 是对某个事件持续时间的计量。比如 a 句中的"修地铁"指一事件类,时量词"年"是人为制定的时间计量单位,落实了这个事件过程延续时间段集合中的某个成员,"七八年"表述了量化状态。由于逻辑宾语"地铁"的前移话题化,句尾的"七八年"具有了指代功能,成为"修了"支配的直接论元。事件过程延续的时间本身成为计量对象,因此时间因素是显性的。余例可类推解读。综上所述,"$NP_{(受)}+VP_{(t)}+QM$"的三类句式在语义上的差异表现在对时间因素的处理,可以概括如下:

  同构子类:$NVM_{(物量)} \rightarrow NVM_{(动量)} \rightarrow NVM_{(时量)}$
  时间因素:无关时间量→隐性时间量→显性时间量

从认知机制来看,物量词实现个体化以三维空间的实体为对象,属于空间范畴;时量词实现个体化以事件延续的时间为对象,属于时间范畴;而动量词实现个体化以事件本身为对象,任何事件在特定空间展开的过程必定涉及特定时间的延续,因而介于两者之间,可以概括如下:

  同构子类:$NVM_{(物量)} \rightarrow NVM_{(动量)} \rightarrow NVM_{(时量)}$
  认知域:空间域 ——————————→ 时间域

由此可见,"$NP_{(受)}+VP_{(t)}+QM$"的三类句式在形式与话语功能上具备了同构特征。虽然凸显量范畴的不同维度造成了子类构式之间的语义差异,但是此类构式的三个子类的计量状态都具有客观真值义,都能够反映客观事物的自然属性。

综上所述,"$NP_{(受)}+VP_{(t)}+QM$"的三类句式具有内在的同构性,具有共同的构式理据,不同类型的量词实现了同一个功能,即将实体、事件、时间"个体化"以成为计量单位,并以数词完成对量化状态的描述。因此,这三类句式具有相同的话语表达功能。

### 5.2.2　句式同构的理据解析

然而,学界对上述观点事实上是有异议的,所以笔者认为上述句法同构的理据解析还有两个问题需要进一步的论证：其一是量词功能的同一性问题，其二是"VP+QM"短语的同构性问题。

#### 5.2.2.1 量词功能的同一性

涉及量词的功能，笔者认同刘辉(2009)的观点，将物量词界定为"实体量词"，动量词界定为"事件量词"，那么时量词可界定为"时段量词"。

（一）实体量词

Lyons(1977：464)较早讨论了实体量词的个体化功能，他认为实体量词提供或者预设了实体的个体化原则。大河内康宪(1993)借鉴这个论断对汉语的实体量词进行了考察，指出汉语实体量词的作用在于使得表达"类名"(name of kind)的光杆名词能够指称具体的个体。刘丹青(2008)在讨论定语属性的论文中进一步强化了这个观点，专门讨论了实体量词的功能，指出实体量词不能为名词增加数量信息，对名词指称的分类也仅仅是附带功能，最主要的功能就是"个体化"(individuate)。按照刘辉(2009：18)的概括，实体量词的使用使表达类别的名词或名词短语具有了个体外延，这些个体外延构成"集合"(set)，集合的大小受限于语用功能，其成员数量由数词表达。例如：

(7) a. 类别：书　　人
　　 b. 个体：一本书　一个人

（二）事件量词

基于上述对实体量词的界定，刘辉(2009：21)进一步指出，事件量词的基本语义功能也是对事件类别进行个体化。他认为在语言表达中存在"事件类别"和"个体事件"的区别。例如：

(8) a. 前天中午，张三在家乐福买了海鲜。
　　 b. 昨天中午，张三在家乐福买了海鲜。
　　 c. 今天中午，张三在沃尔玛买了海鲜。
　　 d. 今天中午，李四在沃尔玛买了海鲜。

上述四句话各自指称一个个体事件，具有特定的时间、处所信息。虽然这四个事件彼此区别，但是我们还是可以从中抽绎出蕴含的共性特征。比如例(8)a、b句是"张三在家乐福买海鲜"在不同时段的实现；c句的处所和前两句不同，但它们都是"张三买海鲜"的实现。d句和前三句区别较大，它们之间不是时段和处所的不同，而是参与者不同。因此，d句不能看作是"张三买海鲜"的实现，而是"李四买海鲜"的实现。当然它们背后仍蕴含共性的特征，都是对"买海鲜"这个事件类别的进一步分类。由此类推，"买 N"也具有进一步抽象的可能。例如：

(9) 买海鲜　买水果　买衣服……

上面的分析说明,汉语的光杆动词并不指称发生在具体时间的个体事件,而是具有相同性质的个体事件所反映出的事件类别。不仅光杆动词可以指称事件类别,动词和论元、附加语的组合也可以指称事件类别。这些依存成分对动词的意义作出了更明确的限制,将事件类别划分为"事件次类"(subkinds of event),同样可以成为事件量词个体化的对象。值得注意的是时间和处所对于个体事件的作用并不相同:同一次类的两个个体事件可以于不同时段发生在同一处所,但不能于同一个时段发生在不同处所,因为一个实体不可能在同一时段身处两地。由此看来,事件量词的个体化作用表现在为事件类别或次类指派不同的个体时段,而数词表达的则是和话语有关的个体事件的数量。

（三）时段量词

既然事件量词的个体化作用表现在为事件类别或次类指派不同的个体时段,我们很容易推导出时段量词的基本语义功能。很显然,时段量词与某个事件展开过程(以自然终结点为准)的时间有关。客观的时间是没有单位的,对于时间单位的个体化完全是人为规定的后果,我们可以使用"年、天、小时、分钟"等人为制定的时段单位作为依据,对某个事件所持续的时间进行个体化,并用数词表达时段的数量。

5.2.2.2　"VP+QM"短语的同构性

对于动词与数量成分"VP+QM"的句法属性的认定,学界历来是分歧的,不同的分析形成了不同的观点,分别归为"述宾"或"述补";而对于数量词的语法属性,几乎所有的汉语语法论著又都作了一致的认定,即体词性成分。这本身就是一个悖论,值得澄清。

丁声树等(1961:38)首先提出"动词+动量"(比如"打了几十下")和"动词+时量"(比如"等了两年")与"动词+物量"(比如"搬去两个")具有同构性,因此将其中的数量成分判定为"准宾语",并指出准宾语和宾语的性质相近。赵元任(1979:159)指出汉语有一些特殊类型的宾语,其中有一类称为"自身宾语",包括表示动作的次数(如"打两下、吃三顿"),表示时间的长短(如"住了三年、等了半天")。而后朱德熙(1982:116,1985:51)对此进行了较为充分的论证。他指出动词后头带表示动量或者时量词语的格式(比如"洗一次、住一天")跟述补结构之间没有什么共同点。把这个位置上的表示动量或时量的词语归到补语里去,主要是因为不愿意承认它们是宾语。其实此类格式跟动词后头带名量宾语的格式(如"买一本,吃一块")都是由动词和数量词组成的,在结构上有许多平行的现象。为此朱德熙列出了一系列句法平行格式作为佐证：

动词＋名量：买一本　　买了一本　　买一本书　　一本也没买
　　　　　　吃一块　　吃了一块　　吃一块糖　　一块也没吃
动词＋动量：洗一次　　洗了一次　　洗一次头　　一次也没洗
　　　　　　敲一下　　敲了一下　　敲一下门　　一下也没敲
动词＋时量：住一天　　住了一天　　住一天旅馆　一天也没住

但这些观点并未被学界广泛接受,除了少数学者如马庆株(1981,1983)、张伯江、方梅(1996：112)等持有相同的看法之外,占主流的分析都将"VP＋QM(物量)"认定为述宾结构,而把"VP＋QM(动量/时量)"认定为述补结构。反对的理由认为"书"是论"本"的,"糖"是论"块"的,但"头"不能论"次","门"也不能论"下";因此我们可以说"一本书、一块糖",但不能说"一次头、一下门"。

笔者认为这样的观点值得商榷。首先,我们通常不单说"一次头、一下门",这只能证明它们不是一个自由形式。事实上朱德熙就举出了下列句子加以反驳：

一次头也没洗。　　两次头一洗,就感冒了。
一天旅馆也没住。　三天旅馆住下来,胃口就没有了。

其次,认为"书"是论"本"的,"糖"是论"块"的,但"头"不能论"次","门"也不能论"下",这只是从单纯的语义选择性来看问题。朱德熙明确指出：结构上相关的两个成分,意义上不一定有多少联系;反过来说,意义上有联系的成分结构上也不一定有直接关系。比如副词"都"和"也"从结构上看是修饰后面的谓词性成分的,可是从意义上看却是说明前面主语的范围的。比如"他们/都去了,老王/也去了",表示范围的"都"和"也"在结构层次分析上是不能划归前面的主语的。又比如"圆圆的排成一个圈儿"、"酽酽的沏一杯茶",从结构上说"圆圆的"和"酽酽的"是状语,是修饰后面的动词的,可是意义上却是跟动词的宾语"圈儿"、"茶"相联系的。笔者认为,此类现象属于典型的"形义错配"现象,而这种现象在语言中是具有普遍性的。

如果上述论证是合理的,那么VP＋QM结构中,不论M是实体量词、事件量词或时段量词,它们都具有同构性;至于把后边的QM认定为宾语还是补语,那并不重要,重要的是它们是属于同一性质的成分。从结构主义的"同一性"原则来看,这种分析是合理的;从构式语法的"同构性"视角来看,这种分析也是合理的。

## 5.3　递进性差比义构式与时间序列

现代汉语中有一类凸显"时间序列"的构式,句法形式为"一M比一M＋VP",

其中M是量词,VP为谓词性成分。项开喜(1993)首先指出"一M比一M+VP"构式蕴含着时间序列,并就时间范畴在形式上的标志进行了论证;许国萍(2007)从差比范畴的角度进行了有益的探索,借鉴构式语法理论的框架把该格式分为四种变式,并考察了变式之间的关系和成因;吴为善(2011a)从同构性的角度考察了该构式从时量到动量的演化,从动量到物量的变异,指出其中的关键在于时间序列隐喻为非时间序列。

### 5.3.1 "一M比一M+VP"的递进性差比义

"一M比一M+VP"是现代汉语中有一类很常见、很能产的句子,此类句子可以定性为递进性差比义构式,典型实例如下:

(10) 在争创一流社会治安的三年中,一个覆盖苏州全市的群防群治网络,一年比一年缜密,一月比一月完善。

(11) 鬼子的新一轮大扫荡又开始了,形势一阵比一阵紧张,战斗一次比一次残酷!

(12) 翻山越岭不说,还要爬有名的七十二道拐,山坡一座比一座陡峭,道路一条比一条崎岖,等他爬坡爬累了,走不动的时候,我们就请他坐上滑竿。

上例显示构式中的数量短语"一M"中的M,可以是时量(如例10)、动量(如例11),也可以是物量(如例12)。构式中的VP主要是性质形容词(见上例中打点的词语),也可以是动词性短语。"一M比一M+VP"之所以定性为递进性差比义构式,主要因为此类构式具有如下两个明显的语义特征:

其一,构式中的"一M"具有指代性,指代篇章中某些特定的个体集合(特定词语或句子话题)中的"某一M"。如例(10)中的"一年"、"一月"分别指代"争创一流社会治安的三年"中的"某一年"或"某一月";例(11)中的"一阵"、"一次"分别指代"鬼子新一轮大扫荡"中的"某一阵时段"或"某一次战斗";例(12)中的"一座"、"一条"分别指代"七十二道拐"中的"某一座山坡"或"某一条道路"。正因为"一M"具有指代性,指代某个特定个体集合中的"一M",因而其中的"一"表非真值义,不能用其他数词(如"二"、"三"等)来替换。

其二,构式中有"比"字,显然是差比范畴的标志,但在该构式中不是表达单一的差比,而是某类集合成员之间的一种递进性差比。因为该构式都具有时间因素,构式表达的是差比对象(一M)在时间推移过程中"后一M"比"前一M"更"怎么样"。如例(10)直接以时段为差比对象,表达"一年比一年缜密"、"一月比一月完

# 第五章　句法同构与多义解读

善"的递进性差比;例(11)以"形势(阶段)"和"战斗(频次)"为差比对象,表达随着时间推移"一阵比一阵紧张"和"一次比一次残酷"的递进性差比;例(12)以"山坡"和"道路"为差比对象,表达在攀爬"七十二道拐"的过程中(蕴涵时间推移)"一座比一座陡峭"和"一条比一条崎岖"的递进性差比。

现代汉语中的不少量词(包括时量词、动量词、物量词)都可以构成"一M"进入该构式,但使用频率不一样。笔者依据郭先珍《现代汉语量词用法词典》(2002)列举的常用量词,在北京大学现代汉语语料库中对"一M比一M"格式进行了搜索,各类量词的使用频率统计结果如下:

| 时 量 词 | | 动 量 词 | | 名 量 词 | |
|---|---|---|---|---|---|
| 天(466) | 466 | 次(161) | 161 | 个(140) | 140 |
| 年(248) | 248 | 场(52) | 52 | 层(9) | 9 |
| 日(20) | 20 | 阵(41) | 41 | 篇幢(各5) | 10 |
| | | 下(16) | 16 | 块辆排条(各3) | 12 |
| | | 遍躺(各10) | 20 | 行只张架笔件(各2) | 12 |
| | | 刀枪拳(各6) | 18 | 台根道颗棵口粒段批样(各1) | 10 |
| 合计 | 734 | | 308 | | 193 |

上面的统计虽然带有一定的随机性,但有两个倾向非常明显:第一,从出现频率来看,时量词＞动量词＞物量词,我们认为"递进性差比"以时间因素为基础,因此这个倾向具有逻辑上的合理性。第二,在每一类量词中出现频率极其不平衡,都有一个量词在使用频率上远远超出其他同类量词,如"天"(时量词)、"次"(动量词)、"个"(物量词),这与量词的使用频率(如"天")、功能泛化(如"次")或意义泛化(如"个")有极大关系。为了便于讨论,笔者即以出现频率最高、最具有代表性的这三个量词作为考察对象。

## 5.3.2　量级序列的属性演变

考察"一M比一M+VP"构式的同构性及其多义解读,需要对"一M比一M"的表义分别从"时量→动量"、"动量→物量"这两个层面的变异加以考察。

5.3.2.1　时量→动量:时间序列

"一M比一M+VP"构式中"一M"为时量的,以"一天比一天VP"这个构式为代表,典型实例如下:

(13) 你这个人,名气一天比一天大,酒量一天比一天小,真是!

(14) 从此母亲就更是不问朝政,只一心做她爱做的事了;这样小春红就一天比一天能干,母亲也就一天比一天糊涂。

(15) 施工队从小到大,他们的技术一天比一天熟练,他们的实力一天比一天壮大,开始走出房山,走向高楼林立的大城市。

(16) 中国国际声誉一天比一天好,国际地位也一天比一天高,带动了美国主流社会对中国的尊重,华侨脸上也感到荣光。

此类构式中,递进性差比的结果是差比对象体现出来的某种"性状"的差异,因此构式中的VP往往是性质形容词。按照张国宪(2000)的论证,性质形容词表示的程度是一种"弥散量",也就是说这类"性状"是无界的;而构式中的"一天"是时段,指代的是差比主体某个时段体现出来的"性状"。换句话说,在此类构式中,通过有界的时段"一天"来分割无界的"性状",使之"有界化",构成一个有界时段的个体集合。因此,在此类构式中,包含特定性状的时段"一天"直接成为差比对象,构成性状程度量的递进性差比,这里时间因素(有界时段的延续)凸显为"前景"信息。

"一M比一M+VP"构式中"一M"为动量的,以"一次比一次VP"这个构式为代表,典型实例如下:

(17) 他先后几次搬家,住宅一次比一次豪华。(人民日报1993年8月份)

(18) 中国奥运健儿五度访港,战绩一次比一次丰硕,荣光一次比一次绚烂,这正是中国日益走向繁荣、强盛的真实。(新华社2004年新闻稿)

(19) 在跳远比赛中,李端前三次试跳全都犯规,从第四次至第六次试跳,一次比一次跳得远,这是他在雅典获得的第二枚金牌。(新华社2004年新闻稿)

(20) 三千、五千、一万,赌注下得一次比一次大,他把全身心都投入在那神奇莫测、变化多端的赌台上。(人民日报1993年9月份)

此类构式中,递进性差比的结果同样是差比对象体现出来的某种"性状"的差异,与"一M(时)比一M(时)+VP"构式相似,但构式中的时量词"一天"被动量词"一次"所替换。动量词表示的是行为动作的频次,在此类构式中"一次"指代的是依次发生的系列事件这个集合中的"某一事件"。"事件"本身是有界的(时间上有一个内在的终止点),可以直接作为差比对象,不需要象"一M(时)比一M(时)+VP"构式那样用时段来分割无界性状。这样,依次发生的有界事件构成一个集合,"一次比一次 VP"表达依次发生的同类事件在某种"性状"上的递进性差异。因此,在此类构式中,必定有表示"频次"的词语,作为个体集合的"标记",如例(17)的"几次搬家",例(18)的"五度访港",例(19)的"从第四次至第六次试跳",而例(20)的"三千、五千、一万"则是用所下赌注的数量来转指"频次"。但是一个"事件"在空间展开必定伴随时间推移,而依次发生的同类事件必须依赖时间的延伸,只不过在此类构式中,"一次"指代的事件直接成为差比对象,时间因素就成为"背景"信息了。

综上所述,"一 M（时）比一 M（时）＋VP"构式从时量演变到动量"一 M（动）比一 M（动）＋VP"构式,表示"递进性差比"的构式义没有变,不同的是作为差比对象由"时段"(一天)变为"事件"(一次)。也就是说,"一 M（时）比一 M（时）＋VP"构式中无界的性状被时段分割成为差比对象,在"一 M（动）比一 M（动）＋VP"构式中伴随时间推移的有界事件成为差比对象。可见两者的差异是时间因素由"前景信息"退居为"背景信息",这可看作是该构式的"变异₁"。归纳示意如下：

时量差比：无界性状 ＿＿＿＿＿＿＿＿＿＿＿＿＿＿＿＿
　　　　　有界时段|1天|1天|1天|1天|1天|（差比对象）
动量差比：无界时间 ＿＿＿＿＿＿＿＿＿＿＿＿＿＿＿＿
　　　　　有界事件|1次|1次|1次|1次|1次|（差比对象）

#### 5.3.2.2　动量→物量：非时间序列

"一 M 比一 M＋VP"构式中"一 M"为物量的,以"一个比一个 VP"这个构式为代表。典型实例如下：

(21) 从1年级到4年级,他换了3个书包,一个比一个大,让人感到"知识"的重量在增加。

(22) 大凤、二凤和小凤,三个女儿一个比一个小,梯子蹬似的。

(23) 那是8个小时的长途车,全是山路,一会儿一个急转弯,一个比一个险。

(24) 已经启动或正在运筹的科技人才培养计划,一个比一个更宏大,一个比一个更具体。

此类构式中的"一 M"为物量词,指代有界实体,构成一个有界实体的集合作为差比对象,表达物体属性程度量的递进性差比。值得关注是构式中有界实体集合的成员互相之间形成的属性程度量的递进性差比,这同样是时间序列导致的,因为上述实例都提供了时间因素的信息。如例(21)"3个书包"是一个集合,但"第3个比第2个大、第2个比第1个大"的递进性差比,是句中提供的"从1年级到4年级"这个信息导致的,其中蕴涵了与学阶同步的时间延续因素。例(22)"三个女儿"

是一个集合,而"小凤比二凤小、二凤比大凤小"的递进性差比,是句中提供的"大凤、二凤、小凤"的名字序列导致的,而名字序列本身蕴涵了出生先后这个时间因素。例(23)中的"8个小时"、例(24)中的时间副词"已经"和"正在"也提供了时间要素,可以类推。

作为自然的时间本没有什么"界限",大大小小的"时段"是人为界定的,这些"时段"随着时间的推移形成某种"序列"。既然时间因素可以形成序列,那么其他存在量级差比的因素当然也可以构成序列,这是基于隐喻途径的合理联想。于是合理的推断是这些非时间因素的"量级序列"也可以进入"一 M 比一 M+VP"构式,表示某个集合成员之间的递进性差比,事实正是如此。例如:

> (25) 中国队6日对日本,9日对哈萨克斯坦,10日对韩国,对手一个比一个强,而劲敌将在这之前就火并。
> 
> (26) 文渊阁、文华阁、保和殿大学士,级别没有变,但是地位一个比一个高,这个保和殿大学士地位是最高的。
> 
> (27) 天子九鼎,他要用九个鼎摆在一起,这九个鼎它不一样大,一个比一个小,叫列鼎。
> 
> (28) 水星1.52,木星5,土星9.54,这个数字有规律吗?没有规律,一个比一个大。

例(25)说足球比赛,差比的是对手"强弱"的等级序列;例(26)说清代大学士,差比的是地位"高低"的等级序列;例(27)说皇宫的九鼎排列,差比的是象征权力等级的列鼎形体"大小"的等级序列;例(28)说宇宙行星,差比的是数量"多少"的等级序列。

综上所述,上述蕴含的时间性的"量级序列"和非时间性的"量级序列"分属于不同的范畴,从时间序列到非时间序列是不同认知域之间的一种隐喻映射(metaphorical mapping),认知动因是"量级序列"这个相似点。从时间序列到非时间序列,可以看作是该构式的"变异$_2$",归纳示意如下:

> 物量差比$_1$:时间序列 _____
> 　　　　　　　有界实体|1个|1个|1个|1个|1个|(差比对象)
> 
> 物量差比$_2$:非时间序列 _____
> 　　　　　　　有界实体|1个|1个|1个|1个|1个|(差比对象)

## 5.4 非典型"连"字句与语块变异

因为"语块变异"而造成现代汉语构式语义的扩展并不是个别现象,刘丹青

# 第五章　句法同构与多义解读

(2005)考察了现代汉语的"连"字句,指出汉语中存在非典型的"连"字句,它更能体现"连"字句整个构式表达强调义的功能,形式与意义、功能之间的双重联系决定了理据的承继性。

## 5.4.1　典型"连"字句的构式特征

汉语"连"字句是汉语中表达强调义的典型构式,其形式可以概括为"连 NP+都/也+VP"。例如:

(29) a. 连老王都敢吃老鼠肉。
b. 老王连老鼠肉都敢吃。
c. 老王连晚上也不在家吃饭。
d. 老王连家里都不敢待。
e. 老王连吃饭也要拖拖拉拉。

学界对"连"字句的研究比较充分,如白梅丽(1981)、周小兵(1990)、崔希亮(1990)、刘丹青、徐烈炯(1998)、徐烈炯(2002)、蔡维天(2004)等学者对"连"字句的句法构造、句式意义、预设、蕴涵、会话含义、关联作用等都已有较深的共识。该构式特征可归纳为如下三点:

1. "连"字句都包含一个说话人的主观预设。进入该构式的"连 NP"里的 NP(或 VP、小句)都处在一个可预期性的"等级尺度"的低端,比起该尺度中的其他成员来说是最不可能有"VP"的行为。如例(29)a 句的预设:"老王"是设定的一群人(包括老王在内的一个集合)中最不可能敢吃老鼠肉的一位;b 句的预设:"老鼠"是设定的食物集合中最不可能被吃的东西。余例可类推解读。当然可能性的低端往往是词汇义的顶端,所以有些论著(如周小兵 1990)又称这个 NP 为"分级语义系列"的"顶端"。例如"他大象也拉得动","大象"是动物重量的顶端,"拉动大象"是可能性的低端。

2. "连"字句的句式义表达的是在说话人看来"可能性最低的行为或属性出乎料地为真"。比如 a 句表达的是"最不可能敢吃老鼠肉的老王却出乎意料地敢吃老鼠肉";b 句表达的是"最不可能被吃的老鼠肉老王都敢吃"。句子的强调意味就是由预设中的"极不可能真"和断言中的"真"之强烈反差造成的。因此,句子的言外之意是:其他对象(在可能性等级尺度中高于 NP 这个低端的成员)更会是 VP 了,比如 a 句的言外之意是"别人就更敢吃老鼠肉了",b 句的言外之意是"别的东西老王更敢吃了"。余例可类推解读。

3. "连"所标记的成分在语类上以名词为主,但也可以是动词或小句,所以标为

"连 XP"更合理,当然以"NP"为优势语类。从语义成分来看 XP 可以是"施事"、"受事"等核心论元,也可以是"时间"、"处所"等外围论元;从语用成分来看还可以是句子的次话题。比如 a 句的"老王"为施事,b 句的"老鼠"为受事,c 句的"晚上"为时间论元,d 句的"家里"为"处所"论元,e 句的"吃饭"为动词性的指称性次话题。

### 5.4.2 非典型"连"字句的演绎

刘丹青(2005)认为,以上这些共识都是合理的,可以用来分析解释大部分表达强调义的"连"字句。然而,实际语料中还存在着不少另类的"连"字句,其句法结构和强调功能与典型"连"字句并无二致,但却无法套用上面这些共识来分析解释。最突出的问题是,无法为此类"连"后的"XP"找到一个可以构成等级序列的成员集合。例如:

(30) a. 他吵,小福子连大气也不出。
b. 她穿上以后连路都走不了啦。

在例(30)a 句中,不存在比"大气"更可能"不出"的东西,在 b 句中,没有比"路"更走不了的东西。另一方面,这些句子又和典型的"连"字句一样,表层形式相同且都表达强调意义,具有相同的话语功能。对于这类非典型"连"字句的存在动因和生成机制,刘丹青从构式语法的角度进行了解释。他认为,典型"连"字句要表达的是一种跟预设形成鲜明反差的事实,通过预设与断言的强烈反差而达到强调的表达效果。造成反差的手段,是用"连"标示相关事件中预设可能性等级低端。这些"连"后的 XP 虽然句法、语义属性不一,但有一个共同点,都是能充当话题的成分,因为"连"在句法上是话题标记,要求其后的"XP"有话题性。但是,假如预设可能性的低端恰好是谓语核心,麻烦就来了。"连"虽然能介引谓词和小句,却不能标示谓语核心。因为"连 XP"的话题性使得它有个强制性的句法要求,即要求后面出现由谓词充当的述题。假如谓语或谓语核心带上了"连",后面就没有述题,这样的"连 XP"就违背了"连"字句的基本句法要求。如可以说"老王敢吃老鼠肉",但"老王连敢吃老鼠肉"就不成话。这就给"连"字句的适用范围造成了一个缺口,非典型的"连"字句基本上都是为了弥补这个缺口、扩大"连"的表达范围而出现的,这可以看作非典型"连"字句的存在动因。至于如何弥补,要结合这类句子的生成机制来分析,大致有以下几种结构类型:

1. 假如需要突出的预设中等级低端性的谓语是助动词带实义 VP,而助动词是能够单独作谓语,那么可以将实义动词短语用"连"话题化。例如:

(31) 他不会骑自行车。→他连骑自行车都不会。

## 第五章 句法同构与多义解读

2. 假如需要突显的等级低端是整个 VP，将整个 VP 作为受事成分用"连"引出，在后面谓语核心位置用"干、做"之类虚义形式动词，以"连"后的 VP 为支配对象。例如：

（32）他们杀人。→（他们干杀人。）→他们连杀人都干。

3. 用"连"构成同一性话题，即让谓语动词用在"连"后，同时在后面再重复那个动词。例如：

（33）我连坐都坐不下去。我连听都没听说过。他连杀人都杀过。

4. 假如谓语部分是离合词，可以将整个离合词放到前面充当"连"引出的同一性话题。例如：

（34）连吵架都不爱跟我吵了。

5. 假如需要用"连"突出其可能性低端位置的是包括宾语在内的整个谓语，而宾语本身是预设中的低端，但因为句法上名词的话题化优先于谓词的话题化，因此还是让没有话题性和对比性的宾语用"连"话题化。实际上在动宾结构不太复杂时也可以将整个动宾结构话题化来构成同一性话题。例如：

（35）他们有钥匙，不敲门就进来了。
→他们有钥匙，连门都不敲就进来了。
→他们有钥匙，连敲门都不敲就进来了。

上述实例都是选择将并非处于等级低端的受事用"连"话题化，这种情况可能是促使非典型"连"字句产生的最有力的因素。刘丹青指出，表达功能的话题化，使得典型"连"字句的可分析性特征弱化了，整体构式义凸显了。据此，笔者对典型与非典型"连"字句子类承继关系的描述是："连 XP 都 VP"是一个边缘清晰的构式范畴；任何成分只要进入这个构式就能用来表达一种与预期形成强烈反差因而带有强调义的句子意义，该信息就可以得到承继；非典型"连"字句的强调功能来自整个构式的表义作用，具有不可分解性，不能从其组成部分或典型"连"字句中严格预测出来，所以是典型的子类构式。因此，典型"连"字句是非典型"连"字句存在的理据，二者的同构性是不言而喻的。

## 5.5 本章小结

本章结合相关汉语语料研究，具体考察了现代汉语中"NP 分裂前移话题化"构式、"递进性差比义"构式和"连"字句构式,描述了句法同构的确认依据,以及在同构范畴内子类构式的多义解读。构式语法研究的一个重要方面是对构式承继关系的理据性探究,任何一个原型构式都会基于一定条件衍生出子类构式(变式),因而具有多义解读的基础。而构式变异都具有特定的理据性,是某个语块(词或短语)基于隐喻映射机制衍生的多义范畴系列。具体归纳如下:

(一) 形式与功能的同一性依据

表层形式和语用功能的同一性是句法同构现象的基础。比如 NP 分裂前移话题化的"NP$_{(受)}$＋VP$_{(t)}$＋QM"构式所包含的三个子类构式虽然在语义上有所差异,但是它们的表层形式相同,而且实体计量、事件计量和时段计量这三类不同类型的量词实现了同一个语用功能,即将实体、事件、时间"个体化"以成为计量单位,并以数词完成对量化状态的描述。这是它们共同的构式理据,也是句法同构判断的主要依据,更是激发多义延伸、限制功能变异的重要因素。

(二) 语义参项的理据承继性

同构子类构式之间必定存在基于语义参项的承继链接。比如递进性差比"一 M 比一 M＋VP"构式中的"一 M 比一 M"发生了"时量→动量"、"动量→物量"的两次变异。虽然递进性差比的整体构式义没有发生变化,但差比对象由"时段"(比如"一天")演化为"事件"(比如"一次"),再演化为"实体"(比如"一个"),时间因素由"前景信息"退居为"背景信息","量级序列"由时间性隐喻为非时间性,显现出以"量级序列"参项为理据的承继链接。

(三) 语块变异和构式义凸显

在构式的表层形式和整体语用功能被完整保留的情况下,特定构式中某一成分语块的变异能够引起强制性的构式赋义。比如当非典型"连"字句构式中"连"所介引的话题成分不再处于预设中一个可能性等级序列的低端时,序列的缺失导致不能再用典型"连 XP＋都/也＋VP"的构式特征来解释句子的强调作用,典型"连"字句构式的可分析性特征就弱化了,反之增强了"连"字句整体构式义的赋义功能。

# 第六章 原型构式与隐喻扩展

## 6.1 引　言

　　语言的认知序列是人们在同一认知层级上对同一事件不同认知域的经验在话语表达上的体现。认知域的转移能够导致原型构式的语义扩展，认知层级的转换同样影响着构式内部子类在典型性上有所差异。然而，无论是认知域的转移还是认知层级的转换都表现为从一个认知框架向另一个认知框架的结构映射，即相同语言结构的隐喻派生。

　　基于认知语义学的研究，Lakoff & Johnson(1980)提出的概念隐喻已经成为认知语言学最重要的理论之一。隐喻认知观有三个显著要点：其一，隐喻的普遍性。隐喻不是一种特殊的语言表达手段，它代表了语言的常态，在日常语言中的运用是相当普遍的。最有生命力、最有效的正是那些确立已久以致于人们习以为常，不费力气便自动冒出来的无意识的东西。因此，最重要的隐喻是那些通过长期形成的规约而潜移默化地进入日常语言的无意识的隐喻。其二，隐喻的系统性。隐喻不是个别地、随意地制造出来的，而是有系统的。不少看似孤立的隐喻，其实都有着这样或那样的联系，可形成某种结构化的隐喻群。其三，隐喻的概念性。隐喻不光是语言问题，更是一种思维方式。也就是说，思维过程本身就是隐喻性的，我们赖以思考和行动的概念系统大多是以隐喻的方式建构和界定的。在这三个要点中的第三个是最重要、最根本的理念，因此认知语言学所说的隐喻往往不限于指其语言形式，更是指体现在语言表达中的隐喻概念(metaphorical concept)或曰概念隐喻(conceptual metaphor)。(参见本文2.3.1)

　　在隐喻认知观的影响下，Goldberg(1995：74—81)在考察构式承继链接时，把"隐喻扩展链接"(Metaphorical Extension ($I_M$) Links)看做是子类构式扩展的主要类型之一。即当两个构式通过一个隐喻映射产生联系时，我们把该链接称为隐喻链接。隐喻链接规定了"统治构式"的意义向"被统治构式"的意义映射的方式。比如，动结构式中的"结果短语"可被视作是"目标"的隐喻类型。认知构式语法理论注重隐喻扩展链接的研究，特别是通过把隐喻自身作为理据来推导原型构式意义向子类构式意义映射的方式，论证构式之间的承继性，从而得到功能和形式之间产

生象似映射的动因。(参见本文 3.4.3)

本章考察了现代汉语几个典型构式范畴,梳理原型构式与隐喻派生构式之间的子类承继关系,集中讨论三个相关问题:

1. 构式派生与认知动因。以汉语连动构式为例,显示该构式根据"先后"顺序的不同可分为三个层面的隐喻派生,原型构式与子类构式之间的认知动因是客体事件在显性时间顺序框架向隐性时间顺序框架的投射。

2. 构式派生与意象图式。以汉语"把"字句构式为例,显示该构式是一个以空间位移为基础的概念在意象图式中的激活和拓展。

3. 构式派生与隐喻类推。以汉语事件性称谓 NV 构式为例,说明事件指称性称谓的形成是实体性称谓的一种隐喻类推效应。

## 6.2 连动构式的认知层级解释

汉语的连动式形式上由"S+VP$_1$+VP$_2$"构成,一直以来是学界研究的热点。争议的焦点聚集在对连动构式特征的界定以及各类变体归属的讨论。从认知构式语法理论的角度出发,笔者认为这类争议的本质在于对连动构式的界定以及从认知范畴观的角度对同构子类属性的把握。

高增霞(2006)对汉语连动式进行了全面考察,指出连动式是一个典型范畴,并根据"先后顺序"提出了该范畴三个层面的子类构式。由于连动式是对三个层面先后顺序临摹的结果,所以成员之间的典型程度有所不同。具体概括如下:

客观层面的先后顺序:典型的连动式
逻辑层面的先后顺序:非典型的连动式
认知层面的先后顺序:边缘化的连动式

以事实为基础的客观层面上的先后顺序是一种实在的时间顺序,描绘了现实中按照时间先后顺序发生的系列动作或事件。比如"开门出去"和"出去开门"是对现实中先后不同的两个动作序列的摹拟。逻辑顺序的摹拟是在认识判断推理层面上象似性的处理。比如"鼓掌欢迎","鼓掌"是一种讯号现象,表达了一种规约化的信息(所指),其基础是这种规约化信息的已知存在,即"鼓掌"被共识为一种显示"欢迎"的表征。在判断的过程中,讯号现象的存在是进行判断的前提,因此"讯号"在前"所指"在后是一种"逻辑在先"的顺序。认知顺序的模拟是指不同民族在认识同一事物时可能倾向于采取的不同先后顺序。汉语中存在"参照物先于目的物"的语序原则,当一个结构涉及目的物和参照物时,参照物倾向于出现在目的物之前,

# 第六章　原型构式与隐喻扩展

两个事件同样可以这样来认知和处理。比如"扛着枪跑过来",凸显的前景信息是"跑过来",而"扛着枪"是跑过来这个行为动作的伴随状态,属于背景信息。高增霞认为,先后顺序的客观、逻辑、认知三个层面是互相联系的,后两个层面是时间顺序从客观世界向认知世界的投射,也就是说逻辑层面的先后顺序和认知层面的先后顺序是客观层面时间先后顺序的隐喻。笔者认同这一观点,显性时间顺序框架激活了隐性时间顺序框架是此类隐喻机制的认知动因。

## 6.2.1　原型连动构式的认知框架

连动式的原型构式摹拟了客观层面上的先后关系,连用的几个动词或动词结构表达了时间轴上具有先后关系的几个动作或事件,根据论元的必要联系可以分为两种情况。例如：

(1) 来/去—动作
　　前来拜访　　去看病人　　来参加学术会议
(2) 工具—动作
　　借把起子用一下　　找个塑料袋装上　　坐火车回上海
(3) 对象—处置
　　做饭吃　　给支烟抽　　抱过孩子使劲亲了一口
(4) 处所—动作
　　上街买菜　　不时放到耳朵上听听　　到香港买首饰
(5) 序列动作
　　下午吃了饭看电影　　听了哈哈大笑　　低头叹了口气

上述例(1)—(5)属于第一类情况,前后两个动词之间在论元上有一种必然的联系。例(1)$V_1$"来/去"是比较特殊的动词,$V_2$就是其动作的终极目标,相当于"来/去"过程的终端,可以说$V_2$就是$V_1$的目的论元。例(2)—(4)中$V_1$的宾语为$V_2$增加了一个论元,如工具、对象、处所等。以上四类连动式所表达的前一个动作都是进行后一个动作的前提,而后一个动作是前一个动作的目的,因此它们的构式义可以概括为"方式—目的关系",体现了先后动作的语义关系。例(5)是最具有原型性的成员,这个子类构式中的两个动词之间不存在内在的必然联系,只是单纯地表示先后发生的两个动作或事件,是对"序列动作"的客观反映,$V_1$用来作为$V_2$发生的时间,可以视作单纯的时间关系。笔者认为,"连动(序列动作)"构式和"连动(方式目的)"构式是原型客观层面连动构式的两个子类,鉴于目的、因果、假设等关系与先后关系是一种蕴涵时间关系,时间关系的凸显是它们共有的最大理据。它们之间的承继关系可以概括如下：

　　构式序列：上位构式────────→下位构式
　　构式子类：连动(序列动作)构式────────→连动(方式目的)构式
　　子类语义：［先后］────────→［先后］［目的性］
　　时间因素：凸显时间关系────────→蕴涵时间关系

## 6.2.2　子类连动构式的隐喻引申

子类连动构式的隐喻扩展从客观层面的先后顺序映射到逻辑层面的先后顺序，连动构式在语义上产生了变化。根据"现象＋意义"的先后顺序，此类连动式按照 $V_2$ 的情况可分为三种。例如：

（6）"表示"类
　　招招手要她过来。　　向群众挥手致意。
（7）肯否联结类
　　拉住妈妈的手不放。　　坐着不动。
（8）"想/要"类
　　叫着想挣开要死的人。　　站起来要走。

从形式上来看，上述示例一般由两部分组成，语序比较固定，$V_1$ 往往是具体的形体动作，如"招手"、"挥手"、"拉"、"坐"、"叫"、"站起来"等，$V_2$ 指出这种具体动作所表示的含义。从语义上来看，此类连动式两个部分表达的意思大体上是互相补充、互相说明的，$V_2$ 解释说明 $V_1$ 的示意或意愿所在，而示意或意愿显然属于［目的］范畴。比如例（6）中，"招手"是为了"要他过来"，"挥手"显示"致意"；例（7）中"拉住妈妈的手"表示不愿放开，"坐着"意味着不想动；例（8）中"叫着"是想"挣开要死的人"，"站起来"是要"走"。与"方式—目的关系"的连动式不同，$V_1$ 和 $V_2$ 之间没有论元关系，也没有时间先后关系。因此，此类连动式不具有［先后］的特征，凸显的是［同时］的特征。"连动(表示)"、"连动(肯否)"和"连动(想/要)"是逻辑层面连动构式的三个子类构式。

子类连动构式的隐喻扩展从逻辑层面的先后顺序映射到认知层面的先后顺序，连动构式在语义上产生了进一步的变化。根据"背景＋目标"的先后顺序，此类连动式主要指的是表示同一时间点上的"$V_1$ 着 $V_2$"构式。例如：

（9）大妈端着一盘炒鸡蛋送上桌。
（10）李东宝举着那支完整的烟说。

(11) 刘志彬端着脸盆出去洗漱。

此类连动式的 $V_1$ 和 $V_2$ 虽然也都是行为动作,表示两个事件,但它们在时间轴上只占据了一个节点,可以变换为表示伴随着发生的"$V_2$ 的时候 $V_1$"。例如:

(12) a. 他听着音乐做算术。
b. 他做算术的时候听着音乐。

上例说明"$V_1$ 着 $V_2$"表现出来的只是一个单一事件,这个事件由 $V_1$ 和 $V_2$ 两个部分组成,但是两部分在语义上有主次之分,$V_1$ 只作为 $V_2$ 的背景出现,因此也不具有表明 V2 发生时间的作用,所以也不具有[先后]的特征,只体现了[同时]的特征。对于此类语言现象学界已有共识。Hopper & Thompson(1980)注意到,动词的持续体时常是表示背景子句的标志,如英语的"-ing"分词和动名词形式就既表示了事件的同时性又表示了某种主从关系:带"-ing"的子句是对背景的描述。汉语也是这样,戴浩一(1990)指出,在汉语的连谓结构里,若第一个动词成分带持续体标记"着",则两个动词成分代表的事件是同时出现的,而且第一个成分从属于第二个成分,表达一种背景信息。方梅(2000)对现代汉语持续体标记"着"进行了全面考察,从语篇的角度进一步论证了"V 着"表达背景信息的功能。

根据以上的分析和描述,现代汉语连动式的原型构式和子类构式的承继关系可以概括如下:

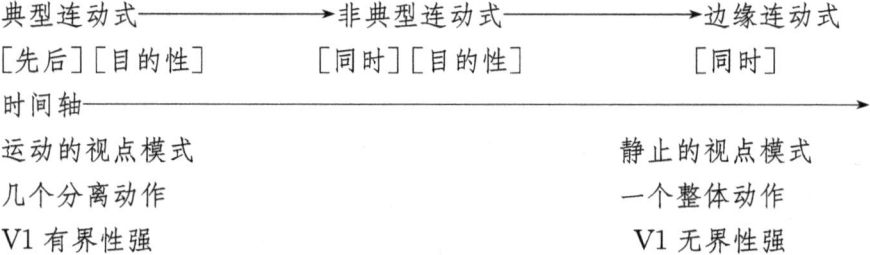

## 6.3 "把"字句的位移图式描写

"把"字句式是汉语最典型的构式之一,其原型构式有着极其丰富的扩展形式。王力(1945)早在 20 世纪 40 年代出版的《中国现代语法》中就将"把"字句称为"处置式",认为该句式表示一种处置义。认知语言学兴起以后,学者们对汉语"把"字句的语义语用属性有了新的探索。比如崔希亮等(1995)将"把"字句认定为"处置转移",在形式上将"把"字句作为位移句式的一个小类加以讨论,拓宽了研究视野。

张旺熹(2006)从《人民日报》1996年第1季度(总计577万字)的语料中收集了2160个"把"字句,并以此为依据针对"把"字句的典型性和非典型性进行研究,指出"把"字句是一个以空间位移为基础的隐喻系统。

### 6.3.1 典型"把"字句的空间位移隐喻

根据学界的研究,典型的"把"字句表现一个物体在外力作用下从甲点转移到乙点的位移过程,包含四个基本要素:位移物体、所在起点、外力(动力动词)、物体转移至(移向)的终点(方向)。由于外移物体所在的起点在大多数情况下被隐含,"把"字句形成只有位移体、位移动力和位移终点共现的典型形式"把＋NP＋V＋L"。例如:

(13) 指导员李才和徐向晨把陈淑华领回村。
(14) 冯玉祥把溥仪轰出宫了。
(15) 志愿军把敌人的几个师压入一个狭小的区域。
(16) 小五把她领到自己屋里。
(17) 司机把我带到画家村去。
(18) 那辆中巴车把我们送回了电影制片厂门口。

例(13)中的"陈淑华"、"领回"、"村"是位移过程中的三个要素,其起点在语境中可以增补出来,如"县城"、"外村"之类。余例可类推解读。

基于语料的统计优选表明,在张旺熹(2006:4—7)考察的2160个"把"字句中,有1121个表现空间位移的"把"字句。它们的空间位移基于物理空间层面,通过隐喻映射到时间层面、人体空间层面、社会空间层面、心理空间层面、范围空间层面、以及泛方向空间层面,形成了一个以空间位移为基础的隐喻系统。例如:

(19) a. 物理空间层面
把几百公斤重的杆架一根一根从山下抬上山。
b. 时间层面
他把婚期推迟到第二年五月。
c. 人体空间层面
学生把作业交给班主任。
d. 社会空间层面
北京市、铁道部、邮电部把建站计划报请中央。
e. 心理空间层面
他把人民的疾苦时刻记在心上。

f. 范围空间层面

把工农业发展速度调整至 2～3 比 1。

g. 泛方向空间层面

她安安静静地把家搬走了。

上述 7 个典型"把"字句的子类所表现的空间位移图式在本质上具有相同的认知结构，凸显的是物体在某种外力作用下发生位移（或改变方向）的过程。物理空间层面的位移，是指一个物体在某种外力作用下从一个物理空间转至（转向）另一个物理空间；时间层面的位移，是指一个物体（包括抽象的物体）在某种外力作用下从一个时间点/段转至（转向）另一个时间点/段；人体空间层面的位移，是指一个物体（包括抽象物体）在某种外力作用下从一个物理空间转至（转向）另一个以人体为代表的物理空间；社会空间层面的位移，是指一个物体（包括抽象的物体）在外力作用下从一个社会空间转至（转向）另一个社会空间；心理空间层面的位移，是指一个物体（往往是抽象的物体）在外力作用下从一个物理空间转至（转向）人们的心理空间；范围空间层面的位移，是指一个物体（往往是抽象的物体）在外力作用下在一定范围内作伸缩性运动的过程，而不是从一个空间范围转移至另一个空间范围的过程；泛方向空间层面的位移，是指一个物体（包括抽象的物体）在外力作用下从一个空间位置离开，移向不确指的空间位置，因而在句法上位移终点往往是一个零形式。

随着认知语言学研究的深入发展，人们越来越认识到，在所有的隐喻中空间隐喻对人类的概念形成具有特殊重要的意义。因为在人类的动作行为世界里，物体受力后所产生的运动方式，最直接、最普遍、最直观的表现就是物体空间形态发生一系列变化。其中空间位移作为物体运动的一种最常见形态，其运动的内部结构不仅最先为人们所感知、所认识，而且也会不断被人们抽象化并通过隐喻的方式成为表达其他抽象概念的基础结构，从而表达其他类似结构的意义。上述隐喻系统就包含了我们常见的认知域的映射途径，比如"空间→时间"、"具体→抽象"、"物理→心理"、"个体→社会"等等。

### 6.3.2 非典型"把"字句的变体图式解析

实际语料表明，现代汉语"把"字句还有不少构式变体，无法用上述"把"字句的位移隐喻模式来解释。张旺熹（2006：8—11）认为空间位移图式可以隐喻拓展为 4 个变体图式：系联图式、等值图式、变化图式和结果图式。例如：

(20) a. 我们中国人把"吃"跟"福"联系在一起。

b. 大娘,您是不是把整钱和零钱分开放了。

例(20)a句中的"吃"和"福"从原本分离的状态合在了一起;b句中的"整钱"和"零钱"原本为一体而被分隔。这些实例显示空间位移图式拓展成了"系联图式",表现为两个本来分离的物体在某种外力作用下相向位移而连为一个整体的过程,或者本来为一个整体的物体在某种外力作用下各部分作反向位移,导致各个部分的分离。这种从分到合或从合到分的过程显然都是以物体的内在运动为前提的。一旦人们在认知上把这种"分割——整合"关系延伸至两个性质不同的物体(包括抽象的物体)进行联系并进行等值判断时,空间位移图式就拓展成了"等值图式",以"把"字句心理空间层面的位移为起点,在形式上多表现为"把X当作/看成Y"。例如:

　　(21) a. 我们把生活当作一个扩大了的游乐场。
　　　　 b. 一些人把请客吃饭的排场看成一种"面子"。

例(21)a句中"生活"和"游乐场"之间、b句中"排场"和"面子"之间通过心理上的相互系联和主观判断而构成一种等值关系。同理,当一个物体在外力作用下改变了形态,即发生从甲形态达成乙形态的内在位移时,空间位移图式就拓展成了"变化图式"。例如:

　　(22) a. 把一个贫困的中国变成小康的中国。
　　　　 b. 个别部门和执法者甚至把权利商品化。

例(22)a句中"贫困的中国"到"小康的中国"、b句中"权利"到"商品"都表现了物体形态的变化,这种变化是同一物体不同形态的体现。当这种形态的变化延伸为性质或状态的改变时,"把"字句在形式上一般表现为VP带有结果补语或状态补语,空间位移图式拓展成了"结果图式"。例如:

　　(23) a. 把《解放军报》办得更有特色。
　　　　 b. 你还是把钱收好吧。
　　　　 c. 姑娘把钱包丢了。

例(23)的三个句子在形式上略有差异:a句是"把+NP+V得C"结构,b句是"把+NP+VC"结构,c句是"把+NP+V了"结构。由于这类"把"字句中,"把"后名词与动后补语之间具有比较自然的话题和述题关系,因而往往被当成"把"字句的典型形式来加以讨论,其实这种"把"后名词与动后补语之间具有比较自然的话题和述题关系恰恰反映了一个物体发生局部性质或状态变化后所具有的情形。

　　综上所述,"把"字句从典型构式通过隐喻拓展到非典型构式,期间形成了一个

# 第六章 原型构式与隐喻扩展

非离散性的连续统。具体的承继关系可以概括如下：

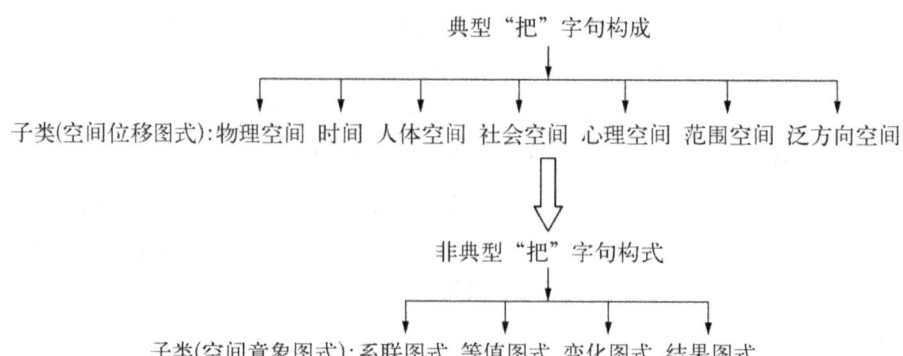

## 6.4 NV 构式的事件称谓性理据

现代汉语中 2+2 的黏合定中 NV 结构显示出较强的能产性，在书面语中的使用频率越来越高，能产性也越来越强。典型实例如下：

(24) 煤炭运输　产权转让　人事安排　思想汇报　法律修订
　　 制度建设　财务管理　食品生产　报刊审查　铁路建设
　　 经验总结　感情交流　资产评估　环境污染　交通管制
　　 资金积累　成本核算　石油勘探　油田开发　外资引进
　　 黄金储备　空气调节　人员培训　资源消耗　环境保护
　　 观念转变　干部选拔　资源配置　船舶制造　项目申报
　　 污水处理　人才培养　市场监管　汽车修理　能源开采
　　 情报评估　外币兑换　物资调拨　住房分配　产品销售
　　 语法研究　体制改革　结构调整　职能转换　日程安排
　　 成本控制　商品交换　人口调查

对此类语言格式，学界早已有所关注。吕叔湘(1963)曾指出汉语四音节(2+2)优势的倾向表现在某些组合里一个双音节成分要求另一个成分也是双音节。其中有一类就是名词在前动词在后的组合，整个组合是名词性的，如"钢铁生产、余粮收购、货物运输、地质勘探、音乐欣赏、干部培养"等。杨建国(2009：100—107)基于动态流通语料库的平台，对 2001—2003 年《人民日报》的词语进行了切分和考察，其中"N+V"(2+2)四字格就很活跃，他还较为详尽地描写了其中的一类黏合定中 NV 结构，如"技术转移、公路建设、市场管理、导弹防御、信息处理、图书出版"等。

上述学者都是基于汉语韵律模式来考察此类 NV 结构的。齐沪扬等（2004：19—71）提出了"定心动词"的概念，如"调动、安排、保养、编写、处理、筹备、研究、制造、建设、提炼、总结、流通、交流、预告"等，指出这些动词在"N+V"短语中只能跟前面的名词构成定中关系，该研究还对此类结构的句法功能、语义关系进行了较为详尽的描写。傅爱平（2004）讨论了汉语中含有动词的黏合式名词短语 NP（即 NV），用以下三个条件来界定该结构：一是属于自足的名词性结构；二是不含有结构助词"的"；三是直接成分中含有表示事件意义的动词。上述学者都是立足句法、语义分析来考察此类 NV 结构的。

值得注意的是，既然学界都将 NV 结构定性为黏合定中结构，属于名词性短语，那么就需要对 V 的功能作出解释，这就涉及到汉语动词的指称化问题，近些年来又重新成为学界讨论的热点。笔者认为问题的关键并不在于动词是否具有指称功能（这是毋庸置疑的事实），而在于揭示哪些动词具有可指称化的特征，而它们在指称化程度方面又有什么样的差异。朱德熙（1982：60）较早提出了"名动词"的概念，从分布特征界定了这个动词次类，即可以充任准谓宾动词的宾语、可以直接修饰名词、可以被名词修饰的动词，其中最后一个分布框架就是本文讨论的 NV 结构。吴怀成（2011）比照英语动词的功能形态，把动词的指称化程度从低到高依次分为三个等级："个体事件"类动词（相当于英语动词的不定式）、"类别事件"类动词（相当于英语动词的分词形式）、"物化事件"类动词（相当于英语中带-ing、-tion 等名词后缀的词）。本文所讨论的 NV 结构属于"物化事件"类动词，其中的 V 是指称化最高的动词类。需要指出的是，上述学者都是从动词的句法分布特征来考察动词的指称性强弱及其等级差异，对 NV 构式的研究有重要意义。

从构式的能产性角度出发来考察此类构式的是吴为善（2013）的研究成果，他指出 NV 结构是一种"事件称谓性"构式，NV 中的 V 是一个典型的具有事件指称义的动词，类似于英语的"action-nouns"（行为名词），即朱德熙（1982）定义的"名动词"；这个事件称谓性构式是称谓性粘合定中结构隐喻类推的结果，是在线构成的，而不是"VN"述宾结构换序产生的。笔者认为，事件称谓性构式是称谓性黏合定中构式的部分能产性作用的结果，动词的事件指称性层级一方面限制了部分动词进入该构式，一方面允许指称化程度最高的物化事件类动词进入该构式，在称谓性黏合定中构式的作用下，固化为事件称谓性构式。这不是简单的组合过程，而是动词与构式互相博弈的产物，其认知动因是人们对两个认知框架相似部分的心智激活，属于隐喻扩展的范畴。

### 6.4.1 事件称谓性 NV 构式的结构特征

从英汉语言事实的角度出发，汉语的 NV 结构确实常常用来对译英语的类似

# 第六章 原型构式与隐喻扩展

格式。例如：

(25) business management　　　　　企业管理
　　 gas and smoke emission　　　　烟气排放
　　 infrastructure construction　　　基础建设
　　 physical examination　　　　　 体格检查
　　 soil and water conservation　　 水土保持
　　 space exploration　　　　　　　空间探索
　　 air pollution　　　　　　　　　空气污染

需要指出的是，英语此类结构中后半部分的名词属于"action-nouns"这个次范畴类，依据是形态标记。这与汉语 NV 结构中的 V 凸显事件指称义类似，只不过汉语中动词的指称功能用法没有形态标记。例如：

(26) pollute[*vt.*]　 pollution[*n.*]
　　 污染［动］：污染环境/环境污染是可持续发展的障碍。
　　 manage[*vt.*]　 management[*n.*]
　　 管理［动］：管理酒店/酒店管理是一门学问。
　　 examine[*vt.*]　 examination [*n.*]
　　 检查［动］：检查食品/食品检查一定要落到实处。

上述实例说明，对应于英语中的两个词（动词和行为名词），汉语是一个动词形式有"VN"和"NV"两种用法，后一种用法与英语的行为名词相当。

黏合定中 NV 结构中的 V 是行为类动词，对 V 来说 N 的底层语义角色是"受事"，是 V 能够直接支配的论元，语料表明定中 NV 能否转换为述宾 NV 是有条件的，即 N 的语义越具体，换序的可能性就越强，N 的语义越抽象，换序的适切度就会受到制约。例如：

(27) 汽车制造　飞机制造　潜艇制造　船舶制造　机械制造
　　 制造汽车　制造飞机　制造潜艇　制造船舶　制造机械

例(27)中的"船舶"、"机械"相对于"汽车"、"飞机"、"潜艇"而言，在认知范畴层次上都属于上位概念（语义抽象的集合名词），一般不能直接进入述宾"VN"结构充当宾语。"N"的语义具体性和 VN 的可换序性存在正向共变关系，具体可以概括如下：

　　N 语义具体性：强─────────→弱
　　VN 可换序性：强─────────→弱

由此可见，N 在 NV 结构中充当定语需要具有"区别性"，不论 N 的语义具体还是抽象，也不论它们处在在认知范畴的哪个层次上（上位层次、基本层次或下位层次），只要外延义具有"类"区别性，就可以充任。而 N 在 VN 结构中充当宾语（"受事"或"产物"）则需要具有"受事性"，陈平（1994）指出"受事性"是一个典型范畴，包括许多特征。根据笔者的考察，其中之一就是充当宾语的 N 对于 V 来说在语义上要能自足（具有配位要求达到的具体性）。N 的语义越具体，受事性就越强，充当宾语就越自由；反之合格度就会受到质疑。比如说"制造船舶"、"制造机械"我们觉得很别扭，而说"制造高吨位远洋船舶"、"制造高端自动化机械"就较能接受；我们一般不说"管理信息"和"管理制度"，但说"管理市场信息"和"管理财务制度"合格度就没有问题。这是因为添加的信息强化了语义上的自足性，表义相对具体了。因此，认为定中 NV 式是述宾 VN 式换序的结果，这是一种误解。

### 6.4.2 实体称谓性构式的隐喻类推效应

根据上面的分析，笔者认为本文讨论的 NV 结构属于在线构成，其构成动因是称谓性黏合定中结构类推的后果，是"构式能产性"的体现。因此要揭示 NV 结构的形成机制，就必须先弄明白称谓性黏合定中结构的形成机制。陆丙甫（1988）曾用"称谓性"和"非称谓性"的对立来概括朱德熙（1982：148）提出的"黏合式"与"组合式"定中结构的语义区别。例如：

    黏合式：黑鹅  老歌  白衬衫  新房子  木头桌子
    组合式：黑的鹅 老的歌 白的衬衫 新的房子 木头的桌子

上面所举黏合式都是称谓性的，组合式都是非称谓性的。所谓"称谓性"就是"可命名性"，即用黏合定中结构的形式给某一类事物赋予一个"通名"（genere），如生物分类学给某一物种命名。其中前一成分具有"分类性"，对后边成分加以某种规约性的分类。就句法层面来分析，中间不能插入结构标记"的"，这是因为结构标记"的"的基本功能是"描写性"，陆丙甫等（2007）对此有详尽的论证。称谓性黏合定中结构是名词性的，就原型性来说，该构式中心语成分都是名词，是一种"事物性称谓"。但该构式成型后，动词也能进入该构式，NV 结构后边的 V 是一个具有事件指称性的动词，可以认定是一种"事件性称谓"，N 是从关涉的对象范围方面对 V 加以分类。事实上，NN 事物称谓和 NV 事件称谓具有句法、语义上的同一性。例如：

  （28）a. 市场份额 干部素质 情报数量 图书质量 信息特征

b. 市场监管　干部选拔　情报搜集　图书出版　信息处理

上述实例中，a类的中心语是典型名词，属于NN事物性称谓；b类的中心语是"名动词"或"物化事件"类动词，属于NV事件性称谓。但是从语感上我们看不出它们有什么区别，中心语N从名词到动词，整体构式从"事物性称谓"到"事件性称谓"，表现为一种非离散性的连续统，显然具有同构性，而这种类推效应的动因就是隐喻映射。

以上解释尚需进一步论证的是NV结构中的V的属性，即哪些类型的动词具有进入事件称谓性NV结构的资格？陈宁萍(1987)采用Ross的连续统词类分析模式，使用分布标准测量汉语的动词是否具有名词的功能，得到的结论是汉语的名词类正在扩大，双音节是动词移向名词的必要条件，使汉语由普遍动词型向普遍名词型漂移。那么为什么双音节动词是移向名词的必要条件呢？王灿龙(2002)曾对句法组合中单双音节选择进行了认知方面的解释，他认为双音节动词跟单音节动词在基本层次范畴和原型性方面有较明显的对立。从表义方面看，单音节动词通常表示的都是人或动物的基本动作，动作性都较强，动作义也很具体，在人们的认知范畴中有一个明晰的、有界的关于某一动作的意象与该动词相对应。而双音节动词的情况则不同，由于它是两个语素的结合，无论其中的两个语素或某一语素的动作性有多强，整个词的语义只能是两个语素义的最大公约数，这样所得的语义就相对比较抽象、比较间接。那么是否所有的双音节动词都能进入事件称谓性NV结构呢？张国宪(1997)的研究发现双音节动词的语义抽象性与内部构成方式有密切的关联，双音节动词的"动性"强度存在差异，根据语料的概率分析他给出了双音节动词的"动性"强度等级序列。具体可以概括如下：

前加/后附＞偏正＞补充＞陈述＞支配＞联合
强————————————————→弱

该等级序列表明：联合式双音动词的动性最弱。也就是说动词性功能的弱化导致了名词性功能的强化。事实上，本文所列举的NV结构实例，后边的V主要是联合式双音动词，这可以说是事件称谓性NV结构对动词准入条件的限制。

笔者认为，从概念整合的角度来看，整合"框架"和整合"元素"是内因和外因的关系，这就好比适宜的环境(时间、温度)能使小鸡孵出鸡蛋，却不能使一块石头产生同样的后果。因此，所谓"框架"就是一个"构式"，构式一旦成型就会产生一种句法、语义的"规定性"，能激活输入元素潜在的语义因子，导致"浮现意义"的产生。NV中的V都是联合式双音节动词，它们的动作性最弱，具有潜在的事件指称义，进入名词性称谓的构式框架，这种潜在的语义因子被激活，于是产生了"称谓性"的浮现意义。这就是"构式强制"（construction coercion）的效应。

## 6.5 本章小结

本章结合现代汉语连动构式的认知层级、"把"字句构式的位移图式、事件称谓性 NV 构式的理据分析三个典型示例，以认知构式语法理论的隐喻扩展链接为出发点，从构式的部分能产性机制出发对子类构式的形成机制进行探究。通过研究发现，原型构式的隐喻扩展动因与事件在认知框架中的映射，概念在意象图式中的激活，以及构式的类推效应相关联。事实表明，人类的隐喻认知机制是构式承继的根本动因。具体归纳如下：

（一）事件在认知框架的投射

现代汉语连动构式的语序符合戴浩一（1988）所提出的时间象似性原则，即两个句法单位的相对次序决定于它们所表示的概念领域里的状态的时间顺序。这是汉语连动子类构式功能同一性的重要理据。然而，随着汉语连动构式从客观层面映射到逻辑层面，再映射到认知层面，范畴内的子类成员会产生语义偏离的现象。其根本原因在于先后顺序的客观、逻辑、认知的先后顺序都是时间先后顺序的隐喻。由于先后顺序认知层面的不同，汉语连动构式的子类成员在典型性上形成了一个连续统：原型子类成员摹拟了客观层面的时间顺序；另两个子类成员分别摹拟了逻辑层面和认知层面的时间顺序。

（二）概念在意象图式中的激活

任何一个构式范畴内，子类成员都会存在典型与非典型之分。典型的"把"字句表现的是一个客体在外力作用下从甲点位移至乙点的过程，其凸显的焦点是客体的位移终点，因此典型的"把"字句总是有"终点"属性的补语成分。非典型的"把"字句没有了"终点"属性的补语成分，客体因而失去了位移的终点，也就是客体的位移被阻隔。这时"把"字句也就自然从凸显客体位移过程的终点转变为一个客体的两种状态或两个客体的不同状态之间的关联。"把"字句构式范畴子类承继的理据是一个客体的空间位移图式向空间意象图式的投射。具体来说，典型"把"字句的空间位移过程的图式通过隐喻拓展形成了"把"字句的系联图式、等值图式、变化图式和结果图式等四种变体图式。

（三）构式范畴的类推效应

如果从方法论的角度来考察构式的承继现象，我们发现也许具有承继关系的构式之间会具有可变换性，但不能认为凡具有可变换关系的不同构式就一定具有内在的承继关系。NV 构式是一种"事件性称谓"，它不是 VN 述宾构式换序构成的,而是黏合定中称谓构式隐喻类推的结果,体现的是构式的部分能产性机制。形成这种类推效应的理据是 NV 中的 V 具有潜在的事件指称意义,潜在的语义因子被名词性称谓的构式框架激活,因此凸显"称谓性"的浮现意义,体现了构式赋义的强制效应。

# 第七章 词类准入与构式赋义

## 7.1 引　言

词类准入与构式赋义是认知构式语法的基本理论要点之一。Goldberg 在 1995 的专著中就已经明确指出,论元结构不是由句子中的主要动词决定的。比如,She baked him a cake(她为他烤了一个蛋糕),例中的 bake 体现了带三个论元的特殊意义:即施事论元 she、受事论元 cake 和接受者论元 him。也就是说 bake 的这个意义是"X 有意致使 Y 领有 Z",是典型的双及物构式。然而,她认为更有效的解释是框架构式(skeletal construction)本身可以提供论元,双及物构式与施事、受事和接受者角色直接相联,因而制造类动词可以在该构式中出现。我们完全不必因为 bake 可以出现在双及物构式中而再为它专门设定一个特别的意义。她认为上例中的间接宾语 him 是作为具体构式的论元而非动词的论元得到允准的,这正是构式语法理论的一个解释性优点。

Goldberg(1995)还从构式承继关系的角度,指出构式和动词的语义互相影响,因此动词和论元之间需要互相参照,构式和动词的关系可以从两个角度进行描写:一是动词与构式的互动,重点是角色互动和意义互动;二是构式的"部分能产性机制",即被严格定义的动词类型应该被理解为是由与构式规约相联的语义和形态音位相似所定义的词群,而不是常规上被允许可以经历词汇规则的子类。我们不能在遇到一个新的句法形式时,就简单地赋予动词一个新的意义,动词的多义现象与其所在的框架语义有着直接的联系。动词的词汇义决定了它所在的框架语义知识中的哪些方面必须得到侧重,与动词相联的实体必须具有某种程度上的"凸显"(salience)。所以说,认知构式语法理论倡导从构式具有独立意义的角度阐述特定句式相关的语义问题,即构式规定词项以什么样的方式与其进行整合,同时限制与其整合的词项的类型。整个过程涉及词项与构式论元之间的角色融合。这样一来,一些词项虽然在某些方面不符合形式的语法规则的要求,却能够出现在论元结构的构式中,且不影响人们对词项的概括。(参见本文 3.2.1)

笔者认为,语义学研究表明一个词的概念义可以分解为若干义素,某个具体义

## 第七章　词类准入与构式赋义

项一旦进入某个特定构式,就会受制于它所嵌入的构式的意义,条件是该词项具有可被激活的符合特定构式意义的语义因子。构式指示语义类型,构式赋义提供了词汇项产生语义转变的条件,以保证相应的语义因子被激活。这种"构式赋义"效应不但体现在动词词项,也同样体现在其他实词类范畴(如形容词、名词等)。本章就此展开,具体讨论三个问题:

(一) 构式赋义与动词扩展

以汉语双及物构式为例,描写该构式通过隐喻转喻造成的不同语义类,阐述构式赋义决定了动词准入以及动词语义的变化。

(二) 构式赋义与形容词替换

以"V不到哪里去"构式为例,阐述其中V可以被性质形容词A所替换,导致"A不到哪里去"构式定型的认知动因。

(三) 构式赋义与名词准入

以名词进入"程度副词+形容词"构式为例,阐述名词进入该构式时自身潜在的"性状义"被激活的条件和机制。

## 7.2　汉语双及物构式的动词扩展

双及物构式是人类语言的基本构式之一,也是汉语研究的热点。张伯江(1999)首先运用构式语法理论对汉语双及物构式的原型构式义进行研究,把双及物构式的意义表述为"有意的给予性转移"。考察出现在双及物构式中的动词,可以发现既有自身表示给予意义的,也有从给予的方式角度体现给予意义的,更多的则是动词借助于双及物构式的意义激活相关语义因子而凸显给予意义的。通过对论元承载信息的分析,笔者认为$NP_{(施)}$和$NP_{(受)}$是现代汉语双及物构式的焦点,凸显认知空间域中与某类事件相关的处置状态,构式义可概括为:对已然事件及其潜在焦点域客体领属关系转移的一种处置,核心特征是在认知空间域上表现为"施事"在显性或隐性层面将"受事"给予"与事"。

### 7.2.1　给予类双及物构式的动词扩展

允许进入汉语双及物构式给予类的动词根据隐喻或转喻方式的不同可以分为6类。具体如下:

(一) 现场给予类。如"给、借、租、让、奖、送、赔、还、帮、赏、退"等。它们的自身动词义符合双及物构式的原型义。由于这些动词在语义上要求有明确的方向和目的,所以不需要设置目的物,因此不能转换成为"A给R+VP"构式。例如：

(1) a. 他交给老师一份作业。
　　　→他给老师交了一份作业。
　 b. 小王递给我一块橡皮。
　　　→小王给我递了一块橡皮。
　 c. 老王卖给我一套旧书。
　　　→*老王给我卖了一套旧书。

（二）瞬时抛物类。如"扔、抛、丢、甩、拽、塞、捅、射、吐、喂"等。由于这些动词固有方向性和短时发生的特点，它们往往也不需要设置目的物。这点与"现场给予类"动词相近。例如：

(2) a. 他扔给我一个纸团。
　　　→他给我扔了一个纸团儿。
　 b. 柱子拽给媳妇一个包袱。
　　　→柱子给媳妇拽了一个包袱。

（三）远程给予类。如"寄、邮、汇、传"等。这一类动词由于语义上涉及远距离间接给予，目标性有所弱化，因此在句法上可以加上前置的"给"短语。例如：

(3) a. 爸爸寄给我一封信。
　　　→爸爸给我寄了一封信。
　 b. 我汇给家里二百块钱。
　　　→我给家里汇了二百块钱。

（四）传达信息类。构式赋义把这一类动词在物质空间的给予通过隐喻和转喻机制投射到话语空间，形成了两个小类。第一小类是"给予"的隐喻，包括"报告、答复、奉承、告诉、回答、交代、教、提醒、通知、托、委托"等。由于涉及的给予物不是具体物质，所以人们一般不会提及目的物。例如：

(4) a. 侦查员报告团长一件事。
　　　→*侦查员给团长报告一件事。
　　　→*侦查员报告一件事给团长。
　 b. 老师回答我一个问题。
　　　→*老师给我回答一个问题。
　　　→*老师回答一个问题给我。

## 第七章　词类准入与构式赋义

第二小类涉及话语空间"给予"的转喻。如"问、盘问、教、请求、求、审问、考、测验"等。例如

|  | 构式 | 喻体 | 转喻物 |
|---|---|---|---|
| （5）a. | 老师问学生一个问题。 | 问题 | 关于回答这个问题的请求 |
| b. | 王老师考我们数学。 | 数学 | 关于数学能力的测验 |
| c. | 弟弟求我一件事。 | 事 | 关于办这件事的请求 |

这两个小类在句法表现上有所差异，借助隐喻机制的动词可以比较自由地加"给"，而借助转喻机制的动词则不能加"给"。例如：

| 第一小类 | 第二小类 |
|---|---|
| （6）a. 老师答复(给)学生一个问题。 | *老师问给学生一个问题。 |
| b. 王老师教(给)我们一个办法。 | *王老师考给我们两道题。 |
| c. 弟弟托(给)我一件事。 | *弟弟求给我一件事。 |

（五）允诺、指派类。如"答应、许、拨、发、安排、补、补充、补助、分、分配、批、贴、准"等。此类动词"给予"的现实会在不远的将来实现，反映在句法上，它们转换为"结果目标"构式时会受到一定的限制。例如：

（7）a. 老王答应我两张电影票。
　　→*老王答应两张电影票给我。
　b. 班长安排我们两间营房。
　　→班长安排两间营房给我们。
　c. 老师准我两天假。
　　→*老师准了两天假给我。

（六）命名类。如"称、称呼、叫、骂"等。这类动词本身没有明确的给予意义，所以不能以任何形式加"给"，给予物也只是一个名称，因此更能体现构式赋义的特征。例如：

（8）爸爸叫他小三儿。
　　→*爸爸给他叫小三儿。
　　→*爸爸叫给他小三儿。
　　→*爸爸叫小三给他。

综上所述，笔者认为动词的支配能力是直接与构式的框架相关联的。构式语

法理论强调构式是语法中一种自足的存在,构式的论元指派与一般的动词配价不完全一致,动词能否进入某个特定构式与该构式的原型义直接相关。这样就避免了每遇到一个新的句法形式就给动词一个新的意义,然后用这个意义去解释该句法形式的循环论证。

### 7.2.2 引申类双及物构式的动词扩展

#### 7.2.2.1 交互类双及物构式

现代汉语双及物构式是对已然事件及其潜在焦点域客体领属关系转移的一种处置,在认知空间域上表现为"施事"将"受事"给予"与事",就时间轴的处理来看,方向是单一的,不存在交互性特征。因此,"施事"将"受事"给予"与事",和"与事"是否真正"获得"并没有必然联系(句中打点部分)。例如:

(9) 我汇给家里二百块钱,可不知为什么家里一直没有收到。
(10) 他扔给我一个纸团,可不知滚到哪里去了,我找了半天也没找到。

学界普遍认同这一观点。然而笔者发现,双及物构式中有一个子类范畴,由于动词具有[+交互]的语义特征,构式表明"施事"将"受事"给予"与事"的同时,"与事"也必然获得"施事"给予的"受事",潜在焦点域客体领属关系的转移具有双向交互性,可以看做是双及物构式的一个承继子类:即"交互类双及物构式"。例如:

(11) a. 小王卖给小李一套旧家具。
　　 b. 小李买了小王一套旧家具。

例(11)a、b 两句实际反映的是同一个事件。无论是"买"或是"卖"的行为,潜在焦点域的客体不变。显性层面是"小王"将"一套旧家具"的领属关系处置转移至"小李"(卖),而隐性层面是小李将"货币"(等价物)的领属关系处置转移至"小王"(买),"一套旧家具"(包括等价物"货币")领属关系的转移具有双向交互性。也就是说,"小王卖给小李一套旧家具"和"小李买了小王一套旧家具"存在一种相互蕴含关系,从构式表述的客观事件来看,这种"给予"与"获得"具有同时的、现场的交互性,形成一种"镜像"关系。具体如下所示:
能进入该子类构式的动词往往是具有对义聚合的一组组词,同类实例如下:

(12) 老张输给老李一千元。/老李赢了老张一千元。
(13) 店主赊给他一百元货。/他欠了店主一百元钱。
(14) 老板发给小王一个红包。/小王收到老板一个红包。

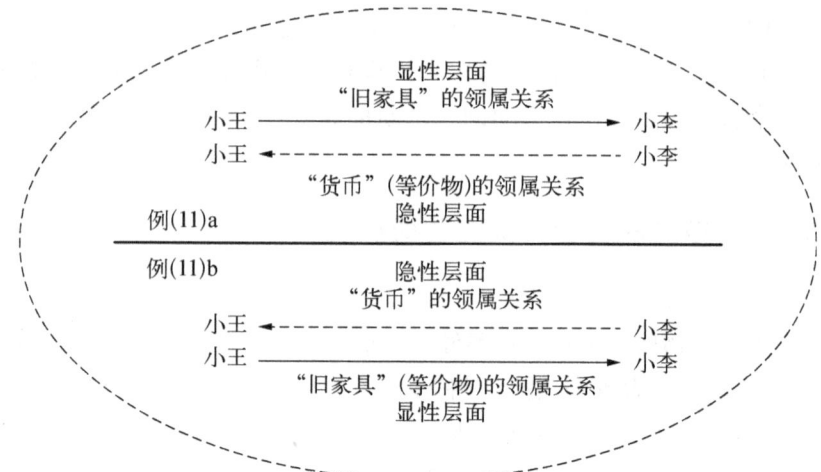

(15) 公司捐赠给希望小学一批电脑。/希望小学接受了公司一批电脑。

值得指出的是，上述构式中具有对义聚合关系的一组组词是不同形的，如果双及物构式的某个核心动词包含两个对立的义项是同形的，那么通常会产生"歧义"。此类现象主要涉及两个动词，一个是"借"，一个是"租"。例如：

(16) 小李借了小王一辆车。

(17) 小李租了小王一间房。

例(16)既可理解为"小李借给小王"，也可理解"小王借给小李"，"一辆车"的领属关系转移的方向不确定。例(17)亦然。笔者认为，此类现象与上述动词类型本质上具有同一性有关。下面是《现代汉语词典》对此类动词的释义：

借：① 暂时使用别人的物品或金钱；借进。
　　② 把物品或金钱暂时供别人使用；借出。
租：① 租用。
　　② 出租。

根据词典释义可知这两个词是多义词，分别包含了具有对义类聚的两个义项，如果是这样的话，那么它们实际上是两个词，可以看作"借$_1$、借$_2$"和"租$_1$、租$_2$"。它们与上述类型动词的差别仅仅是同形与否，没有实质性区别，而一个多义词在特定语境识解中是不会产生"歧解"的，所以完全可以归入上述子类构式。

7.2.2.2 取得类双及物构式

从双及物构式的原型性来看，构式义表达的是典型的"给予义"，但从上述交互类构式的分析中，我们已经发现这种"给予义"可能蕴含对立的"取得义"，这符合逻

辑推断,也符合语言事实。陆俭明(2002)就注意到现代汉语双及物构式也可以表示"取得义"。例如:

(18) 大伙儿吃了他三个苹果。
(19) 人家拿了他几个钱。
(20) 张三偷了李老爷一只鸡,李四要了李老爷一斗谷。

例(18)中大伙儿并没有"给予"他什么,反而是通过动词"吃"表明从他那儿"取得"了三个苹果。余例可类推解读。笔者认同这一分析,在例(18)中"三个苹果"的领属关系反向地从"他"转移至"我们"(大伙儿),这在语义层面上与原型构式表达的"给予"义相悖;但是在"大伙儿"受益的同时"他"受损,这种"损失"是"大伙儿"导致并传递给"他"的。据笔者考察,能进入此类构式的动词具有潜在的[+取得]的语义特征,主要有:

吃、拿、用、要、欠、骗、偷、抢、夺、罚
花费、征收、收取、挪用、敲诈、占用、贪污

因此,笔者把此类现象确认为双及物构式的另一个承继子类,即"取得类双及物构式"。该类构式的"转移处置"在空间域的显性层面和隐性层面的方向是不一致的。具体如下所示:

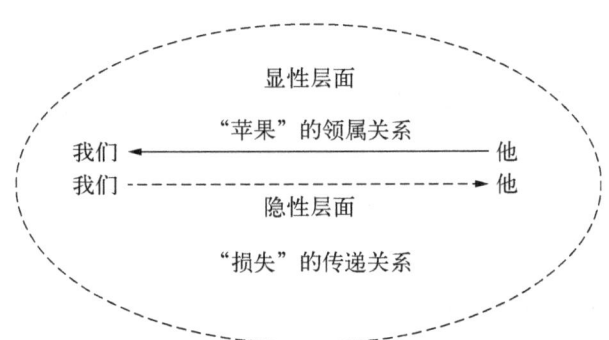

需要强调的是,语料显示此类构式不但在语义上同原型构式相对,更重要的区别是在语用层面,此类构式往往会带上"主观化"色彩。笔者认为就双及物的原型构式来说,表达的显然是一种"客观陈述",而此类构式带有"主观评述"的语用义,具体落实为语境的表述。例如:

(21) 大伙儿总共才吃了他三个苹果,他就叨叨絮絮说了好几次,弄得大伙儿很尴尬。
(22) 好小子,好大的派头,拿了他几个钱,就要人家的命哩。

>　　(23) 她还絮絮地说了许多张三偷了李老爷一只鸡，被打断了腿了，李四要了李老爷一斗谷，被押送到衙门里打屁股……

例(21)显示"他"有所受损，"大伙儿"有所受益，但在说话人看来，"吃了他三个苹果"是小事一桩，不值得"叨叨絮絮说了好几次"，因此"大伙儿"也有所"受损"（心里感觉尴尬），这显然寄予了对说话人的某种"同情"。也就是说，在说话人心目中"三个苹果"是个主观小量，而"移情"的对象是"大伙儿"（施事）。余例可类推解读。当然，也有相反的情况。例如：

>　　(24) 老张本来就不富裕，这伙人还吃了他一顿大餐，花了上千元。

例(24)中，在说话人心目中"一顿大餐"就是个"主观大量"，因而说话人"移情"的对象是"他"（与事）。由此可见，在此类构式中说话人依据对"受事"成分"量"的主观判定，表现出"移情"的指向（"施事"或"与事"）。

需要解释的是，为什么双及物的原型构式通常表示一种"客观陈述"，而此类构式就往往会表现出一种"主观评述"呢？从人们规约性的认知心理来看，原型构式表达的是"给予义"，这是一种正常的、人们乐于施为的行为，受益的是"与事"（客体），因而倾向于"客观"；而此类构式表达的是"取得义"，受益的是"施事"（主体），因而容易诱发说话人的主观评述。当然这也只是一种语用的心理倾向，而不是一种语法的制约规则。

## 7.3 "V不到哪里去"的形容词替换

"V不到哪里去"是现代汉语口语中常见的构式，疑问代词"哪里"可以实指也可以虚指。例如：

>　　(25) 甲：你到哪里去？
>　　　　乙：我到超市去。
>　　(26) 甲：你到哪里去？
>　　　　乙：我随便逛逛，不到哪里去。

上述对话中"甲"说的"哪里"都表示疑问，但例(25)中的"超市"是确定的空间点，例(26)中的"哪里"不表确定的空间点，是一种虚指用法。

吴为善(2011b)运用构式能产性的观点，论证了"V不到哪里去"演变为"A不到哪里去"的动因和机制，集中探讨了其中的动词被形容词所替换的构式理据。

### 7.3.1 "V不到哪里去"的构式成因

探究"V不到哪里去"这个构式的成因,可以从该构式的组块构件入手。就构式的原型性来分析,"X不到哪里去"表示的显然是空间义,那么一个合理的推断构式原型当为"V不到哪里去",其中V为位移动词。例如:

(27) 会很快查出作案者的,他跑不到哪里去。

"V不到哪里去"可以分析为"V不到/哪里去"。前段"V不到"是否定能性述补结构,但没有平行的肯定格式"V得到";而肯定形式"能V+到哪里去"一般不说,只有在表示反问的语境中才有可能出现,是一种有标记形式。例如:

(28) 掌柜的阴沉着脸问:"这大半天跑到哪里去了?"瑞生陪着笑脸说:"我能跑到哪里去呀? 就在附近转悠着,人生地疏的,我跑不到哪里去的。"

依据反问句的特点,"能跑到哪里去?"还是表示"跑不到哪里去"。构式后段"哪里去"中,"哪里"是虚指用法,整个构式表示主体在空间的位移不会超出某个有限的范围。至于"去"与前边的"到"呼应,只是一个表趋向的后置成分,不具备典型动词的属性。

通过对CCL语料库检索系统的搜索,事实证明上述推断是合理的。"V不到哪里去"作为一种口语表达式,最早的文献记录可以追溯到清末及民国初年的小说语体。用例不多,其中V主要是"走"、"逃"、"跑"三个位移动词。典型实例如下:

(29) 忽然听得庄内众声说道:"寻寻,走也走不到哪里去!"开开庄门,将贺恭等俱绑出来,四处搜寻。(清小说《海国春秋》)

(30) 千里之外,举目无亲,山高水长,跋涉不易,她即使要偷药而逃,亦逃不到哪里去,恐怕一个弱女子亦没有这样大的胆量。(民国小说《上古秘史》)

(31) 闹了一天,大家都累乏了。那帖木真身上带着刑具,料想跑不到哪里去,明天再找,也还不迟。"(民国小说《元代宫廷艳史》)

该格式从一开始就体现出明显的构式义,表明说话者对事实的一种主观性评述,认定主体的空间位移不会超出某个有限的范围。同时说话者的预设也很明显:料定话语主体会有所举动,但认为难以奏效。例(29)选择了"走也走不到哪里去"的紧缩句式,例(30)采用"即使……亦"的让步关系复句,例(31)有表示主观推测的话语标记"料想",这些都证明了该构式的话语功能。

"V不到哪里去"的构式一直延续到当代,只是除了"走、逃、跑"之外,位移动词

## 第七章 词类准入与构式赋义

的范围有所扩大。典型实例如下：

(32) 老太平时不出门，逛不到哪里去的。(2005年《报刊文摘》)
(33) 那只鸟已经受伤了，飞不到哪里去。(2009年《新民晚报》)
(34) 县城就这么大，搬来搬去，也搬不到哪里去。(《当代小说选》)

这些句子的一个共同点是"哪里"不表示一个确定的空间点(虚指用法)，但却圈定了一个有限的空间范围，蕴涵了"有限空间量"，可以把此类构式确认为"A式"。

"V不到哪里去"表空间位移义，因此其中的V限于位移动词，这是顺理成章的。但是一个构式一旦成型，就会逐渐产生变异，变异的条件是V被其他动词所替换，进而导致"不到哪里去"意义的虚化。语料表明有一类动词可以进入该构式，此类动词的相关涉事论元具有可量化的特征，主要与钱财、物价或指数有关，如"输、赢、赚、亏、涨、跌"等。典型实例如下：

(35) 邻居街坊打打麻将也就赌个小钱，图个消遣，赢也赢不到哪里去，输也输不到哪里去。(《三十年代小说精选》)
(36) 这兵荒马乱的，受金融危机影响，公司业绩不佳，不过也亏不到哪里去。(茅盾《子夜》)
(37) 里边传来话说，你买的股票就是涨也涨不到哪里去的。(茅盾《子夜》)

上述例句中与动词相关的涉事论元例(35)指"赌筹"，例(36)讲"业绩"，例(37)论"股票"，都可以物化计量。动词意义的变化导致该构式中的"哪里"从空间认知域映射到数量认知域，不表示一个确定的数量，但却圈定了一个有限的数量范围，蕴涵了"有限物量"，可以把此类构式确认为"B式"。

进一步的渐变是另一类动词也开始进入该构式，导致整个构式的意义进一步虚化。典型实例如下：

(38) 有主人在此，谅你这野丫头撒野也撒不到哪里去，我何须怕你？(梁羽生《狂侠天娇魔女》)
(39) 如今且把他瞒住，等到生米煮成熟饭，他老人家也赖不到哪里去了，我的事也好说了。(柏杨《暗夜慧灯》)
(40) 近几年来大家改了写白话文，仿佛是变换了一个局面，其实还是用的汉字，仍旧变不到哪里去。(周作人《汉文学的传统》)

例(38)的"撒"是动词，意为"尽量使出来或施展出来(贬义)"，如：撒野，撒酒疯。例(39)中的"赖"也是动词，意为"不承认自己的错误或责任；抵赖"。例(40)中的

"变"意义很明确,无需赘述。这些动词不表示具体的动作,但却与某种行为或状态相关,动作性弱化了,凸显了状态特征。因此该构式中的"哪里"进一步映射到性状认知域,不表示确定的性状,但却圈定了一个有限的量幅范围,蕴含了"有限程度量"。如例(38)"撒野也撒不到哪里去",指野丫头"撒野"的程度有限;例(39)"赖不到哪里去",表示他老人家即使"抵赖",程度也有限;例(40)因为使用的还是汉字,所以文风"改变"的程度毕竟有限。可以把此类构式确认为"C式"。

综上所述,我们得出了一个该构式动词语义扩展的承继关系:

   A式:V(表示位移)+不到哪里去
   B式:V(涉及计量)+不到哪里去
   C式:V(凸显状态)+不到哪里去

三个构式的承继关系主要依赖于相关认知域的隐喻映射,内在的关联性(connectivity)在"量范畴"的轴上得到实现:

   构　式:　A　→　B　→　C
   认知域:空间域→数量域→性状域
   量范畴:空间量→物　量→程度量

从构式语义来分析,A式"空间量"是很具体的,而C式的"程度量"是很抽象的,B式的"物量"介于两者之间,既有具体的一面,又有抽象的一面。从"具体"到"抽象"是人类认知的普遍规律,语法化研究的大量成果证实了这一点。

### 7.3.2 "A不到哪里去"的词类替换

"A不到哪里去"这个构式的产生,与上述"V不到哪里去"C式有着密切的承继性。事实上C式的动词(如"撒、赖、变"等)的动作性弱化了,状态性凸显了,功能向形容词漂移。而构式语义的逐渐虚化,会导致结构的重新分析。如"赖不到哪里去",句法上分析为"赖不到/哪里去"是没有意义的,更合理的切分也许是"赖/不到哪里去"。其中"赖"是核心成分,"不到哪里去"意义融合了,表示"达不到某种很高的程度",属于后置的有限程度量补语。"A不到哪里去"这个构式就是"V不到哪里去"C式的顺理成章的延续。其一,核心成分A是弱化动作性、凸显状态性的某些动词的进一步顺势替换;其二,整个构式义又使得A与"不到哪里去"的整合具有了充分的理据。由此A准入"X不到哪里去"构式替换了V,产生"A不到哪里去",并在现代汉语中得到了长足的发展,成为能产性很强的口语表达式,表达说话者认为某个主体性状的程度不会超出某个有限量幅的评价。典型实例如下:

(41) 这人身上就算有武功，也好不到哪里去。（古龙《小李飞刀》）
(42) 日本在国际上的形象也许反而略高一些，却也高不到哪里去。（梁晓声《感觉日本》）
(43) 要是一个男人向女人开枪开炮，实在也高明不到哪里去。（柏杨《婚恋物语》）
(44) 这个看似简单的工作其实很繁琐，也轻松不到哪里去。（2005北青网）

例(41)说话者承认"这个人有武功"，但好得有限；例(42)说话者承认"日本在国际上的形象高一些"，但高得有限。余例可类推解读。

"A不到哪里去"这个构式的核心语块是A，语料表明能进入该构式的都是性质形容词。张国宪(2000)考察了汉语形容词的量性特征及其类型，区分了弥散量与固化量、隐性量与显性量、静态量与动态量，其中性质形容词的量性特征表现为弥散、隐性、静态。这些形容词有两个特征：一是程度义，属性为隐性弥散量；二是评价义，取值为极性静态量。正是这两个特征，对该构式的构式义的"浮现"（emergence）起到了关键性的作用。

我们在CCL语料库检索系统搜索到的"A不到哪里去"不重复实例163例，其中单音节形容词130例（占80％），双音节形容词33例（占20％）。这是绝对数的统计比例，如果考虑使用频率，两者的比例更加悬殊。这很容易解释，按照认知范畴观的层次论，单音节词属于基本认知范畴，原型性特征强，而双音节词（尤其是并列式复合词）意义有不同程度的抽象与泛化，原型性特征较弱。进入该构式的单音节形容词130例中，"好"与"坏"（包括"差、糟"）有69例（占53％），其他61例（占47％）。这说明"好"与"坏"是该构式中使用频率最高的，而"好"与"坏"正是我们评价事物最基本、最常用的"标准"，具有极强的程度评价义。其他单音节形容词中，占主体的是量度形容词，成对出现。例如：

高/低　大/小　冷/热　胖/瘦
快/慢　远/近　轻/重　长/短

这是因为量度形容词可以与数量短语组配，说明这类形容词的性状程度量在量幅上具有可量化的特征，同样具有极强的程度评价义。其他非量度形容词在性状程度量上也可以有类似的映射，这是从具体到抽象的本体隐喻（ontological metaphor），所以也能进入这个构式。例如：

强/弱　美/丑　真/假　苦/乐

进入该构式的双音节形容词主要是并列式复合词,绝大多数为积极义。例如:

高明　轻松　聪明　豪华　丰富　富裕　高兴
高雅　精彩　纯洁　便宜　高贵　漂亮　舒服

双音节形容词的性状特征不如单音节形容词显著,因为双语素复合本身就是一个"构式",意义会有不同程度的抽象或泛化。比如"高"和"明"的意义都很确定,而"高明"则无法从"高"和"明"的意义来推导,而是产生了"(见解、技能)高超"的含义,意义比较空灵。事实表明,这些双音节形容词在相应的评价认知域中,我们的心理预期显然倾向于积极的一面,这与我们对某些特定事物评价的规约性取值倾向有关。

## 7.4 "程度副词+形容词"的名词准入

学界通常都认为,在现代汉语中只有性质形容词、量度形容词、心理动词以及一部分副词的语义中才含有可以表示一定幅度的包括深浅、大小、高低、轻重、强弱、长短、多少等各种不同范畴的量度义。因此,也只有这些词才可以受程度副词的修饰。但事实上,现代汉语中的相当一部分名词及名词性短语的语义中也包含着或蕴涵着一定幅度的量度义,而且,在一定的语言环境中,部分名词还可以临时获得量度义。所以,这些具有量度义的名词同样也可以受到程度副词的修饰。对此张谊生(2000)有较充分的描写,他根据名词及名词性短语所含量度义的不同种类和方式,可以将其分为三类:语素包含类、语义蕴涵类和语境赋予类。

所谓语素包含类,就是指一些名词的前一构词语素本身就含有一定的量度义。大致有两种情况:一种是该名词的前一语素是具有量度义基础的形容语素。如"最高度、最深处、太细节、极新潮、非常新派"等。另一种是该名词的前一语素是具有量度义的"前、后、上、下、边、中、顶、底"等方位语素。如"最底层、最前沿、最下级、最前列"等。

所谓语义蕴涵类,就是指一些名词的语义中本身就蕴涵着一定的量度义。也有两种情况:一种是该名词的基本义蕴涵有量度义。如"最本质、最基础、最根本"等。另一种是该词的引申义(包括比喻义)蕴涵有量度义。如"更为兽性、最要害、挺沧桑"等。

所谓语境赋予类,就是指该名词本身并不含有量度义,只是在一定的语言环境中,尤其是受到程度副词修饰后,才获得了临时的量度义。如"最大众、最款式、很艺术、好市侩"等。

# 第七章 词类准入与构式赋义

本文立足词类准入和构式赋义的角度,以"很+N"构式为例,探讨"很+N"的名词准入条件以及构式赋义机制。

## 7.4.1 "很+N"的名词准入条件

近些年来,学界对现代汉语中出现频率越来越高的"很+N"结构,如"很阳光、很上海、很雷锋"等,进行了多角度的考察。"很+N"的构式义显然不能从其组成成分"很"与N中严格预测出来。如"很男人","很"是一个程度副词,用来加强程度,"男人"是一个名词,表示性别和类属的名称,而"很男人"表示的是"非常有男人味"、"非常具有男子气概"、"具有男人的典型特征"这一概念。在一个构式中,各成分意义的相加不一定能得出构式义,构式义在一定程度上制约着组成成分的意义。"很+N"表示"性状程度高"的构式义激活并凸显了N潜在的性状义。如"男人"指男性的成年人,基本义表示人的性别类属,进入"很+N"构式后"男人"这个词项潜在的"性状义",即男人特有的"男人味、男子气"的典型属性被激活,"很男人"就能表示"非常有男人味"、"特有男子气"等含义。

笔者(2012)从认知构式语法的角度,重新审视了某些名词能够进入该构式的"准入条件",认为"很+N"构式在语义和语用两个方面对某个具体名词进入该构式形成了限制:

1. 能够进入"很+N"构式的名词必须具有可被激活的表示"程度性状义"的语义因子(semantic sensicality),而且被激活的语义因子必须具有认知的显著性;

2. 能够进入"很+N"构式的名词必须能够满足社会归约性认知条件,即具有约定俗成的社会心理基础。

比如随着中国经济的腾飞,综合国力的提升,"很中国"的组配使用频率越来越高。下面是一些实际用例:

(45)我们发现来北京建言,共商大陆经济发展,老外很中国。
(46)南京老外生活很中国,拥有中国名字,爱写毛笔字。
(47)外形山寨不出彩,内置圈子很中国。
(48)Mark说:"你不知道我现在已经 *very China* 了吗?我喜欢吃中国菜,喜欢在非常喧闹的餐厅里,灯火通明,提高音量说话还听不清,那种感觉,让我觉得很真诚,有一种热情……"(电视剧《蜗居》)
(49)Kunfu Panda, *very China*.(很中国的功夫熊猫。)
(50)The country is eager to learn, but does its own thinking and comes up with policies that are *very China* specific.(这个国家正在积极地

在学习外国经验,但同时保持着自己的思维方式,因此出台的政策很中国。)

例(45)—(50)都有"很中国":例(45)表达的是外国专家对中国经济的熟悉度,用"大陆经济发展"凸显了中国社会主义市场经济特色;例(46)用"中国名字"、"毛笔字"凸显了中国独特的生活方式;例(47)凸显了手机制造的中国创新模式。例(48)—(50)都有Very China;例(48)将中国特有餐饮文化中的热情元素凸显了出来;例(49)讲的是熊猫,是中国的国宝;例(50)说明了中国政府制定符合本国国情的政策时采取的与其他国家不同的态度。"中国"的语义涵义是由若干语义因子组成的集合,在上述例句中,所涉及的语义因子包括"社会主义市场经济特色"、"生活方式"、"创新模式"、"餐饮文化"、"国宝"、"制定政策的态度",在当前的国际社会中它们都具有"显著性"。因而"很+N"构式允许"中国"这一名词进入,并根据上下文语境激活相关的语义因子,凸显"中国"某一层面的语义涵义。但是,如果某个名词的语义涵义尚不具有或只具有认知上尚未认同"显著性"的语义因子,那么这个名词就不能进入"很+N"构式。

又比如祝莉(2004)选取了42名被试者对进入"很+N"的动物名词进行了使用频率的测试,分析结果统计如下:

| 很牛 | 很豺狼 | 很驴 | 很猪 | 很狗熊 | 很兔子 | 很猿猴 | 很骆驼 | 很绵羊 | 很狗 | 很鱼 | 很青蛙 |
|---|---|---|---|---|---|---|---|---|---|---|---|
| 37 | 33 | 16 | 5 | 4 | 3 | 2 | 2 | 2 | 1 | 0 | 0 |

上述统计结果表明被试者会经常使用"很牛"、"很豺狼",而不会使用"很鱼"、"很青蛙"。那是因为"牛"的特征在我们的认知中包括"固执"、"骄傲"、"壮实"、"强劲"等语义因子,进入"很+N"构式后,某些语义因子被激活,产生了"非常固执而骄傲"的含义;"豺狼"的特征在我们认知中包括"凶恶"、"残忍"、"机敏"、"阴险"等语义因子,进入"很+N"构式后,某些语义因子被激活,产生了"非常凶恶而残忍"的含义。这些被激活的语义因子具有认知上的显著性,也符合我们的社会规约性条件。这就可以解释为什么我们会说"很阳光",但不说"很月光";我们会说"很中国",但不说"很俄国";我们会说"很山寨",但不说"很村庄",等等。

### 7.4.2 "很+N"的构式赋义机制

从构式赋义的心理实现角度分析,多个侧面的百科知识是理解词义的基础,对意义建构的作用存在大小之别,有的具有核心作用,最凸显;有的只具有边缘作

## 第七章 词类准入与构式赋义

用,凸显度低。不同侧面的百科知识是构式新成员语义因子存在的基础,构式根据新成员语义的多维度性质,激活符合自身语义融合需要的最显著的某个语义因子,凸显最符合上下文语境的一个侧面。比如,和"雷锋"相关的百科知识的语义因子包括外貌、身份、品质等,在建构"很雷锋"的意义时,其中的"助人为乐的品质"是最凸显的,最符合"很+N"构式高程度性状义的条件,因此最容易被激活。当我们听到"他很雷锋"时,我们自然而然地认为"他"具有助人为乐的品质。又比如"德国"尚未进入"很+N"构式,其实"德国"也有很多特征,如"作风严谨"、"技术精良"、"啤酒质量好"等等,但似乎在我们的心目中这些语义因子尚未具备"显著性"的程度,一旦这些属性特征在认知上可用于凸显性状程度义,"很德国"就有可能被使用。事实表明,词项的语义特征是限制构式能产性的一个重要因素。一个构式新成员进入某特定构式必定涉及"构式强制"的过程:一方面构式对于新成员的准入设定了限制,同类词项未必都能够出现在同一个构式中;另一方面是构式赋义效应,新成员的某个特定的语义因子被激活以符合构式义的表达功能。

就语言的系统来说,名词进入"很+N"的分布框架,意味名词的句法功能已经转化为形容词。事实上,现代汉语中确实有部分名词通过转喻兼有形容词的句法功能,只不过在转化过程中往往经过区别词这个中介环节。因为区别词的属性一方面与名词具有范畴类的相关性,同时又与形容词具有范畴类的相关性。朱德熙(1982)就立足结构主义语言观,将区别词归在体词这个大类中。张伯江、方梅(1996:210)也认为区别词在观察名词功能游移方面具有重要价值,区别词中相当大一部分明显是从名词转化而来的。从句法功能上说,区别词的谓词性最弱,而跟名词相近之处颇多;而从语法意义上说,其空间意义已明显弱化,同时也没有表现出多少时间意义。把名词当区别词用比较自由,也比较自然,可以说区别词是名词功能游移的一个突破口。为此他们在词类功能游移的序列中,将区别词置于名词和形容词中间,认为区别词较多地表现出左邻右舍的相关性。

谭景春(1998)详尽地论证了名词转指形容词的事实和过程,强调名词转化为形容词最主要、最常见的是"间接转变",即名词通过"区别词"这个中间过渡阶段逐渐转变成形容词。从句法功能来看,名词除了主要作主宾语外,还经常作定语,被视为名词的功能之一,但是这并不意味着所有的名词作定语时仍旧是典型的名词,有部分名词作定语时词性发生了转变,不能再受数量词修饰,逐渐转变为区别词。又由于作定语是形容词的无标记关联分布,区别词很容易在定中构式中被赋予形容词的属性,这就有可能导致区别词进一步转化为形容词。这个渐变过程如下所示：

| 名词 | 区别词 | 形容词 |
|---|---|---|
| 一两白银 | —— | —— |
| 一堆黄土 | —— | —— |
| 一吨黄金 | 黄金时间 | —— |
| 博览经典 | 经典著作 | —— |
| 一斤奶油 | 奶油小生 | 他长得太奶油了。 |
| 我们是正宗 | 正宗北京烤鸭 | 那个馆子的毛家菜特正宗。 |
| 英语专业 | 专业棋手 | 听您这话茬儿，您比我还专业。 |
| 劳动模范 | 模范丈夫 | 我姐夫还挺模范的嘛。 |

上述学者的观点与本文的考察是一致的，根据笔者对《现代汉语词典》（第5版）的调查统计，明确标注名词兼属性词（区别词）的有近100个，而事实上其中很多词在实际语料中已经作为形容词在使用了，特征是这些词可以直接受程度副词修饰。

## 7.5 本章小结

本章结合现代汉语双及物构式的子类扩展、性质形容词替换动词导致"A不到哪里去"构式成型、"程度副＋名词"组配理据等实例，从构式促动词项的语义扩展、构式引发词项的类型替换和构式激活词项的语义因子三个方面阐述词类准入机制和构式赋义效应。事实表明，当一个词项的语义与其形态句法环境不兼容的情况发生时，构式可以强制性赋予这个词项产生出与论元结构系统相关的意义，过程涉及词项语义与构式意义的融合。构式赋义是建立在范畴属性归纳的基础上的，一旦证明某个与形态句法环境不兼容的词项可以嵌入一个特定构式，这个词项的意义就有可能发生变化，即一定的语境条件下偏离其基本语义与句法特征。具体概括如下：

（一）构式引申和词项语义的扩展

现代汉语双及物构式的原型表达的是典型的"给予义"，因此可以根据隐喻或转喻方式的不同把具有[给予]语义特征的动词分为6类；"给予义"原型构式可能蕴含对立的"取得义"子类构式，因而我们在汉语双及物构式的现实语料中能够找到具有潜在[取得]语义特征的动词；当汉语双及物构式中的一个子类范畴表现出"交互义"的时候，进入该子类构式的动词凸显了[交互]的语义特征（比如"借"、

"租"等)。这说明在原型构式向子类构式引申的过程中,构式的部分能产性机制允许子类构式赋予不具有原型构式语义特征的新词项产生新的语义特征,并与原型构式的语义特征进行融合。

(二) 子类扩展和词项的类型替换

述宾结构"V不到/哪里去"和述补结构"A/不到哪里去"是现代汉语表达式中熟语化程度较高的两个构式,它们表层形式一致,语义都带有明显的"量范畴"特征,语用上蕴含了对"空间量"和"程度量"的限制,二者的同构性不言而喻。"A不到哪里去"构式是"V不到哪里去"构式隐喻映射的结果,路径是其中的"哪里"从空间认知域映射到数量认知域,再映射到性状认知域,形成了一个"有限量范畴"子类构式的连续统。性质形容词因而逐渐替换了动词,圈定了一个有限的性状程度范围,蕴涵了"有限程度量"。

(三) 语义因子和词项的类型转化

现代汉语的名词存在功能游移的现象,有些名词可以直接受程度副词的修饰,凸显"性状程度义",这体现了构式赋义的特点。然而需要指出的是,构式赋义之所以能够发生效应,与词项的准入条件密切相关。通过"很＋N"构式的研究,我们发现只有蕴含可被激活的表示"程度性状义"的名词才有可能进入"程度副词＋名词"组配,而且这类名词只有在满足社会归约性认知条件时,相关的语义因子才会被激活。

# 第八章　语块整合与构式义提炼

## 8.1　引　言

构式语法的一个重要理论渊源来自 Lakoff 在 20 世纪 70 年代末建立的认知语义学，认知语义学理论是建立在格式塔心理学派研究的基础上的，因此也称为"格式塔语法"(Gestalt Grammar)。格式塔心理学派是基于"完形"理念的心理学派，该学派认为实体的范畴化典型性评估涉及的心理过程不光是属性的计算，更是完形感知(gestalt perception)，把范畴化对象功能重要、视觉显著的部分整合为一个整体视觉，即心理表征。这是因为在我们心目中作为一个原型的物体，其构成的部件固然重要，但更重要的是这些部件之间的比例、造型及整体感觉。因此认知语义学主张把整个句子结构视为整体而不是各个部分的简单相加，强调"整体大于部分之和"，从而把握结构的整体意义。（参见本文 2.3.1）

Goldberg 接受了认知语义学的基本理念，在 1995 年的专著中她系统描述了英语双及物构式、英语致使——移动构式、英语动结构式和英语 way 构式，从而使我们得以窥见她对构式研究的基本理念与程序。Evans & Green (2006：684)将其归纳并总结为五个步骤，其中前两个步骤是最基本的：第一步，要论述构式存在的理据，它们的某些语义和句法特征不能从可进入的词汇中预测出来，因此得出"构式本身具有一定的意义"的结论；第二步，根据"基于用法的模型"，详细调查构式的具体运用情况，并提炼出构式的中心意义和用法。显然第一步是在强调语块的整合，第二步是在强调构式义的提炼。（参见本文 3.2.3）

事实表明，根据人类认知的共性，语言中的句法结构并不是如 Chomsky 所认为的，是以某个动词为核心并由这个动词的论元结构转化而来的；也不是传统语法分析所依据的，句法结构可以简单划一地建构在分析性的"主—谓—宾"或"施—动—受"这样的句法语义框架之内的。语言的共性应该来自语义结构和象征结构之间映射的普遍性。Langacker(1995：170)认为认知语法应该重视对"语言组块现象"(grouping)的考察；Croft(2001：186)指出句子里的"组块关系"(grouping of elements)几乎全部是以语义为基础的。国内学者也对传统句式研究进行了创新，陆俭明(2009a)提出了"构式——语块"假设，即构式内部语义配置的每一部分语义

# 第八章 语块整合与构式义提炼

都以一个语块的形式来承载,语块数目和各个语块之间的排列顺序,以及每个语块内部的特征构成了这个构式的"语块链"(chunk chain)。这个假设表明:语块是构式和词项的中介,构式是第一位的;一个构式的语义单位由构式内部各个语块分组,各个语块与构式要求在语义上要和谐;词项的自由变异度在语块范围内实现,各个语块内部词项与词项之间互相制约,要求语义和谐,共同承载该语块的语义。

本章基于"整体大于部分之和"的理念,从语块整合的基本原则出发,对现代汉语特定构式所体现的语法意义进行探讨,集中讨论三个相关问题:

1. 构式义与结构对比。以"把"字句构式为例,阐述主观处置义的认知动因,通过与一般主谓句的表述差异比较,揭示特定构式与特定构式义在句法、语义方面的内在关联和区别。

2. 构式义与角色变换。以自致使义 NP+VR 构式为例,解读该构式因为"非直接因果关联"而体现的"非预期的过量后果义",以及对语块链信息配置的特殊要求。

3. 构式义与语义倾向。以"有"字领有句构式为例,从历时和共时的角度解释构式表述的积极义倾向,分析"有+NP"这一语块承载的语义倾向对构式义的影响。

## 8.2 "把"字句的主观处置义辨析

现代汉语"把"字句的话语功能讨论一直是学界关注的焦点。王力(1945)最早提出"把"字句可以称为"处置式";沈家煊(2002)认同该观点,并进一步指出,"把"字句的话语功能体现的语法意义是表达一种"主观处置",即说话人认定甲(不一定是施事)对乙(不一定是受事)作某种处置(不一定是有意识的和实在的)。"把"字句的话语功能体现的"主观处置义"是相对于"客观处置义"而言的,凸显的是语言的"主观性",具体表现在说话人对特定事件或状态的情感、观察角度或以叙说为出发点的视角、以及对客观事件的认识上。例如:

(1) a. 他喝了一碗酒。(客观处置,客观报道)
　　b. 他把那碗酒喝了。(客观处置,主观认定)
　　c. 他把大门的钥匙丢了。(客观未处置,主观认定)
　　d. 他丢了大门的钥匙。(客观未处置,主观未认定)

上述例示中的 a 句和 c 句是主客观不一致或不完全一致的情形,b 句和 d 句是主客观一致的情形。不论客观上甲是否处置乙,只要是说话人主观认定的,就用"把"字句(b 句和 c 句);说话人主观未认定的或是客观报道的,就用动宾句(a 句和 d 句)。由此可见,"主观处置"的概念不同于宽泛意义上的处置,其核心是"说话人的主观认定"。

### 8.2.1 "把"字句的主观处置义表征

按照 Lyons(1977:739)的解释,"主观性"(subjectivity)是指语言的这样一种特性,即在话语中多多少少总是带有说话人"自我"的表现成分,也就是说话人在说出一段话的同时还表明自己对这段话的立场、态度和感情,从而在话语中留下自我的印记。值得注意的是,我们不能"主观"地认定句子是否表达了"主观性",而要有充分的举证,其中一个有效的手段就是对比。比如说"把"字句表达主观性,最好的办法是把它和动宾句加以比较,来论证说话人对客观事实的主观认定。沈家煊(2002)就是通过这种方式来论证的。典型实例如下:

(2) 这是书误了他,可惜他也把书糟蹋了。(《红楼梦》)
(3) 你拆了我们楼也罢了,怎么将这御书牌额也打碎了?(《元曲选》)
(4) 我的(行李)烧去也还罢了,总是你瞎捣乱,平白的把翠环的一卷行李也烧在里头,你说冤不冤呢?(《老残游记》)

例(2)是《红楼梦》42 回薛宝钗在婉言劝戒林黛玉,说起男人读了书反变倒得更坏。前半句是动宾句,后半句是"把"字句。如果反过来说成"这是书把他误了,可惜他也糟蹋了书",在上述语境里听上去很别扭,因为说话人(宝钗)"可惜"的是"书","书"在说话人的心目中是受损者,"他"是使"书"受损的责任者。言下之意"书"(指《西厢记》)是无辜的,人变坏了不能去怪罪书。有的版本作"这并不是书误了他,可惜他把书糟蹋了",说话人同情"书"的意味就更加明显。例(3)这一句如果反过来说成"你将我们楼拆了也罢了,怎么也打碎了这御书牌额?"听上去也很别扭,"也罢了"(表示无所谓)和"怎么"(表示责怪)这样的词语明显地表现出说话人对事件参与者的情感,在"楼"和"御书牌额"两者之间,说话人更同情后者。例(4)这个例子开头用的虽然不是动宾句而是受事主语句,但是和后面的"把"字句相比,说话人移情于两件行李的差别是十分明显的。

当我们将"把"字句同对应的动宾语句进行比较时,我们发现"把"字句往往带有"出乎意料"的含义。也就是说,说话人觉得某个特定事件出人意料。例如:

(5) a. 市场打来的这一闷棍,倒把毛陈镇的干部打醒了。
b. 你个小玲子,怎么把俺比成皇帝婆子啦,真糟蹋人。

## 第八章 语块整合与构式义提炼

  c. 但是施予的人却不知把救济品给了谁。
  d. 龙潭禅师却"扑"地一下把火吹灭了。
  e. 忽然一阵狂风,把绳梯吹得像根芦苇在空中飘荡。
  f. 他们竟然把 CBA 全明星赛从季后赛移到赛季中。

上述例示中的"倒"、"怎么"、"却不知"、"却"、"忽然"、"竟然"等词项都能够表达"出乎意料"的意义。沈家煊(2002)在概括这一主观性特征时指出,"把"字句从认识上讲就是说话人认为句子表达的命题为真的可能性很小。

  需要注意的是,"出人意料"的焦点信息能够支持"把"字句的使用。通过语料研究,我们发现动作前不存在、动作完成后才存在的所指对象,一般充当动宾句的宾语,表达"客观处置",因而不使用"把"字句。例如:

(6) a. 小张生了个孩子。
  →小张把个孩子生了。
 b. 老张盖了间屋子。
  →老张把个屋子盖了。
 c. 媳妇织了件毛衣。
  →媳妇把件毛衣织了。

但是,如果一旦动词带上的后附成分使得该动词表达的动作结果"出人意料",说话人的话语编码动因就会由客观处置转变为主观处置,通常使用"把"字句。例如:

(7) a. 小张把个孩子生在火车上了。
 b. 老张把个屋子盖到别人家去了。
 c. 媳妇把件毛衣织得又肥又长。

上述例示中的"孩子生在火车上了"、"屋子盖到别人家去了"、"毛衣织得又肥又长"对于社会归约性认知条件而言都是"出人意料"的结果,动词后附成分的焦点信息为"把"字句的主观处置提供了语境支撑。

  同理,我们一般认为"把"的宾语是不定指的,前面往往加上"(一)个"(不定指的标记),所以专名一般不能充当"把"的宾语。但事实上却有一类"把"字句,"把"后的宾语就是专名(定指成分)。例如:

(8) 偏偏又把个老王病倒了。

对此朱德熙(1982:187)的解释是:老王虽然是一个确定的人,可是说话人没有想到生病的会是老王,而不是别人。从这一点说,老王又不是已知的,所以前面要加"一个"。可见关键在于"说话人没有想到",是主观性决定了"(一)

个"的增添。

### 8.2.2 "主观性"的认知动因与类型

"把"字句的"主观处置义"是从语义层面对构式义的提炼和概括,体现了说话人的主观性。Finegan(1995)认为语言的"主观性"主要表现在三个方面:说话人的情感,说话人的视角,说话人的认识。这三个方面互相联系,经常交织在一起,在"把"字句中都有所表现。

（一）说话人的情感

这主要体现在"移情"现象。Kuno(1987:26)对"移情"的定义是"说话人将自己认同于他人用句子所描写的事件或状态中的一个参与者"。"把"字句表达"主观处置"的功能是建立在说话人的"情感"上的,凸显的是"主观移情效应",即说话人移情于一个处置事件的参与者,在说话人的心目中,施事成了责任者,受事则成了受损者。也正因为这样,"把"字句是说话人对于"不如意"含义的主观判断。吴葆棠(1987)收集了光杆动词的"把"字句62个,其中61个的动词是表示违愿或丧失义的。例如:

(9) 把首饰当了/＊把首饰赎了
把图书还了/＊把图书借了
把钢笔丢了/＊把钢笔拾了

这些"把"字句体现了说话人把受事成分看作同情的对象:人们一般寄情于想得到而没有得到、得到了又失去的东西,完全失去的东西又比部分失去的东西更容易获得同情。需要指出的是,移情对象主要是说话人"同情"的对象,但也可以是"钟情"的对象。例如:

(10) a. 你去遛遛马,你的精神就好了。
　　 b. 你去把马遛遛,马的精神就好了。

比较例(10)a、b两句,后一句里的"马"显然是说话人的钟情对象。此外,移情对象还可以是说话人"厌恶"的对象,多用于祈使句。例如:

(11) 把他杀了!
把这些旧衣服给扔了!

沈家煊(2002)对此现象的解释是同情、钟情、厌恶这三种情感都跟主观认定的"受损"有关:同情于X是说话人认为X已经受损,钟情于X是说话人不愿意X受损,厌恶X是说话人愿意X受损。

## （二）说话人的视角

说话人对客观事件和状态的观察角度以及加以表述的出发点叫做"视角"（perspective）。日常生活中我们经常有此类体验。比如苏东坡诗云"横看成岭侧成峰，远近高低各不同"，就反映了对同一事物由于视角的变化就会形成不同的心理意象。又如同样是半瓶酒，乐观者说"还有半瓶"，悲观者"只有半瓶"，这是对同一客观"量"由于不同的视角形成不同的主观体验。"把"字句经常体现说话人对受事量的主观判断。吕叔湘（1984）指出，"把"字宾语里的比如"些"一类的词项不是偏称性的，而是描写性的，当说话人主观上觉得少就用"一些"。这跟英语 little 和 few 相当，同样是"一些"或"几个"，在英语里说话人主观上觉得少就用 little 或 few，主观上觉得量还不少就用 a little 或 a few。典型实例如下所示：

(12) a. 将些衣服金珠首饰一搂精空。（《儒林外史》）
    b. 把几个零钱使完了。（《儿女英雄传》）
    c. 后来他丈人家没了人啦，把几块地也归他种啦。（《白话聊斋》）

上述示例中的"（一）些"、"几个"、"几块"都表示一种主观上的小量。这种现象在语言中很普遍，比如数词"一"是最小量，通常表示客观"小量"，但也能表示主观上的"大量"。说话人对同一事物主观视角的变化所形成的不同心理意向导致了这样的现象。实例如下：

(13) 有一个四川同学家里寄来一件棉袍子，……然后，几个馋人，一顿就把一件新棉袍吃掉了。（汪曾祺《落魄》）

例(13)中有三处"一量"，其中"一件"是个客观表述，不含主观性；"一顿"对比后边的"一件"就是一种主观表述，在说话人看来"一顿"是个小量，而"一件新棉袍"却是一个大量，所以特地选择"把"字句来表述。

## （三）说话人的认识

语言的"主观性"还表现在说话人对客观事件的"认识"上。这种"认识"主要跟语言中的情态范畴有关，所以叫"认识情态"（epistemic modality）。这种说话人的认识表现在语言的很多方面，"把"字句也不列外。比如"把"字句可以表现说话人对目的关系的认定。当我们说"主语"为某一目的而处置某一"宾语"时，实际上都是说话人推断主语为某一目的而处置宾语。张旺熹（1991）在比较"我开汽车到语言学院"和"我把汽车开到语言学院"两句意义上的差别时认为，当人们"强调"目的关系时，便使用"把"字句，"把"字句最自然的使用环境是带一个目的状语，如"我把汽车开到语言学院门口等朋友"。

对因果关系的判定也具有主观性，比如"吃了这种药以后，他死了"，虽然客观上不一定如此,听话人一般都会推断"吃了这种药"是导致"他死了"的原因。要表现这种主观的推断,"把"字句是适宜的表达方式,如说成"这种药把他吃死了"。以动补结构表达的因果关系为例,郭继懋、王红旗(2001)将这种因果关系分为"规约性的"和"偶发性的"两类,前者如"睡着"、"杀死","睡"和"着"、"杀"和"死"之间的因果关系已成为一种固定的认知模式,因此客观性较强;后者如"老王在公园里睡得不会说话了","在公园睡觉"和"不会说话"之间的因果关系是偶发的,是说话人根据经验推断的,带有较强的主观性。沈家煊(2002)指出,有意思的是,前者可以用动宾句也可以用把字句,而后者只能用把字句。例如:

(14) 吓破胆子　　　　把胆子吓破
　　＊吓回去胆子　　　把胆子吓回去
(15) 说急了宝玉　　　　把宝玉说急了
　　＊说没了话贾琏　　　把贾琏说没了话

前者用在动宾句和把字句在结构上仍然有差别,如例(15)中"说急",用在动宾句像个复合词,中间不能插入"得",不能说"说得急了宝玉";用在"把"字句则像个词组,中间能插入"得",能说"把宝玉说得急了"。

## 8.3　NP+VR 构式的自致使义解读

汉语研究中"动结式"这一术语最早见于吕叔湘(1980)《现代汉语八百词》,其所指与朱德熙(1982)指出的粘合式述补结构基本相同。现代汉语的动结式是一种典型的构式,是汉语"致使范畴"的主要表现形式之一。按照梅祖麟(1991)的说法,汉语动结式表达的是"施事者用他动词表示的动作使受事者得到自动词或形容词表示的结果"。也就是说,该构式表示致使者通过某种行为动作使被致使者产生了某种状态的变化。基于这样的理解,学界对该构式所包含的语用义角色虽然所用术语不尽相同,但基本分析是一致的,通常认为致使范畴的语义角色包括致使者,致使方式,被致使者和致使结果(周红 2005,施春宏 2008)。比如"小猫打碎了花瓶",是"小猫"(致使者)通过"打"(致使方式)导致"花瓶"(被致使者)"碎"(致使结果)。其中的致使关系可以概括如下:

X(致使者)→Y(被致使者)

这里的 X 和 Y 分别代表两个不同的实体(主体和客体),是一种典型的"他致使义"。

吴为善(2010b)指出,在"致使范畴"中既然存在"他致使义",就一定会有"自致使义",即致使者通过某种行为动作使自身产生了某种状态的变化。就像动词的次范畴分类,既然有"他动词"(及物动词),就一定有"自动词"(不及物动词)。比如"小李跑累了","小李"(致使者)通过"跑"(致使方式)使自身(被致使者)"累"(致使结果),这里的"致使者"和"被致使者"合二为一,"累"在语义上指向致使者自身。其中的致使关系可以概括如下(i 表同指):

$$X_i(致使者) \rightarrow X_i^i(致使者自身)$$

事实上,学界已经开始关注这个现象,如黄锦章(1997)、宋文辉(2007)、周红(2005)等都对这个现象进行了不同程度的考察。

### 8.3.1 自致使义 NP+VR 构式的原型语义

笔者研究发现,一旦"他致使义"转换为"自致使义",语块信息就会发生相应的变化,话语功能的转变直接导致语块所承载语义的重新配置。自致使义"NP+VR"的原型构式包含两个基本语块:主体 NP 和黏合动结 VR。主体 NP 通常是能施行自主行为的生命体;动词 V 多为单音节的不及物自主动词,如"哭、笑、叫、喊、跑"等,表示主体实施的某种自主行为;结果补语 R 多为单音节性质形容词,如"累、烦、腻、晕、傻"等,表示主体出现的某种状态变化(生理的或心理的),通常是消极义的。例如:

(16) 也许是刚出家不久,凡心未泯,小和尚坐了两个时辰,就坐烦了。
(17) 宝宝闹腾了一晚,现在很安静,瞪着两只眼睛,好像哭呆了。
(18) 伤了脚,洪师傅不得不在床上躺着,躺了几天就躺腻了。
(19) 这个游戏很简单,无非就是听命令向左转或向右转,不少人就转晕了。
(20) 姑娘天生喜欢笑,碰到这么一个会逗乐的,不停地笑,都笑傻了。
(21) 孩子们在蹦床上跳了又跳,跳累了,就在蹦床上坐了下来。

上述实例显示,该构式的句法语义属性显然与致使范畴有关,但体现的是"弱致使义"。典型的"致使"范畴(causative)凸显的是动作和结果之间的自然的因果关系,如"打碎了花瓶",是"打"这个动作导致了"碎"这个结果;"杀死了野猪",是"杀"这个动作导致了"死"这个结果。这种因果关系并不是逻辑意义上的因果关联,而是基于经验认知的一种规约性的语用推理,即 Lakoff 所说的"理想化认知模式"里的"命题模式"(张敏 1998)。而我们所讨论的构式体现的"弱致使义"是非典型的,因为动作和结果之间并不存在直接的因果关联。比如例(16)中的"坐"和"烦"之间并没有一种直接的逻辑因果,不能简单地说"坐"导致了"烦",更合理的解释是"长时间地坐"导致了"烦";例(19)中的"转"和"晕"的因果解释是"七转八转"导致了"晕"。因此,此类表述中一定有表示"过量"的语境信息。如例(16)中的时间量"两个时辰",例(19)中的动作量(频次)"七转八转"。余例可以类推解读。

"弱致使义"的界定表明了该构式的两个必要的语义特征:其一是"过量后果",也就是说动作和结果之间必须有"动因",是某种属性的"过量"导致的"后果"。即由于时间、空间或动作的"量"超出了人通常能承受的范围,使主体生理或心理上出现了某种"症状",因而通常是消极义的。其二,正因为这是一种消极义的过量后果,后果是"非预期的",所以这不是行为主体主观上的一种预期。通常人发出某种行为动作都是出于某种需要,"坐"不是故意要"烦","转"不是故意求"晕"。如果这些分析能成立,那么我们认为自致使义构式 NP+VR 的构式义体现了一种"非预期的过量后果义"。从话语功能来看,该构式往往表达了在某种条件下所产生的主体非可控、非自主的生理或心理上某种消极性的状态变化。上述构式义决定了该构式在句法上的一些表现特征:

(一)独立成句的不自由性。典型的他致使义构式,比如"小猫打碎了花瓶",独立成句性强,不需要特定的语境提示;自致使义构式往往是复句中的一个分句,如例(16)—(21)所示,需要必要的语境信息来凸显产生"非预期的过量后果义"的原因。

(二)过量后果的无否定性。典型的他致使义构式中"动结式"可以直接否定,"VR 了"与"没 VR"形成对立。例如:

(22) a. 小王剪断了电线。→小王没剪断电线。
b. 那头牛踩坏了庄稼。→那头牛没踩坏庄稼。

但自致使义构式中"动结式"一般没有直接否定形式。既然陈述的是由于某种属性"过量"而导致"非预期的后果"这样一个既成事实,也就没有了否定的语义基础。例如:

(23) a. 坐烦了。　→没坐烦。
b. 他躺累了。→没躺累。

(三)非预期后果的不可预测性。典型的他致使义构式中"动结式"可以构成可能式。例如:

(24) 打碎→打得碎/打不碎　　杀死→杀得死/杀不死
剪断→剪得断/剪不断　　踩坏→踩得坏/踩不坏

此类构式既然表达的是一种"非预期的后果",就一定具有不可预测性,因而自致使义构式中"动结式"一般不能构成可能式。例如：

(25) a. 哭呆了。→ 哭得呆/哭不呆。
　　 b. 笑傻了。→ 笑得傻/笑不傻。

### 8.3.2 自致使义 NP+VR 构式的语块整合

特定的构式一定表达特定的构式义，这是毫无疑义的。然而在使用过程中，构式会产生变体，就构式变化的动因来分析，主要是构式内部语块的重新整合，或移位，或增删，形成一个构式的相关变体。随着语块的重新整合，构式义也会发生相应的变化，传统语法研究中的"变换"往往体现了这种机制。就自致使义 NP+VR 构式来说，有两类变式值得关注，一类是凸显致使因的变式，另一种是凸显尾焦点的变式。

#### 8.3.2.1 语块整合一：凸显致使因

上文论证了自致使义 NP+VR 构式表达的是一种"非预期的过量后果义"，那么产生过量后果义一定有客观原因，也就是说该构式蕴含了"致使因"的语义角色。因此，该构式顺理成章地存在一种凸显致使因的变式，即通过及物动词的使动用法，将主体 NP 后置，将及物动词 V 支配的受事论元成分作为句子的话题，充当"致使因"角色，在形式上构成"致使因+VR+NP"的变式。条件是这个受事论元成分需要扩展，增加信息量。信息量不足（如光杆名词），句子可能不成立；信息量越充分，句子的合格度就越高。例如：

(26) 妈妈（洗衣服）洗累了。
　　 →＊衣服洗累了妈妈。
　　 →脏衣服洗累了妈妈。
　　 →这一大盆脏衣服洗累了妈妈。
(27) 李老师（看电影）看呆了。
　　 →＊电影看呆了李老师。
　　 →恐怖电影看呆了李老师。
　　 →这么毛骨悚然的恐怖电影看呆了李老师。

沈家煊（2005）在论述"语用逻辑"时，曾指出凡是"A 单向蕴涵 B"的逻辑推导式，A 蕴涵 B，那么从信息量来说 A＞B。如"白马"蕴涵"马"，那么"白马"的信息量大于"马"。上述变换构式的实例显示：语言成分的"扩展"虽然在句法功能上是等价的，但信息量的"递增"在语义上却不等价，它直接关涉到构式扩展的条件。例如：

　　 衣服＜脏衣服＜这一大盆脏衣服

电影＜恐怖电影＜这么毛骨悚然的恐怖电影

上述扩展式和原式相比句法功能没有改变,但信息量递增了,递增的信息量凸显了致使的动因,"理由"越充分,事实越合理,构式的合格度就越高。其中的理据也很充分,自致使义构式 NP+VR 体现的是一种"非预期的过量后果义",因此在表述中一定有表示某种"过量"的语境信息,以凸显行为动作与所导致结果之间的原因。这就可以解释为什么前置的"致使因"必须有足够的信息量。"这一大盆脏衣服"说明脏衣服多,体现了一种"物量";"这么毛骨悚然的恐怖电影"不是一般的恐怖电影,体现了一种"程度量"。它们在句中成为话题,凸显了"过量"的致使原因。例如:

(28) 那令人思乡的家乡小调唱哭了那个小伙子。
(29) 这一大堆报告写腻了小王。
(30) 这些重复的大道理说烦了老张。
(31) 那盼望已久的录取通知书等急了小平。

值得指出的是,我们把这种构式"致使因+VR+NP"看作是原型构式"NP+VR"的变式。虽然从句法形式上看"致使因"角色充当了主语,NP(致使者)充当了宾语,但构式的语义角色关系没有改变。"一大盆脏衣服洗累了妈妈"这个句子,洗衣服的还是妈妈,"累"还是"洗"导致的结果,语义上指向"妈妈",只不过此类变式凸显了"一大盆脏衣服"这个"致使因"。同时我们也注意到,此类变式中的动词(如"唱、写、说、洗、等、看"等)本身并没有"使动"的意义和用法,这完全是构式赋予的,一旦离开特定的构式,"使动"的意义和用法就不复存在。因此完全没有必要去改变构式的语义结构关系,比如把"这一大盆脏衣服"看做"致使者",把"妈妈"看做"被致使者"。句法分析是一回事,构式的语义结构是另一回事,它们属于不同的层面,不应该将两者完全对应起来,这也是构式语法的分析原则。

8.3.2.2 语块整合二:凸显尾焦点

自致使义构式"NP+VR"还有一种凸显尾焦点的变式值得关注。例如:

(32) 老大娘天天想儿子,天天哭,哭瞎了眼睛。(老大娘哭瞎了眼睛)
(33) 田老汉老毛病又犯了,在床上躺了一个月,躺肿了脚。(田老汉睡肿了脚)
(34) 那些学生拼命喊口号,都喊哑了嗓子。(他喊哑了嗓子)
(35) 近视眼老高走路不留神,撞上了坚实的水泥桥墩,碰破了膝盖。(老高碰破了膝盖)
(36) 老药师上山采药,不慎摔下两丈多高的陡壁,幸好只摔断了腿。(老

# 第八章　语块整合与构式义提炼

药师摔断了腿)

(37) 儿子昨天又跟同学打架了,用力太狠,扭伤了手指。(他扭伤了手指)

上述变体的显著的特征是 VR 之后出现了宾语,结果补语 R 都是非自主的不及物动词,在语义上指向后边的宾语。因此,这显然是两个述语整合的结果,"NP+V"与"$V_i$+NP"通过"动结式"(VR)的整合,构成了"$NP_1$+VR($V_i$+$NP_2$)"形式。其中 $NP_1$ 与 $NP_2$ 有领属关系,都表示人体的整体与部分的关系。上述例句的简化形式可以解析为如下的整合结构:

(32′) 老大娘哭+(老大娘)瞎了眼睛。

(33′) 田老汉躺+(田老汉)肿了脚。

(34′) 那些学生喊+(那些学生)哑了嗓子。

(35′) 老高碰+(老高)破了膝盖。

(36′) 老药师摔+(老药师)断了腿。

(37′) 儿子扭+(儿子)伤了手指。

从"非宾格假定"的角度来看:上述实例中左列的 V(如"哭、躺、喊、碰、摔、扭"等)构成的表述属于"非作格句",从原型性特征来看是个无宾句,以施事为其外在论元(做主语,不能后置做宾语);而上述实例中右列的 V(如"瞎、肿、哑、破、断、伤"等)构成的表述属于"非宾格句",从原型性特征来看是个无主句,以客体为其内在论元(做宾语,可以前置做主语)(参见黄正德 2008)。不及物动词的句法语义属性可以分为上述两种类型,在语言中具有普遍性,汉语也不例外。比如"哭"(A 类)和"瞎"(B 类)分别代表这两类动词,它们的对立表现如下:

A 类:[$NP_{(施事)}$+$V_i$]　老大娘哭了→*哭了老大娘

B 类:[$V_i$+$NP_{(客体)}$]　瞎了眼睛　→　眼睛瞎了

如果从动词的语义特征来看,它们的区别也很明显:A 类动词表示施事的行为动作,B 类动词表示客体的状态变化。这种区别对于汉语构式的界定与甄别具有极大的价值,为构式及其变体提供了句法语义方面的理据,也是该变式得以成立的基础。

那么这种变式与原型构式有什么区别呢? 主要因为 $NP_1$+VR($V_i$+$NP_2$ 中 $NP_1$ 与 $NP_2$ 有领属关系,都表示人体的整体与部分的关系,句子可以变换。例如:

(32″) 老大娘哭瞎了眼睛。→ 老大娘的眼睛哭瞎了。

(33″) 田老汉躺肿了脚。→ 田老汉的脚躺肿了。

(34″) 那些学生喊哑了嗓子。→ 那些学生的嗓子喊哑了。
(35″) 老高碰破了膝盖。→ 老高的膝盖碰破了。
(36″) 老药师摔断了腿。→ 老药师的腿摔断了
(37″) 儿子扭伤了手指。→ 儿子的手指扭伤了。

上述实例经过变换，右列的原型构式变换成了左列的变式，从中可见两类构式之间的承继关系。从语用的角度来分析，这种变换的动因就是将原句的话题（NP$_1$＋NP$_2$）分裂，由 NP$_2$ 充当了句子的尾焦点。

## 8.4 "有"字领有句的语义倾向探源

现代汉语中"有"是仅次于"是"的第二高频率动词，"有＋N"也是个很常见的短语构式。事实表明"有＋N"具有强烈的熟语化趋势，实质上是概念整合的结果。整合度呈现由低到高的渐变序列，导致熟语化程度同步呈现由弱到强的渐变序列，是一种共时语法化的现象。笔者发现，"有＋N$_双$"熟语化程度的强弱，取决于 N 的［＋具体］语义特征的强弱，两者呈现反向共变关系，N 的语义越抽象，熟语化程度越高。例如：

(38) a. 他有手艺　　他有技术　　他有能力
　　 b. *他很有手艺　他很有技术　他很有能力
(39) a. 他有房子　　他有家产　　他有实力
　　 b. *他很有房子　他很有家产　他很有实力

例(38)、例(39)a 序列中"手艺、技术、能力"和"房子、家产、实力"在语义上都形成具体到抽象的渐变序列，语义的抽象与语义的泛化有关联，语义越抽象概括的范围就越大，由此熟语化的程度也同步递增。上述两例 b 序列中"有手艺"、"有房子"整合度较低，属于开放性的述宾短语组合；"有技术"、"有家产"整合度较高，处于中间状态；而"有能力"与"有实力"已经能受程度副词"很"的修饰，整个构式具有了形容词的功能，熟语化程度很高。而且上述实例表示的都是积极义，可以看做是此类构式的主流语义倾向，本节我们将以此为出发点，论证"有＋N"构式的语义倾向，以及这种语义倾向对扩展构式"有"字领有句的映射效应。

### 8.4.1 "有＋N"构式的语义倾向

在我们所收集到的 500 多个不同的比较固定的"有＋N"搭配中，词语本身表示积极义的，或整个构式表示积极义的，占总数的 90％，表示消极义的词语只占

## 第八章 语块整合与构式义提炼

10%左右。这里还不包括"有"与具体物质名词搭配的开放性述宾短语,也没有引进使用频率的参数,如果考虑上述两个因素,这个比例将极其悬殊。语料的统计频率是定量分析的基本依据,"统计优选"包含三个主要变量,其中首先就是出现频率,即给定的构式出现的频率足够高,才能有效地先于其他构式而被选择。笔者赞同这个观点,我们对"有＋$N_{双}$"构式的统计数据表明,该构式的原型是表示积极义的。事实上学界对此早有关注,如邹韶华(1988)、贺阳(1994)、李明宇(1994)、沈家煊(1996)、石毓智(2001)、刘丹青(2011)等学者都指出了这种倾向。笔者依据本文考察,进一步举证如下:

1. 该构式的原型是"有"与具体物质名词搭配的开放性述宾短语,语料显示与"有"搭配的名词大多表示值得拥有的东西(积极义)。什么是"值得拥有的",取决于某一社会群体在某一特定时期、环境的认知规约性。例如:

(40) a. 有电脑　有汽车　有手机　有孩子
　　　有别墅　有花园　有首饰
　　b. 有股票　有房产　有公司　有遗产
　　　有存款　有文凭　有朋友

值得注意的是,有时一些很普通的东西(未必是公认值得拥有的)与"有"搭配也会表现出这种倾向。例如:

(41) 大家都累坏了,只见屋里有水缸,有草席,便痛痛快快地喝个够,然后躺在草席上美滋滋地睡着了。

(42) 条件是差一点,但有桌子,有椅子,有书架,对我来说已经很满足了。

例(41)"有水缸、有草席"不是什么值钱的东西,但对累坏了的人们来说,却感到很痛快,心里美滋滋的;例(42)"有桌子、有椅子、有书架"本也不足为奇,但对于说话人而言已经很满足了。可见这样的"有＋N"构式的出现都有语境信息的支撑,使得没有凸显语义倾向的"有＋N"构式的语用表达获得了积极的评价义。

2. 在"有＋N"构式中,整合度提升和构式成型的标志是抽象名词进入该构式。语料表明,能进入该构式的抽象名词,大多属于积极义的"能力"或"属性"范畴。例如:

(43) 有出息　有才华　有礼貌　有品味　有自信　有威信
　　 有威望　有尊严　有情操　有教养　有情趣　有主见
　　 有远见　有气质　有激情　有热情　有文采　有修养
　　 有魄力　有魅力　有风度　有福气　有骨气　有灵气

有勇气　有运气　有志气　有才气　有良心　有孝心
有耐心　有悟性　有血性　有灵性　有生气　有活力
有毅力　有派头　有劲头　有天赋　有灵感　有深度
有见识　有追求　有理想　有抱负　有主张　有交情
有个性　有效果　有哲理　有气势　有好处　有威力
有趣味　有韵味　有诚意　有创意　有新意　有善意
有希望　有收获　有启发

上述"有＋N"构式的整体功能已经发生变化，整体上相当于一个形容词，具有一定凝固性，明显的标记是前边可以加程度副词"很"。丁声树(1961)、赵元任(1979)、贺阳(1994)、李宇明(1994)、姚占龙(2004)等学者对此都有过阐释，本文不再一一赘述。

3. 最有说服力的是该构式中有一部分抽象名词，从语义倾向来分析是中性的，并不凸显积极义，但整个"有＋N"构式表达的却是积极义（见括号内的解释）。例如：

(44) 有气氛(气氛很好)　有组织(组织有序)
　　 有质量(质量上乘)　有理由(理由充分)
　　 有标准(标准严格)　有概念(概念新颖)
　　 有价值(价值极大)　有规律(规律明显)
　　 有内容(内容充实)　有作用(作用很大)
　　 有理论(理论性强)　有特点(特点显著)
　　 有学问(学问渊博)　有经验(经验丰富)
　　 有学历(学历很高)　有文化(文化程度高)
　　 有证据(证据确凿)　有积累(积累深厚)
　　 有原则(能坚持原则)　有规矩(能遵守规矩)
　　 有结果(达到了预期目标)

比如"气氛"可能好也可能不好，但"有气氛"特指气氛很好；"组织"可能有序也可能无序，但"有组织"特指组织有序；"质量"未必上乘，但"有质量"一定指质量上乘；"理由"未必充分，但"有理由"一定指理由充分。余例可类推解读。

《现代汉语八百词》注明上述名词和"有"的组合"不用程度副词，也能有程度深的意思"。这说明此类构式已经成为固定搭配，熟语性很强。邹韶华(1988)曾认为这是因为积极意义的词使用频率高，通过"语境频率联想"的作用，结果中性词就体现了含积极意义的性质特征。笔者认为，这是因为"有＋N"构式已经形成了特定的构式义,即"拥有美好的事物或属性",因此虽然这些抽象名词表示的是中性义,一旦进入该构式就获得了积极义。事实上,这类构式有些已经经过整合而进一步词汇化了,整体意义超越了字面意义,下列实例《现代汉语词典》(第 5 版)已经列为词条。例如:

  (45) 有意思:有意义,耐人寻味;有趣;男女之间有爱慕之心。
    有意识:主观上意识到的;有目的、有计划的。
    有年纪:指年纪很大了。
    有日子:指有好些天了。

沈家煊(2006)曾对"有意思"的用例作过解释:"有意思"不等于"有+意思",我们说"这些话有意思",什么话没有意思呢?两者整合后的浮现意义是"有趣,耐人寻味",如果没有这个浮现意义,"有意思"就没意思了。余例可类推解读。

### 8.4.2 "有"字领有句的语义倾向

  "有+N"构式的主流语义倾向表积极义,这显然与"有"的原型义有关。《说文解字·有部》对"有"的解释是:"不宜有也。春秋传曰:'日有食之'。从月,又声。"章炳麟批判了许慎的训解,认为他的解释"说《春秋》虽可尔,说字则不可通。"事实上,文献中对此也早有存疑,并对"有"的诠释加以纠正。如《广雅·释诂》解释:"有,取也。"清王筠《说文释例》说"'有'字从又从肉会意"。近代研究古文字的学者据毛公鼎、令鼎诸古字形,断定"有"字系从又持肉之象(陆宗达 1981:221)。也就是说,根据古汉字字形分析,"有"是个会意字,表示"手"提着"肉",自然表示"拥有"。值得思考的是为什么用"手提着肉"来转喻"拥有"呢?很显然,在上古时期,由于生产力低下,生活质量也不高,能吃到肉是一件不易之事。《孟子·梁惠王上》曾描绘了以王道治国的美好情景:

  五亩之宅,树之以桑,五十者可以衣帛矣。鸡豚狗彘之畜,无失其时,七十者可以食肉矣。百亩之田,勿夺其时,八口之家可以无饥矣。

可见当时只有辈分高的老人才能"衣帛食肉","肉"是当时人公认的"值得拥有的好东西"。因此,"肉"的原型义应该是"拥有(美好的物品)"。直到现代汉语,"有"字句的语义倾向还延续了这种原型义的特征,通常表示"好"、"多"的积极义。南昌方言中至今仍有这样的说法,如"听说那家人家好有哇!""好有"指的是家境"很富裕",说明"有"在这里传达的是"富足"之意(章丽燕 2011)。

  刘丹青(2011)指出,汉语中最具象的物权领有的"有",不是单纯表达中性领有关系的动词,汉语"有"字领有句具有显著的语义倾向,这种倾向与汉语的信息结构特点一起对这类句子形成一定的句法制约。概括地说,在语义倾向上,它表示领有的"既好又多",主要表现在领有句宾语强烈地、甚至刚性地排斥负面定语和主观小量定语;与此同时,汉语信息结构中强势的尾焦点原则使领有句以宾语核心或带定语的宾语为自然焦点,要求其定语与领有句整体的"好而多"语义保持一致,以免背离这些倾向的定语单独成为焦点。不符合以上条件的"有"字领有句,有的成为语用上不合格的句子,有的在频率统计上与符合条件的句子非常悬殊。

先看默认领有对象带褒贬义定语的情况:

(46) 我们有一个明亮的教室。　　我们有一个昏暗的教室。
(47) 他有一排整洁的牙齿。　　　他有一排杂乱的牙齿。
(48) 他有一个富有的父亲。　　　他有一个贫穷的父亲。
(49) 我们有一个和睦的社区。　　我们有一个混乱的社区。

例(46)—(49)有一个共同点,领有对象是领主在常态下默认拥有的对象。例如(46)中"我们"一般是师生,他们拥有教室是常态。再如人都有牙齿等器官、都有父亲等亲人,都生活在一定的社区中,这些都是默认被拥有的对象。单说"我们有教室、他有父亲"等等,都是信息量很低的形式,需要特殊语境的支撑。在默认拥有的领有句中定语的作用比较重要,是新信息之所在。从例(46)—(49)的对比可以看出,同样的句式,同样的领有主语和被领有宾语,因为用了褒贬不同的定语,就出现非常不同的自然度和合格度。上述左列褒义定语句都完美自然。而右列贬义定语句,句子都很难成立。这些句子的不顺,不是句法问题,而是语义搭配问题,"有"字领有句宾语的强烈褒义倾向通过定语的条件限制得到了明晰的体现。

再看非默认领有对象带褒贬义定语的情况:

(50) 他有一辆漂亮的轿车。　　他有一辆破旧的轿车。
(51) 他有一套很大的房子。　　他有一套很小的房子。
(52) 他有一个温柔的女朋友。　他有一个泼辣的女朋友。

例(50)—(52)有一个共同点,领有对象是领主在常态下非默认拥有的对象,事实上并不是每个人都有轿车、有房子、有女朋友的。因此,这类领有句的"有+宾语核心名词"本身就有较大信息量:他有轿车、他有房子、他有女朋友。这一组实例中定语的重要性比上一组实例要小,句子对定语的语义倾向制约仍然存在,但比上一组减弱一些,所以标单问号。相对于贬义定语的右列例句,褒义定语的左列例句完美自然。

以上结论均基于语感测试,刘丹青(2011)进一步将符合语义倾向和不符合语义倾向的一些成对例句放到Google中去搜索(2010年1月12日),得到如下结果

(见例 53—58)。句子后的数字表示严格含有该字段的网页数,这些网页数不是输入句子后 Google 显示的数字,而是逐一查实后的实际网页数。

(53) 有一套很大的房子 145　　有一套很小的房子 4
(54) 有一个明亮的教室 32　　　有一个昏暗的教室 0
(55) 有一个能干的儿子 40　　　有一个没用的儿子 2
(56) 有一个聪明的儿子 348　　 有一个没出息的儿子 9
(57) 有一个富有的爸爸 22　　　有一个贫穷的爸爸 4
(58) 有一个富有的父亲 716　　 有一个贫穷的父亲 3

以上数字对比非常鲜明,在"有"字领有句中领有对象的定语位置上,正面定语和负面定语数字悬殊,正面远超负面。

## 8.5　本章小结

本章结合现代汉语"把"字句构式的认知动因研究,通过与对应的动宾句的比较,揭示出"把"字句表达"主观处置义"的特定构式功能;从自致使义 NP+VR 体现的"非预期的过量后果义"入手,探究特定构式义对语块链信息配置的重新整合;阐述"有+N"构式历时和共时的语义倾向,说明语块语义的固化对构式义的映射效应。事实表明,语块是在构式中承载相对独立的一部分语义单元的语义块,反映的是一种具有心理现实性的语言组块现象,是认知心理层面的"组块"在语言句法层面的表现。构式内部语义配置的每一部分都是以一个具体语块的形式来参与整合的。本章试图从以语块整合的角度对构式义的产生加以分析和解释,讨论构式义是如何以一种"整体大于部分之和"的强制性方式制约"语块链"的信息配置的。具体归纳如下:

(一)认知动因与构式义提炼

"把"字句和一般动宾句在语用功能上的主要区别是前者表达"主观处置",后者表达"客观处置"。"把"字句表达"主观处置义"的动因,是以说话人根据社会归约性认知条件为基础的主观化表述。这使得"把"字句的"主观处置义"充分体现了说话人的情感、说话人的视点、说话人的认识。特定的语块组合产生了特定的构式义,而特定的构式义又反映了特定的话语功能。

(二)语块整合与构式义变异

自致使义 NP+VR 构式体现的是"非预期的过量后果义",是一种非典型的"弱致使义",动作和结果之间并不存在一种典型致使范畴所体现的直接的逻辑因果关系。当递增的信息量凸显了"致使因"的角色,自致使义 NP+VR 构式中及物动词的使用用法被激活,同时也导致了构式语块的重新组配;当构式需要凸显尾焦点时,自致使义 NP+VR 构式中充当话题的 $NP_1+NP_2$ 分裂,同时也导致了构式语块的重新组配。

(三) 原型语义与构式义映射

"有+N"构式大多表示积极义,这是因为"有"字的原型语义特征参与了构式整体语义的构建,"有"字积极义的高度固化限制了"有+N"构式向消极义的延伸。这不但制约了"有+N"构式的语义倾向,也制约了"有+N"作为语块参与句式的构建,因而限制了"有"字领有句的语义倾向。制约结果集中反映在焦点宾语的定语选择性上,影响了构式的语义倾向。

# 第九章 语用心理和语境适切度

## 9.1 引　言

认知语言学理论的基本要点之一，是强调语义和语用形成一个连续统（continuum），两者都作用于语言的意义。语言的意义并不限于语言系统内部，而是植根于人类与世界互动过程中所形成的物质经验，植根于说话人的知识和信仰系统。因此，纯语义知识和百科知识是不能截然分开的。语义是我们总体概念系统的组成部分，不是一个完全独立的模组部分。Goldberg 在 1995 年的专著中就开宗明义地宣称：构式语法在很大程度上来源于 Fillmore 的框架语义学和 Lakoff 的基于体验的语言研究方法，因此本书所采用的语义研究方法强调 Langacker 所提倡的以说话者为中心的对"情境"的"识解"。

为了突出体验哲学和认知语言学的理论背景，Goldberg 在 2006 年的专著中调整了构式的定义，指出任何语言结构，只要在形式或功能的某个方面不能从其组成部分或其他已知构式中严格预测出来，就可视为构式；即使是能够被完全预测出来的语言结构，只要有足够的出现频率，也可被视为构式。Goldberg 对于构式定义的变化体现了她对构式的理解进入了一个更高的层面。"不可预测性"不再作为构式设定的必要条件；根据"人类识解世界的方式"与"所见即所得"的原则，有足够出现频率，可以完全预测的语言结构也可被视为构式。构式的定义从"形式与意义"的匹配延伸到"形式与功能"的匹配，功能所涵盖的范围包括语义、语用和认知，而不局限于单纯的一般语义分析。（参见本文 4.2.1）

笔者的理解是，特定的句法形式往往隐含着特定的语义结构，而特定的语义结构又体现了特定的语用功能。归根结底，作为人类的交际工具，语言形式都是语用驱动的结果，可以追溯到人们基于客观世界经验的认知规约性。因此，我们提出"语境适切度"的概念，这个概念指某个特定构式所适用的某类特定语境。也就是说，我们要探索的是特定构式的构式义所制约的特定话语功能，一个人在什么样的语境之下会选择这个构式而不是其他构式。本章通过现代汉语若干典型构式的示例，分析特定构式的话语功能，解读说话人使用特定构式的语用心理，集中讨论三个相关问题：

**(一) 语境识解与主观认知**

以现代汉语 NP$_{(受)}$＋VP$_{(t)}$＋QM 构式为例,阐述语序变化后话语主体编码动因中的主观性。当 VP 后面的宾语成分(QM＋NP)分裂前移话题化,QM 成为句子的焦点时,NP$_{(受)}$＋VP$_{(t)}$＋QM 构式的主观量评价和移情效应得以显现。

**(二) 语境识解与心理预设**

以现代汉语组合述补结构和粘合述补结构为例,分析话语主体的心理预设来自于说话人对语境的主观性判断,而语用情景的现实性又会影响构式语用功能的偏移。

**(三) 语境识解与情绪诱因**

以现代汉语"看你 A 的"构式为例,解读情绪诱因主导说话人的主观态度以及因此引起的形容词所表现出的不同语义倾向,从而得出影响构式语用功能分化的相关因素。

## 9.2 数量宾语后置的主观认知

吴为善(2012a)在论证 NP$_{(受)}$＋VP$_{(t)}$＋QM 构式范畴在话语功能方面的同一性问题时指出,从语用上分析,NP$_{(受)}$＋VP$_{(t)}$＋QM 构式是 VP$_{(t)}$＋QM＋NP 构式语用变换的结果,比如"连放了三场电影"变换为"电影连放了三场"(参见本文 5.2.1)。变换后 VP 后面的宾语成分(QM＋NP)分裂前移话题化,QM 成为句子的焦点,凸显与某类事件相关的计量状态,话语的编码动机是显而易见的。因此 NP$_{(受)}$＋VP$_{(t)}$＋QM 构式的构式义可以概括为:对已然事件及其相关因素的计量状态的主观化陈述。核心特征是较充分地体现了说话人的"主观性"。通过对语言现象的考察,笔者发现在使用 NP$_{(受)}$＋VP$_{(t)}$＋QM 构式时,说话人的主观性表现主要集中体现在两个方面:一个是主观量评价,另一个是移情效应。

### 9.2.1 NP$_{(受)}$＋VP$_{(t)}$＋QM 构式的主观量评价

NP$_{(受)}$＋VP$_{(t)}$＋QM 构式的一个特征是 QM 成为句子的焦点,凸显与某类事件相关的计量状态。计量状态属于"量范畴",无论是物量、动量、时量,都具有客观真值意义,反映了事物的自然属性。但作为语言中的计量表述却未必是客观的,客观计量通过人们的认知"过滤",会产生主观评价,表现为对"常量"和"非常量"的判断。如果客观计量在人们看来是"常量",那么除了必要的应答、说明、计算等需求,人们一般会认为不值一提,也就没有了发话的诱因;但如果客观计量在人们看来是"非常量",那就会激发人们的发话动机,认为值得一说。例如:

# 第九章 语用心理和语境适切度

(1) 儿子正是长身体的时候,红烧大排竟然一口气吃了七块,妈都看愣了,虽然自己一块都没尝到,可心里却美滋滋的。

(2) 正是在这个区域里地壳经常被地下的烈火燃烧,可比亚坡城两度被毁,14年中圣地亚哥城震倒四次,如此频繁的地质灾害是很罕见的。

(3) 扬州城围攻了整整三个月,清军始终没能攻下,堪称奇迹。

上述例句表明在说话人看来所述事件涉及的都是"非常量",超出了人们的心里预期。例(1)"妈都看愣了",例(2)"如此频繁的地质灾害是很罕见的",例(3)"堪称奇迹",句子中的这些语境信息充分说明了这一点。这种现象在有对比格式的语境中体现得更为明显。例如:

(4) 中法战争中,虽然福建水师也击沉了一艘敌舰,但由于北洋大臣李鸿章的妥协退让,福建水师损失惨重,军舰击沉11艘,水师官兵伤亡700多,清政府被迫对法宣战。

(5) 他以为事情很顺利,只要再去一趟省城,就能办妥,没想到省城跑了七八趟,事情还没有眉目,这时可真有点着急了。

(6) 婚期临近了,萧华一点不着急,寻思着再写三天论文,把差事了结了轻轻松松度蜜月,可论文写了整整两个星期,新娘子不高兴了,埋怨他不知轻重缓急。

上述例句中都含有VP+QM+NP原型构式,体现了一种"常量",如例(4)"击沉了一艘敌舰",例(5)"去一趟省城",例(6)"写三天论文";而上述例句中还有对比的变换构式NP(受)+VP(t)+QM,都体现了一种"非常量",比如例(4)"军舰击沉11艘",例(5)"省城跑了七八趟",例(6)"论文写了两个星期",体现了说话人对"量"的常量和非常量的一种主观评价,句法上选择了不同的句式,前者选择原型句式,后者选择变换句式。值得指出的是,这种评价显然是主观的,取决于说话人的认定,也许是因人而异的。如例(6)说一篇论文写了两个星期,也未必就是"非常量",只是说话人这么认定而已。余例可类推解读。

更值得关注的是,客观计量和主观评价不一致时,往往体现为客观具体量背后蕴含的抽象的价值量。日常生活中的很多熟语体现了人们的这种认知方式,如"一句顶一万句"、"伤其十指,不如断其一指"、"与君一席谈,胜读十年书",这些熟语通过具体量的对比,反映了人们对物量、动量、时量的价值评判。当客观发生的事件计量激发这种诱因时,说话人就有了充分的发话动机,来表达自己的主观评价。比较常见的是一个客观小量在说话人看来却极具价值。例如:

(7) 虽然代表队的比赛业绩平平,奖牌仅拿到一块,但在领队心里这块奖牌却是沉甸甸的,因为这是零的突破。
(8) 兵书只写了一卷,薄薄的一册,却让后人受益匪浅。
(9) 案子判错了一次,造成了一桩冤案,不但害了自己一生,也连累了别人一生。
(10) 北京城就去了一回,老李头却似乎长了不少见识,待人和气多了。
(11) 全区的电流切断一分钟,所付代价确实惊人,还留下了无数的隐患。
(12) 写博士论文时,堂兄遇到了瓶颈,折腾了半年还是一筹莫展,后来叔叔介绍他去请教专业领域的高手,论文只谈了一个小时,堂兄就豁然开朗。

上述例句的一个共同特点是对于通常表示小量的"一M",在说话人看来其价值量远远超出人们的预期。因此,从语义关系来看,分句之间都具有一种转折关系,充分体现了说话人的心理预设。如例(7)奖牌仅拿到"一块",但在领队心里却是"沉甸甸的";例(9)案子即使判错"一次",却会害了别人和自己"一生";例(11)全区电流虽然只切断"一分钟",但是"代价惊人"。余例可类推解读。

相反的情况也有,一个客观大量在说话人看来却毫无价值。例如:

(13) 书读了上百本,论文写了几十篇,可一件小事都办不好,这些学问等于零。
(14) 听证会开了十几次,方案一无进展,最后还是请来了高手,一锤定音,总算搞定了。
(15) 培训整整进行了90天,可真要对付岗位实践,时间还是太短了,好多东西只能边干边学了。

上述例(13)中"上百本书"、"几十篇论文"的价值等于"零";例(14)中"十几次听证会"还抵不上"一锤定音"(一次)有效;例(15)中"90天培训"时间还是"太短"。这些具体量的对比背后其实是说话人对价值量的一种主观估量和评价。

### 9.2.2 NP$_{(受)}$+VP$_{(t)}$+QM 构式的移情效应

NP$_{(受)}$+VP$_{(t)}$+QM 构式的另一个特征是逻辑宾语 NP 前移,受事成分充当了话题。按照陆丙甫(2005)的观点,制约语序最基本的是两个相关因素,一个是"语义靠近原则",另一个是"指别领先原则"。逻辑宾语 NP$_{(受)}$ 紧挨着核心动词,这是"语义靠近原则"的体现;一旦 NP$_{(受)}$ 前移充当了话题,牺牲了语义靠近原则,那么"指别领先原则"就会产生效应。这种效应表现为 NP$_{(受)}$ 成为句子的话题,表明说话人对 NP$_{(受)}$ 的重视,是有感而发的语用"设置";同时,按照汉语从已知信息到未

## 第九章 语用心理和语境适切度

知信息的流程规律，NP(受)一定是已知信息，是听话人已知的事实。问题是既然是听话人已知的事实，说话人为什么还要说呢？合理推断是说话人要表明自己的感受，这种语用功能与移情效应相关。Kuno(1987:26)指出"移情"(empathy)就是"说话人将自己认同于他用句子所描写的事件或状态中的一个参与者"。从 NP(受)＋VP(t)＋QM 构式来看，这个说话人关注的"参与者"就是受事论元 NP，是说话人移情的对象。语料显示该句式的表达倾向于消极义事件，也就是在说话人心目中属于不如意的事情，对受事论元 NP 寄予了某种情感。如本文 5.2.1 所举实例：

屋顶突然掉下一块水泥板，桌腿压断了三条。
地雷一起爆炸，敌人又被炸倒了三四个。
油井晚投产一天，油就要少采几十吨。
电影连放了三场，村民们越看越来劲，放映员可吃不消了。
她把所有时间都用在背诵、默写故事上，有时一篇故事要默写三四遍。
光扔垃圾，他就楼上楼下跑了好几趟。
地铁一直修了七八年，总算如期完成了工程。
他七岁上进了私塾，书才念上十来天，他爹死了。
检查进行了几个小时，总算了结了。

上述所举实例显然都体现了说话人觉得不如意的情感。

需要指出的是，此类移情现象在汉语中具有一定的普遍性。朱德熙(1982:188)就曾指出，跟"把"字句关系最密切的不是"主——动——宾"句式，而是受事主语句。仔细观察一下就会发现，绝大部分的"把"字句去掉"把"字以后剩下的部分仍旧站得住，而这剩下的部分正是受事主语句。我们在这里探讨的 NP(受)＋VP(t)＋QM构式就属于受事主语句的构式范畴，与"把"字句具有相同的表达功能，语料也显示了这种迹象。例如：

(16) 孩子在外面同小伙伴打架，把新帽子扯破了一块，新鞋也弄丢一只。
(17) 第二天上班，神不守舍，把自己的名字写错了 3 次，电话也打错 N 次。
(18) 作为一个女人，她想把装模作样地生气这场戏再拖长一阵子，脸再拉长三天，然后再同他和解。

上述各例都有平行格式的并列表述，有的用了"把"字，有的不用"把"字，可见两者之间的内在关联。而体现主观处置义的"把"字句原型，就是表示消极义的(参见本文 8.2.2)。

作为受事主语句相关的另一类构式是"被"字句。王力(1945)早就指出,汉语"被"字句有较强的不如意含义。NP$_{(受)}$＋VP$_{(t)}$＋QM构式与"被"字句也有内在承继关系,可以在VP前添加一个"被"。例如:

(19) a. 桌腿压断三条。→ 桌腿被压断三条。
　　 b. 名字写错三次。→ 名字被写错三次。
　　 c. 比赛推迟三天。→ 比赛被推迟三天。

对于这种语义表述的倾向性现象,沈家煊(2002)从认知角度进行了解释,他指出说话人移情于一个事件的参与者,在说话人心目中"受事"成了受损者,引发了诸如同情、惋惜等情绪,所以会产生不如意的含义。

当然我们也在语料里发现了少量表示积极义的用例。例如:

(20) 几十个封闭式摊棚一色红顶、乳白身,统一编号,电灯照明,摊位摆成一条,整齐而美观。
(21) 比赛场馆里五星红旗升起了十几次,真让人扬眉吐气。
(22) 阵地坚守了三天,终于把增援的敌军挡在了阵地前,一步不得推进。

上述各例仔细推敲起来,句子本身并没有凸显积极义(见打点的部分),积极义是通过语用意义表现出来的。即便如此,此类用例还是体现了"移情"的痕迹,只不过由"同情"转化为"钟情"。

## 9.3　带"得"状态补语的语境识解

朱德熙(1982)根据组合形式的差别把汉语的述补结构分为组合式述补结构和粘合式述补结构两种,形式上组合述补有助词"得",而粘合述补没有。两种补语构式的语用功能在某些方面的相同的。例如:

(23) a. 老李吃饱了。
　　 b. 老李吃得饱饱的。

"吃饱了"和"吃得饱饱的"分别属于粘合述补和组合述补结构,在例(23)中都可以表达逻辑上的结果。除这点相同之外,两种述补结构的语义指向也相同。例如:

(24) a. 我写烦了。
　　 b. 我写得不耐烦了。
(25) a. 刀磨亮了。
　　 b. 刀磨得雪亮。

(26) a. 圈画圆了。
  b. 圈画得特别圆。
(27) a. 地板踩脏了。
  b. 地板踩得特别脏。
(28) a. 走快了。
  b. 走得很快。

上述例示中,例(24)的"我"是施事;例(25)的"刀"是受事;例(26)的"圈"是行为动作的结果;例(27)的"地板"是广义的处所;例(28)的"走"是动作。虽然语义角色都不同,但后边的补语(打点的词语)不论是粘合式 a 还是组合式 b,语义都同样指向前边的成分。但这只是从句法语义的分析,若从语用层面来考察,两者的差异是显而易见的,这集中体现了说话人对话语情景的不同识解而导致的心理预设不同。

### 9.3.1 带"得"状态补语的程度凸显

上面的实例说明,对于同样的结果人们既可用粘合补语来表达,也可用组合补语来表达,其中的选择性动因是什么? 郭继懋,王红旗(2001)认为,这取决于说话人想何种程度地凸显结果。事实表明,人们通常用粘合补语表达结果是低程度地凸显结果,而用组合补语表达结果是高程度地凸显结果。Langacker(1987)指出,人类语言对同一个情景可以通过凸显其中的不同方面加以不同的表达(参见本文 2.4.1),那么我们认为人类语言还可以对同一个情景中的同一方面给予不同程度的凸显。

在单句内部,随着结构成分复杂程度的不同也会对信息有程度不同的凸显。现代汉语至少有三种凸显程度不同的处理方式体现了只考虑结果的信息传递。以喝水之后水消失的结果为例,第一种方式是不用补语而只用谓语动词表达,如"……喝了",相对于情景提示来说这是最低程度的凸显结果;第二种方式是用粘合补语来表达,如"……喝光了",这比"……喝了"凸显结果的程度高;第三种方式是用组合补语来表达,如"……喝得一点都没剩",凸显结果的程度显然又高了。同样是述补结构,组合补语凸显结果的程度比粘合补语高。因此郭继懋,王红旗认为,组合补语是被高凸显的,信息价值高;粘合补语是被一般凸显的,信息价值低。这表明粘合述补结构更倾向于客观的陈述,而组合述补结构则更倾向于主观的评述。具体如下所示:

```
组合述补结构                粘合述补结构
信息价值高————————→信息价值低
主观评述倾向——————→客观陈述倾向
```

从说话人对语境的识解来分析,如果结果被认为具有有限的表达价值,那么就会得到有限程度的表达,即将结果与原因合并起来作为一个单一的完形(一个整体),以"总括扫描"的方式来认知,于是选择粘合补语。如果结果被认为具有相当高的表达价值,那么就会被作为一个独立的语块凸显出来,原因和结果被作为两个单独的事件,以"次第扫描"的方式来处理,于是选择组合补语。在语言中,词和词的固化组合表示现成的、概括的、模型化的意义,适合于表达一般凸显的信息;而词的自由组合、临时组合表示鲜活的、具体的、尚未模型化的意义,适合于表达高度凸显的信息。因此我们就可以相信,粘合补语表示的是一种一般的、常见的、概括的、已模型化的、没有时间/空间/方式/量范畴等规定性的、可预测性高的、信息价值比较低的,因而只需一般凸显的性状。而组合补语表示的不仅可以是这样的性状,还可以是一个不一般的、鲜活的、具体的、尚未模型化的、可预测性低的、信息价值高因而需要加以突出表达的、有时间/空间/方式/量范畴等规定性的因而需要高度凸显的现象或事件。从指称性质上说,粘合补语是通指性的,而组合补语是特指性的。从逻辑上来看,通指性的词语表达上位概念,而特指性的表达下位概念,前者概括,后者具体,后者除具有前者的特征之外还具有自己的词语特征。例如:

(29) a. 逗笑了→逗得他笑哈哈的
b. 画漂亮了→画得跟好莱坞女明星梦露一样漂亮
c. 抬累了→抬得我接下来这一个星期都直不起腰来

例(29)中 a 句"笑哈哈"说明了"笑"的状态;b 句"跟好莱坞女明星梦露一样漂亮"说明"漂亮"的程度量和方式;c 句"我接下来这一个星期都直不起腰来"说明"累"的具体时间量和后果。

说话人对语境的识解的差异,使得组合补语表述往往蕴含了说话人的主观情感。许多组合补语是一种夸张性的表述,这种夸张的表述反映了说话人面对一个原先没有预料到的情况时所具有的激动情绪。例如:

(30) a. 今天的菜贵得要命。
b. 村内外的树绿得不能再绿。
c. 夜静得没有一点声音。
d. 他饿得肚皮紧贴着脊梁骨。
e. 大婶忙得昏天黑地。
f. 她哭得死去活来。
g. 他被吓得人事不知。
h. 爹笑得一脸的皱纹。

上述实例中带"得"的组合补语（打点的词语）明显带有说话人的主观态度，反映了说话人面对始料未及的现象而产生的情绪。

### 9.3.2 带"得"状态补语的语用预设

生活经验告诉我们，客观世界里基于某种原因而导致的结果有两种：规约性的和偶发性的。Lakoff 于 1987 年在其专著《女人、火与危险的事物：范畴所揭示之心智奥秘》中提出了"理想化认知模式"(idealized cognitive models，简称 ICM)。其中最基本的就是"命题结构"(propositional structure)。他认为我们大部分的知识都是以命题结构的形式存在的，它概括了我们在某个语义范畴涉及的相关认知域里的背景知识和信仰，是数个认知域知识形成的网络。这些知识包括对特定对象的成分、属性及其关系的认识。即在特定言语社会中进行某种特定活动（比如上街、购物、看病、开车、洗衣服）时所依循的、按时空和因果关系联系起来的一个标准化、理想化的事件和状态的系列，或者称为"结构化的场景"(structured scenario)。有因果关系的两个情况如果属于同一个"命题结构"，其中的结果就是规约性的；如果不属于同一个"命题结构"，其中的结果就是偶发性的。前一种因果关系是规约性的、稳定的、紧密的，后一种因果关系是偶发性的、临时的、松散的。郭继懋，王红旗(2001)曾对此作了详尽的描述。

规约性的因果关系存在于"睡"与"着(zhao)"、"杀"与"死"之间，"睡"就是"使着"，"杀"就是"使死"，所以"睡"和"着"、"杀"和"死"分别属于同一个命题结构，这种因果联系是超越具体语境的。某个具体的行为动作一般都有某个规约性结果，规约性结果是具体行动的目的。行动客体的性质不同，其规约性结果也可能不同，比如"踩蚂蚁"的结果是蚂蚁死了或受伤了，"踩手绢"的结果是手绢脏了，"踩"在两个情境中分别与"死/伤"、与"脏"属于同一个命题结构。同一个行动作用于同一个客体只可能产生一个规约性的结果，但它的表达方式却可以有几种，例如"爬"的结果可以是"上来、下去、出来、出去、进来、进去"，"寄"的结果可以是"走、出、来、去"，"摔鸡蛋"的结果可以是"破、碎、烂、坏"等。

偶发性的因果关系存在于"老王在公园里睡觉了"与"老王不会说话了"之间，"老王在公园里睡觉了"是一个事件，"老王不会说话了"是另一个事件。一般认为这两个事件之间并不存在紧密的、稳定的因果关系，即我们并没有把这两个事件纳入同一个命题结构。因为在生活中，"老王在公园里睡觉了"可以导致无数个临时的、偶发性的结果，"老王不会说话了"只不过是其中之一罢了。比如老王在公园的椅子上睡觉睡得太香了，不知道起风了，结果受了风寒不会说话了。同样"老王不会说话了"也可以有无数个临时的、偶发性的原因。理解这种偶发性的因果关系往往需要依赖具体语境,比如"他跑啊跑啊,跑得连我都不好意思了",脱离了具体语境,我们只能笼统地知道这里的"他跑"和"我都不好意思了"有因果关系,但是有什么样具体的因果联系我们就不知道了,必须由语境补上中间环节,我们才可以确切地理解其间的具体关系。比如因为我忘了带某件东西,他跑着去取,跑得很吃力,所以我感到不好意思了。可见,这种因果联系是借助语境建立起来的,因而只有处在该语境的说话人才可了解。也就是说这种因果联系并不是规约性的。

这两种不同的结果分别与粘合补语与组合补语有对应关系。规约性的结果适合用粘合补语表达。例如:

(31) 撕开　摔倒　睡着　掏出　跳起　吃下　吸进
　　　吐出　杀死　听懂　摔破　脱下　穿上　学会
　　　镂空　钻进/出　爬上/下……

偶发性的结果适合用组合补语表达。例如:

(32) 哭得眼睛都红了。
　　　笑得都岔气了。
　　　羞得鼻子尖儿都冒汗了。
　　　笑得小刘都摸不着头脑了。
　　　喝酒喝得天旋地转。

从认知语言学的观点来解释规约性结果和偶发性结果与粘合补语和组合补语有对应关系这一现象,可用"句法象似性"原则来理解。规约性的结果与原因的概念距离近,结果蕴含在原因之中,所以表达这种因果关系的语言形式之间的距离也近;偶发性的结果与原因的概念距离远,所以表达这种因果关系的语言形式之间的距离也就远。而表达的语用义与结果的规约性和偶发性是有密切关系的。一个结果如果是规约性的,那么我们就没有必要也不可能太凸显它;一个结果如果是偶发性的,我们就有可能也有必要高度凸显它。这是符合会话合作原则的量准则的,即说话时提供的信息应该不多不少。比如"摔得都倒了"之所以不能成立,是因为"倒"是规约性的结果,不需要高度凸显,否则信息就超量了。"气得把柜台给砸了"之所以没有相当的粘合式说法,是因为"气疯了、气坏了"等表达意义太概括,丢失了较多的细节,信息量不足。由此可见,规约性的结果都可以用粘合补语表达,偶发性的结果都可以用组合补语表达,这表明两种结果与两种补语之间存在相互关联。同时,是否被高程度地凸显也与两种补语之间存在相互关联。这样,我们就可以用两种结果和是否被高程度地凸显作为参项,在这两种参项与两种补语之间建立起某种相关性:

|  | 结果被高程度地凸显 | 结果是归约性的 |
| --- | --- | --- |
| 粘合述补结构 | － | ＋ |
| 组合述补结构 | ＋ | － |

综上所述,一种结果是偶发性的还是归约性的,取决于说话人对情境的识解。而人们遵循理想化认知模式(ICM),对于客观存在的某个具有因果关系的事件有一个"常态"与"非常态"的判断。规约性的结果是一种复合心理预期的"常态",而偶发性的结果是超预期的"非常态"。对于说话人而言,如果是规约性的结果,人们倾向于选择粘合性述补结构来表达;如果是偶发性的结果,人们倾向于选择组合型述补结构(带"得"的状态补语)来表述。归根结底,如何说话,选择何种述补结构,其根本动因是说话人基于语境有感而发的心理预设。

## 9.4 "看你A的"构式的情绪诱因

现代汉语北方口语中有一个使用频率很高的构式"看你A的",比如"看(瞧)你累的"、"看(瞧)你伤心的"、"看(瞧)你乐的"、"看(瞧)你得意的"等。这个构式有几个明显的特征:

(一)"你"专指交际对方,也可以是复数人称;

(二)"看"也可以是"瞧",二者除语体差异外没有区别;

(三)能够进入该构式的形容词以单音词为主,也有部分双音词,有的表示消极义(比如:"看你累的!"),有的表示积极义(比如:"看你乐的!");

(四)该构式的使用通常是现场交际,一般有后续句,表明说话人的评价和态度,也可以在一定的语境中单独成句。

语料显示,该构式的使用范围很广,可以实施多种语言行为,而且语气有轻有重,表达力丰富,能够充分体现说话人语用心理的多样化。然而,无论如何多样,该构式总是表示超预期的状态所引发的说话人的否定取向。其中的核心要点是事件的已然状态偏离了说话人心目中的"度",由此引发说话人的主观态度和情绪。

### 9.4.1 "看你A的"构式的情绪倾向

通过语料研究我们发现,汉语形容词表示的是某种性状意义,积极义和消极义的语义聚合特别敏感,对说话人使用"看你A的"构式会产生极大的影响,而且形成了一定的语义倾向性。如果该构式中的形容词是表消极义的,语用心理的作用会引发说话人的慰藉、爱怜、关心等态度,语义倾向为"正值"。例如:

(33) "哎呀,看你急的!"春玲安慰他,"这又不是上前方,你就放宽心吧。"

(34) 瞧你吓的!也没什么,李主任今天给我号了脉,又检查了一下身体,没事的。

(35) 政委心疼地说:"哎,看你瘦的,多注意点身体嘛!"

(36) 她忙说:"看你累的,先坐下来,喘口气,慢慢再谈。"

(37) 刘满仓回头捏了一下郎小玉的鼻子,小声说:"看你困的,快去睡吧,有我呢。"

(38) 他轻松地笑道:"瞧你紧张的,彭科长,你放心回去探亲,好好陪陪你媳妇儿。"

上述例示中的"急、吓、瘦、累、困、紧张"都是表示消极义的形容词。具体分析其语用义,例(33)、(34)凸显了说话人对对方的慰藉,例(35)、(36)凸显了说话人对对方的爱怜,例(37)、(38)凸显了说话人对对方的关心。概括而言,"看你A的"表示说话人觉得对方的状态偏离了自己的心理标准,从而引发了否定性的态度和情绪,如例(33)中"看你急的"意为对方不该这么着急。余例可类推解读。基于这样的判定,说话人由此发出慰藉、爱怜、关心等情绪,后续句表明整个表述的语用义是正向取值的。也就是说,A表示的语义是"消极"的,而说话人所生发出的心态是"积极"的。

相反,如果该构式中的形容词是表积极义的,语用心理的作用就会引发说话人的质疑、不满、斥责等态度,语义倾向"负值"。典型实例如下:

(39) 小如停下手里的毛衣针说:"看你能的。我才不信你能认出他来!凭什么呢?"(1995年人民日报)

(40) 村里人都说:"瞧你美的!这事可没那么顺当。"(李佩甫《羊的门》)

(41) 贵他娘嘲笑他说:"嘿!看你乐的,要飞上天去呢。"(梁斌《红旗谱》)

(42) 老孙头冷冷地说:"瞧你神气的,这八字还没一撇呢,可不要高兴得太早哦!"(《三十年代小说精选》)

(43) 老张教训道:"有几个臭钱,看你们烧的,也不怕外人听了笑话。"(徐坤《热狗》)

(44) 她连忙止住了他们,低沉地说:"看你们得意的,别拍巴掌,给左邻右舍听到,又要惹祸了,听到没有!"(周而复《上海的早晨》)

上述例示中的"能、美、乐、神气、烧、得意"都是表示积极义的形容词,具体分析其语用义,例(39)、(40)凸显了说话人对对方的质疑,例(41)、(42)凸显了说话人对对方的不满,例(43)、(44)凸显了说话人对对方的斥责。概括而言,"看你A的"表示说话人觉

第九章　语用心理和语境适切度　　159

得对方的状态偏离了自己的心理标准,从而引发了否定性的态度和情绪,如例(39)"看你能的"意为对方不该这么自以为是,余例可类推解读。基于这样的判定,说话人由此生发出质疑、不满、斥责等情绪,后续句表明整个表述的语用义是负向取值的。也就是说,A 表示的语义是"积极"的,而说话人所生发出的心态是"消极"的。

### 9.4.2　"看你 A 的"构式的语用心理

综上所述,"看你 A 的"的构式义具有同质性,即对方超预期的状态所引发的说话人的否定取向。然而基于 A 的语义倾向,语用义却发生了分化:如果形容词是表消极义的,说话人表述的语用义倾向于"正值";如果形容词是表积极义的,说话人表述的语用义倾向于"负值"。两者形成了一种反向共变关系(S 指话语,＋为正值,－为负值)。具体如下所示:

| A 的语义倾向 | S 的语用义倾向 |
| --- | --- |
| － | ＋ |
| ＋ | － |

我们对此现象的解释是:在日常生活中,对于他人表现出来的精神状态,说话人心目中都有一个"度",作为"常态"和"非常态"的判定依据,一旦对方的状态偏离了这个"度",对说话人来说就属于"非常态",就会产生发话诱因。对于"非常态"的不同倾向,说话人自然而然会产生不同的心理:如果是过度的消极状态,人们会油然而生悲悯之心,生发出慰藉、爱怜、关心等情绪,表现出对"受损者"的同情;如果是过度的积极状态,人们容易激发不以为然的情绪,生发出质疑、不满、斥责等情绪,对对方过度优越的自我感觉采取否定的态度。这也许是一种"人之常情",却会在会话中折射出来,由此导致上述现象的产生。

## 9.5　本章小结

本章结合现代汉语 NP$_{(受)}$＋VP$_{(t)}$＋QM 构式、带"得"的状态补语结构、口语表达式"看你 A 的"等实际案例,从说话人对情境识解的角度出发,探讨说话人的语用心理,揭示特定构式的语境适切度。事实表明,任何构式都具有特定的构式义,而特定的构式义又具有特定的话语功能,这是说话人基于对语境的识解,进而选择话语编码形式的依据。因此任何一个构式都具有特定的语境适切度,决定说话人在什么样的语境条件下会这样说而不是那样说,会选择这个构式而不是那个构式,这正是语言研究的终极目标。具体概括如下:

### （一）客观事件与主观认知

NP$_{(受)}$＋VP$_{(t)}$＋QM 构式表达了对已然事件及其相关因素计量状态的主观化陈述，其核心特征是比较充分地体现了说话人的主观性。构式的语用变换导致了 NP 前移话题化及 QM 成为句子的焦点，这不但表达了说话人对一个客观量 QM 的主观认定，也表达了说话人对话题 NP 的移情效应。此类现象充分说明了特定构式具有特定的语境适切度。

### （二）因果关系与情景识解

粘合述补结构用来表达客观世界中的归约性结果，组合述补结构用来表达客观世界中的偶发性结果。这两种结果与两类补语表述之间存在相关联系，凸显了人们对于因果关系的主观认识。当人们主观上认为该结果属于规约性的，结果与原因的概念距离近，就会选择粘合补语形式；当人们主观上认为该结果属于偶发性的，结果与原因的概念距离远，就会选组合补语形式。这就是带"得"状态补语的语用功能，也充分体现了说话者对客观情景的主观识解。

### （三）语用心理与情绪诱因

"看你 A 的"构式表示人们对超预期的状态采取的否定取向，参与其中的性质形容词 A 的语义特征会引发说话人不同的语用心理，产生不同的心理诱因。表消极义的形容词激发说话人正向的心理状态，带积极义的形容词激发说话人负向的心理状态，二者形成一种语用心理的反向共变关系。就编码动因进行分析，此类现象可以归结为人们基于生活经验而形成的社会归约性，是对"常态"和"非常态"之间的"度"的把握。

# 第十章 参数变量与构式变异

## 10.1 引 言

"参数"(parameter)是一个数学概念,指方程中可以在某一范围内变化的数,当此数取得一定值时,就可以得到该方程所代表的图形。因此"参数"又叫"参变量",是一个可以变化的量。语言学引进该概念,在形式语法学派的管辖约束理论中,用"参数"这一术语标定一条语法原则在不同语言中体现的变化。

Goldberg 在 1995 年的专著中系统描述了英语双及物构式、英语致使—移动构式、英语动结构式和英语 way 构式,从而使我们得以窥见她对构式研究的基本理念与程序。Evans & Green(2006:684)将其归纳并总结为五个步骤,其中第三个步骤就是在确认构式义和话语功能的基础上,准确定位所述构式的句法框架,分析相关论元结构的特征。也就是要准确地分析参与构式的每一个"构件"的特征。(参见本文 3.3.1)

所谓"构件"只是一个比喻的说法,指的是具有一定句法语义属性的"语块"(chunk)。早在上一世纪 80 年代,陆丙甫(1985)就借鉴认知科学的研究成果提出了"板块组合"的概念,主张对句子的分析要概念化、程序化,最大可能地符合我们的认知直觉。即认定谓语动词为全句核心,其他成分是作为一个个整体分别附加上去的,因此析句时也把它们分别作为各个整体一层层分离出来。这种分析同吕叔湘(1979:64)倡导的"只停大站,不停小站"的"阶层分析法"有相似之处。而此类分析的结果就是构成线性语符链的一个个"语块"。近些年来,陆俭明(2010)借鉴构式语法理论,针对传统句式研究的弊病,提出了"构式——语块"假设,作为一种新的语言研究思路,对汉语存现句、可逆句、"把"字句等句式进行了分析。

笔者认为,说话人所说的话,就是基于对语境的识解而选择的编码形式,表现为形形式式的构式,而构式是由"语块"构成的,每一个"语块"都蕴含了特定的句法语义信息,并具有特定的语用功能。值得指出的是,这些"语块"并不是"铁板一块",而是可能变化的,具体表现为三种情况:1. 语块的移位,即分布位置的变化;2. 语块的伸缩,即韵律形式的变化;3. 语块的消失,即语块隐现的变化。正因为

"语块"是可能变化的,所以我们把它看做是"参数变量",并通过考察这些参数变量研究影响构式变异的因素。集中讨论三个相关问题:

(一) 分布位置与构式变异

以"V起来"结构为例,探讨"V起来"在句中分布位置的不同而导致"起来"原型语义(位移义)的虚化,并考察"V起来"语块分布位置的变化而导致构式的变异以及不同构式义的产生。

(二) 韵律模式与构式变异

以同形异构体"V+N"结构为例,通过对其形式整合与结构识别的分析,证明节律结构层面上的"松"和"紧"必然和句法结构层面上的"松"和"紧"相匹配,而节律层面的"松"、"紧"在句法层面的投射结果,是对不同等级的语言单位的选择。

(三) 语境信息与构式变异

以"递进性差比义"构式为例,解读其中蕴含的基于时间因素的"量级序列",而语境中的量级序列一旦缺失,就会导致构式"差比义"的隐退和"遍指义"的凸显,从而证明特定的语境信息是提示构式义及其话语功能的重要参数。

## 10.2 "V起来"的句法分布与语义虚化

"V起来"这个语块是由动作动词与复合趋向动词"起来"组合的粘合动趋短语,汉语学界对此有较充分的研究,由于"V起来"在句中有三种可能的分布位置(谓语位置、谓语前位置、主语前位置),所以从构式语法的角度考察,不同的分布位置会形成不同的构式,从而引发不同的话语功能,下面分别加以讨论,先分析"V起来"的句法分布,再阐述"V起来"的语义虚化及其话语功能。

### 10.2.1 "V起来"的句法分布

事实表明,作为黏合述补的动趋式"V起来",在句法上有不同分布,导致语义上衍生出多种解释,必须加以甄别、梳理,并揭示出内在的语义关联性。按照《现代汉语词典》(第5版)的解释,"起来"本是个动词,表示"由躺、卧而坐,由坐、跪而站"。如"你起来,让老太太坐"。"起来"还是趋向动词,用在动词后边作补语,构成动趋式"V起来"。具体用法概括如下。

(一) 谓语位置的"V起来"

此类构式可以码化为"NP+V起来"。吕叔湘(1980)、宋玉柱(1980)、刘月华(1998)、房玉清(2001)、王敏(2003)等学者对"起来"的语义进行了概括和分类,对于处在谓语位置的"V起来",观点比较一致,分为以下三类:

① 表示人或物体由下向上的空间位置移动,可简称"位移义"。例如:

(1) 五星红旗升起来了。
   孩子们从地上爬起来了。

② 表示动作完成并取得了某种结果,可简称"结果义"。例如:

(2) 大娘把钱都存起来了。
   文件都收起来了。

③ 表示动作开始进行并继续下去,可简称"起始义"。例如:

(3) 他们打起来了。
   钢琴弹起来了。

(二)谓语前位置的"V起来"

此类构式可以码化为"NP+V起来+AP"。宋玉柱(1980)、房玉清(2001)、王敏(2003)还指出了一种用法,就是"V起来"表示"当……的时候",兼有假设意味,在它后边紧跟着谓语结构。例如:

(4) 臭豆腐闻起来臭,吃起来香。
(5) 小提琴拉起来真好听。
(6) 她笑起来很好看。
(7) 他们干起来浑身是劲。

此类句子的主语 NP 有的是受事(如例 4、5),有的是施事(如例 6、7),都是句子的主话题;后边的 AP(如例 4 的"臭/香"、例 5 的"真好听"、例 6 的"很好看"、例 7 的"浑身是劲")都是句子的谓语。此类位于主语后、谓语前的"V起来"的句法属性,学界并没有一致的判定。Sung(1994)和 Ji(1995)套用英语中动句构式把"V起来"看作句子的谓语;曹宏(2004)对此进行了质疑,并将此类"V起来"定性为状语;王健慈(1997)则把此类"V起来"称为评判动词,看作一种情态成分。吴为善(2012b)认为上述观点都有一定道理,但总不够贴切,提出此类"V起来"可以分析为指称性次话题(小主语),因为谓语 AP 直接陈述的是前边的"V起来"。如例(4)中"臭"和"香"分别陈述"闻起来"和"吃起来"的感觉,并不是直接陈述"臭豆腐"的,因此"臭豆腐"到底是"香"还是"臭",要看在什么样的"V起来"状态下。有时看起来后边的 AP 可以直接陈述句子的大主语,如例(6)"很好看"可以直接陈述"她",但"她笑起来很好看"在语义上不等于"她很好看",这是显而易见的。余例可类推解读。

### (三) 主语前位置的"V 起来"

此类构式可以码化为"V 起来，NP＋VP"。吕叔湘(1980)、王敏(2003)对此还指出了另一种用法，"起来"用在有限的几个动词如"说、看、听、算、想"后，加强估量揣测的语气，在句首充当插说语。例如：

(8) a. 说起来，这还是 30 年前的事。
　　b. 看起来，这件事还真离奇。
　　c. 听起来，这个人很古怪的。
　　d. 算起来，这些人也都是师傅的徒弟。
　　e. 想起来，这里边可大有文章啊！

此类"V 起来"表示对情况的推测和估计，带有说话人很强的主观色彩，已经虚化为话语标记。此类插说语可以插入主语之后，但仍然不改变插说语的属性。例如：

(9) a. 这些人算起来也都是师傅的徒弟。
　　b. 这里边想起来可大有文章啊！

此类"V 起来"结构，不但"起来"的语义虚化了，V 的语义也虚化了。如"说"不是指说话，而是指谈论；"看"不是指观看，而是指观察并加以判断；"听"不是指聆听，而是指听说并加以判断；"算"不是指计算，而是指对某事的推算；"想"不是指思考，而是指对某事的推测和认定(参见《现代汉语词典》第 5 版相关词项释义)。所以这些"V 起来"与句子主体"NP＋VP"在句法和语义上没有直接关联，"V 起来"虽然也可以插入句中，但与谓语位置前的"V 起来"构式并不一样。试比较例(8)与例(10)：

(10) a. 基本原理说起来并不难懂。
　　 b. 武侠小说看起来就放不下。
　　 c. 贝多芬的交响曲听起来令人振奋。
　　 d. 炒股的事想起来还真叫人心烦。
　　 e. 流水账算起来最容易。

上述实例中的 V 意义都很具体，与句子的主语 NP 有"动作——受事"的语义关联。句中的"V 起来"有的也可以移到句首，但不是插说语，而是类似于一个条件分句，前边可以添加"如果"、"要是"之类的关联词语，因此学界认为这类"V 起来"兼有假设意味是有道理的。例如：

(11) a. 如果说起来，基本原理并不难懂。
　　 b. 要是想起来，炒股的事还真叫人心烦。

# 第十章 参数变量与构式变异

Sung(1994)引用Chao(1968)的观点指出"起来"除了表示趋向、结果、起始三种功能之外,第四种功能是引导一个表示条件的从句,这很有见地。(参见曹宏2004)

综上所述,"V起来"这个语块在句子中可以有三个分布位置:谓语位置、谓语前位置以及主语前位置,分布不同,表示的意义也不同,位置越前移语义越虚化,表现为下图的共变态势:

V起来,NP+VP ← NP+V起来+VP ← VP+V起来
位置:前 ←————————————————→ 后
语义:虚 ←————————————————→ 实

## 10.2.2 "V起来"的语义虚化

对于"V起来"结构的语义虚化,吴为善(2012b)曾从共时语法化的角度,进行了合乎逻辑的推导,笔者认为这是符合语言事实的。

(一)谓语位置上的"V起来"

"V起来"作为一个动趋式黏合述补结构,语义的虚化主要体现在"起来"的演变,其中"起来"的语义分解为三类:位移义、结果义、起始义。从认知的角度来看,"位移义"(表示人或物体由下向上的空间位置移动)显然是原型义,属于"空间域",而空间的位移过程必然伴随时间的推移,基于同一意象图式的"空间域"投射到"时间域",衍生了其他两种语义。如下图示:

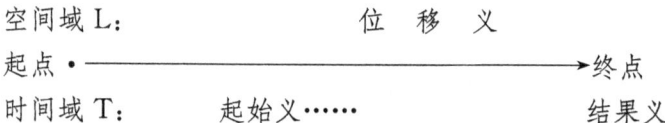

其中"起始义"(表示动作开始进行并继续下去)是用动态位移过程的整段时间来转喻时间序列上的起点及其延续,而"结果义"(表示动作完成并取得了某种结果)是用动态位移过程的整段时间来转喻时间序列上的终点。因此这三类义项都蕴含着时间因素。

(二)谓语前位置的"V起来"

此类"V起来"在语义上继承的还是"起始义",即表示动作开始进行并继续下去。但同时我们也注意到,"V起来"进入谓语前的位置,在特定构式的作用下,产生了新的"浮现意义",这是因为该构式实际上是两个小句整合的结果。例如:

(12)我对她说了一些笑话,她笑了起来,我觉得她挺好看的。
→她笑起来挺好看的。

(13) 经不住我们一再怂恿，他答应演奏一曲，小提琴拉起来了，还真好听。
→小提琴拉起来真好听。

这种整合在句法操作上的关键是消除了动态的时间因素，新的构式表达了一种对某种状态的评价。其中后边的谓语 AP 直接陈述"V 起来"的状态，导致"V 起来"含有"当……时候"的意思，这是"起来"的起始义的合理衍生。至于此类"V 起来"为什么会有假设意味，江蓝生(2002)从语法化的角度作了解释，她通过语料证明近代汉语表示假设的"时"和"後"都是基于时间范畴的，通过"时间→条件→假设"这样的语法化途径逐步虚化而来的，从中可以窥见两者之间的内在联系。因此，我们赞同曹宏(2004)的观点，此类构式中的"V 起来"具有的评价义，是整个构式义导致的。

（三）主语前位置的"V 起来"

"V 起来"具有评价义体现了构式赋义的强制效应，一旦当这类构式含有了评价义，连锁反应也就随之发生。当 V 是"说、看、听、算、想"这些感知类动词时，这些词语的表示判断、估量、推测的语义因子被激活，"V 起来"就进一步虚化为"插说语"成分，表示说话者对事实的判断、估量、揣测的语气，成为地道的话语标记。于是，"V 起来"就有了处于句首作为插说语的用法。这种现象在语言中具有普遍性，也是语法化进程中合乎逻辑的虚化结果。

综上所述，"V 起来"处于谓语位置，形成"NP+V 起来"构式，整体功能是一种表示实体发生变化的客观陈述。"V 起来"处于谓语前位置，形成"NP+V 起来+AP"构式，由于"V 起来"具有次话题的身份，导致整个构式表示说话人对实体在某种条件下的状态的一种主观评述。"V 起来"处于句首，形成"V 起来，NP+VP"构式，"V 起来"虚化为话题标记(插说语)，表示说话人对句子表述命题的一种估量、推断的语态。可见，同样是"V 起来"这个语块，由于分布位置的不同，会形成不同的构式，引发不同的话语功能，而这种位置的变化正是说话人基于语境的识解而选择的编码策略。

## 10.3 同形异构体 V+N 的整合与结构识别

在现代汉语中，一个动词和一个名词直接组合，在我们的结构识别中有两种可能的关系模式，一种是述宾关系，另一种是偏正关系。识别的依据有两条：一是动词能否带受事宾语，即动词和名词之间是否具有"动作"和"受事"的语义关系；二是动词对名词是否具有分类的认知基础，即动词能否直接修饰名词表示名词在功能

# 第十章 参数变量与构式变异

属性上的类别。假如一个动词和一个名词直接组合,具有第一条特征而排斥第二条的特征,那么这个组合在结构上一定是述宾关系,比如"制造汽车"。假如一个动词和一个名词直接组合,具有第二条特征而排斥第一条的特征,那么这个组合在结构上一定是偏正关系,比如"消防汽车"。假如一个动词和一个名词直接组合,同时具有第一和第二条特征,那么这个组合一定是一个同形异构体,也就是通常所说的歧义形式,比如"出租汽车",既可以理解为述宾关系(V+O),也可以理解为偏正关系(出租的汽车)。因此一个动词和一个名词直接组合在我们的结构识别中形成如下非离散性的连续统:

述宾关系——————————同形异构——————————→偏正关系
制造汽车              出租汽车              消防汽车

类似"出租汽车"这样的同形异构体突显了"$V_双+N_单$"(2+1)的韵律框架的复合化整合效应。一个动词和一个名词直接组合,述宾关系是一种优选模式,因此"出租汽车"类的同形异构体如果要突显偏正关系,通常需要更大的句法结构的支撑,比如"三辆出租汽车"、"这些是出租汽车"、"出租汽车来了"。这类同形异构体的韵律模式为"$V_双+N_双$"(2+2),如果韵律模式变化为"$V_双+N_单$"(2+1),就能有效地突显这类同形异构体的偏正关系,要求是将后边的双音节压缩为同义位的单音节形式,比如"出租汽车→出租车"。这种整合结果集中体现了两种效应。第一是"隐退"效应。概念整合理论认为:"隐退"是相对"突显"而言的,"一隐一显"才能形成一个整体。如经典的心理实验"图像—背景倒换"所证明的那样,在一个视觉领域内必须有一部分突显一部分隐退,作为一个"完形"的图像"花瓶"或"人面"才会浮现出来(参见沈家煊 2006)。这种"隐退"效应具体表现为:在句法结构关系上"偏正关系"突显,"述宾关系"隐退。"出租车"内部的关系被锁定为偏正关系,排斥了述宾关系的可能性。第二是"复合"效应。突显了的"偏正关系"的两个成分在 2+1 韵律框架的作用下"固化"为"复合词"。原偏正关系的"出租汽车"是短语,可以扩展,如"出租的新款汽车";"出租车"是典型的三音节复合词,已经成为某个范畴的类名,如"出租车/自备车/公用车"。同类实例如下:

(14) 设计图纸→设计图    译制影片→译制片
　　 储备资金→储备金    复印文件→复印件
　　 雇佣士兵→雇佣兵    装修房屋→装修房
　　 修改稿件→修改稿    承包项目→承包项
　　 测量仪器→测量仪    检测车辆→检测车
　　 搜查证件→搜查证    选修课程→选修课

报销单据→报销单　　讨论题目→讨论题
筹备会议→筹备会　　传染疾病→传染病

可见V+N这个语块在韵律上可以有伸缩，2+2压缩为2+1，而语块属性也相应从短语变成了复合词，这显然是一种整合效应。概念整合理论认为，语言单位的整合依赖两个因素：一个是"整合框架"，另一个是"整合元素"，参与整合的元素在框架的作用下产生新的意义。下面我们就同形异构体V+N的整合与结构识别加以讨论，先分析韵律整合框架，再考察元素准入条件。

### 10.3.1　V+N的韵律整合框架

本文讨论的同形异构体V+N的整合框架是"$V_{双}+N_{单}$"(2+1)的格式，是一种典型的韵律框架，表现为句法上的黏合性和节律上的紧密性，这种特征导致了2+1成为汉语三音节复合词的构词模式。周韧(2006)从语言类型学的角度对汉语动宾饰名复合词现象进行了深入的研究，指出汉语"单单式VON型复合词"(如"碎纸机")的成因应归结为"韵律构词"，也证实了2+1是汉语韵律构词的模式。

汉语2+1韵律模式的特征与它的相对格式1+2的韵律模式形成对立。在考察汉语单双音节组合规律时，他曾提出过一条规则：单数音节段与双数音节段组合"前松后紧"。即当一个单数音节段处于双数音节段之前，结合比较松散；而处于双数音节段之后，结合比较紧密。可描写为：

×//××；××/×(或×//××/×)

其中×代表单数音节段，××代表双数音节段，//或/表示音节之间组合的紧密度，其中//大于/。这条规则表明，当一个单音节处于双音节之后，具有极强的黏附性。这个特征可以从汉语上声连读变调现象得到证实。汉语中的上声曲折而略长，在语流中几个上声字连读会产生有规则的连读变调现象。一般有两种变化，一种是"半上"(小变化：214→211)；一种是"全上"(大变化：214→24，近乎阳平)。若音节结合不太紧则变调呈小变化(半上)，反之则出现大变化(全上)，因此上声连读变调是鉴别音节组合相对松紧的一个较为灵敏的"试剂"。根据北京语言学院一些老师的听辨实验，发现三个上声字连读，凡1+2音段中前一个单音节变为"半上"；而2+1音段中后边单音节前一个音节变为"全上"。如：

|  | 偏正$_1$ | 偏正$_2$ | 动宾 | 主谓 |
|---|---|---|---|---|
| 1+2： | 很//勇敢 | 好//雨伞 | 有//影响 | 我//也有 |
| 2+1： | 也许/有 | 展览/馆 | 领导/我 | 旅馆/少 |

# 第十章 参数变量与构式变异

1+2中"很"、"好"、"有"、"我"表现为一种小变化,这是因为这些单音节与后边的双音节结合相对较松散;2+1中"许"、"览"、"导"、"馆"表现为一种大变化,这是因为后边的单音节与前边的双音节结合相对较紧密(参见胡炳忠 1985)。吴宗济(1984)用声学实验的方法对普通话三字组的变调规律进行了深入考察,其中三个上声字组的连读变调结果与上述听辨实验的结果一致。上述两类实验中所用实例,不论1+2还是2+1,都包含了各种句法结构类型,但变调规律却是一致的。这说明"前松后紧"的规则是有事实支撑的:前置单音节具有相对独立性,后置单音节具有黏附性(参见吴为善 1989)。

近些年来,随着国外非线性音系学研究的深入,汉语韵律层级系统及"韵律构词"的研究取得了较大的进展,对于汉语音节组合的规律有了更为科学的解释。较为一致的看法是2+1属于"韵律词"范畴,而1+2属于"韵律短语"范畴。王洪君(2000)认为前者表现出来的两个区别性特征,一个是在更大的组合中音步不再分裂,另一个是音步内顺向连调。具体表现为:

1. 连调模式。就单说时可以是单音步的三字组而言,"雨伞厂"(韵律词)和"小雨伞"、"买雨伞"(韵律短语)最明显的区别在于连调式的不同,前者的连调只能是"顺向"的,后者可以是"逆向"的。普通话中上声字的连调与单字调的区别最明显,所以下面均以上声字为例。它们虽然不能反映连调状态的精确值,但应该可以反映"位"的区别。比如(括号表示音步的界限,笔者引用时略作了简化):

| 雨伞厂 | 跑雨伞厂 | 老跑雨伞厂 |
|---|---|---|
| (35—5—213) | (213)(35—5—213) | (35—213)(35—5—213) |

| 小雨伞 | 买小雨伞 | 想买小雨伞 |
|---|---|---|
| (21—35—213) | (213)(21—35—213) | (35—213)(21—35—213)<br>(213)(35—213) |

| 买雨伞 | 想买雨伞 | 早想买雨伞 |
|---|---|---|
| (21—35—213) | (35—213)(35—213) | (35—213)(21—35—213)<br>(213)(35—213) |

从上面的实例可以看出:"雨伞厂"只有一种连调式(35—5—213)。很明显,这一连调式是按从左至右的次序连续运用"连上前字变阳平(213→35)"的结果。首字受次字影响变阳平,次字又受末字影响变阳平(因中间音节短促声调35描写为5),这就是从左至右的"顺向连调"。"小雨伞"、"买雨伞"更常用的是(21—35—

213)式。这种连调只能是按内部语法结构(1+(1+1))的次序运用"连上前字变阳平"的结果：先是次字与末字结合，然后才是首字与次字的结合。这与说话时实际出现的先后次序相反，所以称为"逆向连调"。

2. 音步稳定性。韵律词和韵律短语的第二个区别与第一个有关，这就是三字组的首字是否可以取"三摩拉调"。"三摩拉调"是指相当于曲折调长度的调，如全上调 213、全去调 51 和略带降尾的阴平、阳平(可分别记做 554、354)。较紧密的顺向三字连调，首字只能是两摩拉调(如半上 21，半去 53 和不带降尾的阴平 55，阳平 35)。"雨伞厂"的首字"雨"在各种组合环境中都只能用无降尾的阳平(35)，而不能用有降尾的阳平或全上。较松散的逆向三字连调则完全不同。如"小雨伞"和"买雨伞"的第一个音节，单说时除了半上 21 外，也可以选择拖长的 213(见上例)。同时，许多学者已经指出，普通话语流的特点是，声调只有在音步、停延段、句段的分界前才取三摩拉长度，不在分界前(如两字组前字)的音节则取两摩拉长度，也就是说三摩拉调有标界作用。所以全上调的 213 能够标志音步的界线。2+1 定中式的"雨伞厂"在各种组合中都只有末字一个字是 213 调，也就是说它在各种组合都是一个三音节的单音步，单音步构造稳定。而 1+2 定中式"小雨伞"和"1+2"述宾式"买雨伞"在更大的组合中首字、末字可能都用有标界作用的全上(213)，这说明它们有可能组织为 1+2 的两个音步(如"想买/雨伞")。也就是说，逆向连调的三音节音步是不稳定的单音步。

吴为善(2003)对上述现象的解释是：韵律模式 2+1 松，而 1+2 紧，结构模式是短语松而复合词紧，节律结构层面上的"松"和"紧"必然和句法结构层面上的"松"和"紧"相匹配，而节律层面的"松"、"紧"在句法层面的投射结果，是对不同等级的语言单位的选择：

节律结构　　　语言单位
1+2　　→　　短　语(或"类短语")
2+1　　→　　复合词

### 10.3.2　V+N 的元素准入条件

同形异构体 V+N 的复合化及其整合效应是在 2+1 的韵律框架中实现的，结果是构成了"$V_{双}+N_{单}$"格式的偏正型复合词，表示某个范畴的类名。其中输入的整合元素有两个，一个是动词，另一个是名词。吴为善(2008)借鉴概念整合理论，集中分析了了参与 2+1 韵律框架整合的元素准入条件，颇有启发。

在这类格式中，显然对动词的选择性要求比较高：第一，必须具有直接修饰名词的句法功能;第二,能从功能属性的角度对所修饰的名词产生一种分类的效应。而对名词的选择要求相对比较单一,即能表示某个范畴的类名。对于整合元素的选择性条件分析,属于功能解释的范畴。近些年来随着认知语言学的研究进展,学界开始关注汉语中的诸多语言现象,并力求给出认知层面的功能解释,使本文的探讨有了更多的理论支撑。

（一）动词的特征考察

上文举出的典型实例中包含如下这些动词:

(15) 设计　译制　储备　雇佣　复印　装修　修改　承包
　　　测量　检测　搜查　选修　报销　讨论　筹备　传染

分析这些动词的构成特征,一个明显的倾向是这类动词基本上都属于联合式双音动词。值得研究的是为什么这类动词能作为"元素"参与同形异构体 V+N 的复合化整合。我们可以从两方面来考察这个问题。

其一,关于汉语单双音节动词的功能差异。王灿龙(2002)认为双音节动词跟与之对应的单音节动词相比,它们的语法范畴特征都有不同程度的变化。试比较:

收收　　割割/＊收割收割　　　种种/＊种植种植
收了　　割了/? 收割了　　　　种了/? 种植了
收过　　割过/? 收割过　　　　种过/? 种植过
收一收　割一割/＊收割一收割　种一种/＊种植一种植

他对此的解释是双音节动词跟单音节动词在基本层次范畴和原型性方面有较明显的对立。单音节动词具有典型的动词语法特征,而由这些单音节动词作为语素参与构成的双音节动词,其动词的语法特征都弱化或部分丧失了。从表义方面看,单音节动词通常表示的都是人或事物(含动物)的基本动作,动作性都较强,动作义也很具体。在人们的认知范畴中有一个明晰的、有界的关于某一动作的意象与表示该动作的动词相对应。而双音节动词的情况则不同,由于它是两个语素的结合,无论其中的两个语素或某一语素的动作性多强,整个词的语义只能是两个语素义的最大公约数,这样,所得的语义就相对比较抽象、比较间接。张国宪(1997)的相关研究证明双音节动词的"动性"强度存在差异,这种差异与词的内部构造密切相关。他根据语料的概率分析将双音节动词的强度等级序列描述为:

前加/后附＞偏正＞补充＞陈述＞支配＞联合(强→弱)

研究表明联合式双音动词的动性最弱。我们基本同意上述两位学者的意见。这说明联合式双音动词的"动作性"有所弱化。

其二，关于汉语动词直接修饰名词的功能。学界研究表明，定语在名词性结构中的作用可分为两个类型：一类是确定指称，另一类是刻划概念。前者的功能是个体指称的确定，主要作用于中心语概念的外延；后者的功能是概念属性的刻划，主要作用于中心语概念的内涵。定语的限定作用实际上构成了一个非离散性的连续统，其两端分别是"确定指称"（离中心语远）和"刻划概念"（离中心语近）。张敏（1998）根据汉语的实际情况，给出了汉语定语的限定序列：

| 词类： | 乙类形容词 | 甲类形容词 | 区别词 | 名词 | 动词＋名词 |
| --- | --- | --- | --- | --- | --- |
| 表义： | 情状 | 属性（形体、颜色、质料、功能等） | | | |
| 恒定性： | 小→大 | | | | |
| 客观性： | 小→大 | | | | |

上述"恒定性"指定语与中心语事物内在联系的稳定程度，"客观性"指定语表示的性状与事物的联系在多大程度上以个体的主观判断为转移。事实证明，这两个"参数"都是从左到右依次增大。从中可见"功能"属性反映了事物的本质，几乎完全不以个体的主观判断为转移，是事物最稳固的属性，而双音节动词所表示的往往是这类属性。这和陆丙甫（1993）关于汉语多项定语的两条相关的顺序原则是一致的：越是反映事物稳定的内在本质的定语越靠近核心；外延性定语在外层，内涵性定语在内层。

综上所述，参与整合的联合式双音动词的动作性弱化了，动作性的弱化必然导致修饰性的强化，在句法功能上表现为述语功能向定语功能的"漂移"。联合式双音动词的这种特征为它直接修饰名词性成分，并从功能属性的角度对所修饰的名词产生一种分类的效应提供了现实的可能性。因此这类动词直接做定语时，与中心语名词成分在概念意义上的整合度极高，对中心语概念内涵的影响最大。本文所列举的典型实例中的双音动词充分体现了上述特征。多数动词如"设计、译制、储备、装修、测量、检测、搜查、选修、报销、讨论、筹备"等，都是一些随着社会发展后来出现的概念，两个构词语素的意义已高度整合，行为特征明显而动作意义弱化，并没有对应的那种带有原型性特征、表示基本层次范畴的单音节动词。还有些动词能找到对应的单音节动词，如"修改/改、承包/包、传染/传、雇佣/雇、复印/印"，但两者的句法表现功能差异很大，这是显而易见的。

（二）名词的特征考察

上文举出的典型实例中包含如下这些名词：

（16）图纸　影片　资金　士兵　文件　房屋　稿件　项目
　　　　仪器　车辆　证件　课程　单据　题目　会议　疾病

上面所举实例中的名词都属于双音节的事物名词，从构成方式来分析，多数是联合

## 第十章 参数变量与构式变异

式复合词,也有一部分"名量式"复合词,如"稿件"、"车辆"。值得研究的是这类名词具有什么特征,又是如何作为"元素"参与同形异构体 V+N 的复合化整合的。

汉语双音节事物名词的特征,是与对应的单音节事物名词的比较中体现出来的。王灿龙(2002)认为双音节名词一般都不表示基本层次范畴,它们的原型性较弱,跟对应的单音节词相比,这些双音节名词的语法特征明显发生了变化。试比较:

一枝花　一根草/＊一枝花草　＊一根花草
一抔土　一块地/＊一抔土地　＊一块土地
一张纸/＊一张纸张
一本账/＊一本账本

他对此的解释是单音节名词具有典型的名词语法特征,而这些单音节名词作为语素构成或参与构成的双音节名词,其语法特征却有所丧失,或者说弱化了。这种情况对于并列式或名量式复合名词来说尤为突出。从语义的虚实来看,单音节名词通常都可指称客观世界的某类事物,人们可以在词与事物之间直接建立一种语义关联;在人们的认知范畴里有一个具体可感的关于该事物的"意象"与词相对应。而双音节名词则不同,它不是两个语素简单的相加,它的语义也不是两个语素义之和。在"完形"心理学看来,整体总是大于部分之和。因此,双音节词的语义应是对两个语素义的更高层次的抽象,它既与语素义相关联,同时又获得了一种语素义所不具备的抽象义。在人们的认知范畴里该意像既不是直接的,也不是清晰的,甚至还是无界的。因此从总体上说,单音节名词的语义大都很具体、很直接、很明晰,双音节名词的语义一般都较抽象、较间接、较模糊。

我们认为王灿龙的思路是值得肯定的,双音节事物名词在认知范畴层次等级上的抽象,充分体现了词语搭配在认知范畴层次等级上的"同一性原则",双音节事物名词实体义的虚化与双音节动作动词动作性的弱化相适应。但值得注意的是,这些双音节事物名词在更高一个层次上形成了新的概念,这些概念是随着社会发展后来出现的,表示的往往是新事物的总称或集合类名。因此在现代汉语中很多双音节事物名词并没有对应的那种带有原型性特征、表示基本层次范畴的单音节名词,比如本文列举的典型实例中的"影片、资金、文件、稿件、项目、仪器、证件、单据"。这些双音节事物名词进入"$V_双+N_单$"格式后,"$N_单$"都是不能单用的黏合语素,如"片、金、件、稿、项、仪、证、单"。正因为汉语中的双音节事物名词是随着社会发展而产生的更高认知层次的事物类名,就使得它们有资格作为"元素"参与同形异构体 V+N 的复合化整合。同时也证实"$V_双+N_单$"格式中的"$N_单$"不是天然的单音节"元素",而是双音节事物名词音节长度压缩所致。这好比"削足适履",为了适应2+1的韵律框架,双音节必须压缩为单音节,这是"$V_双+N_单$"格式整合的关键程序。这样解释才能说明为什么"$V_双+N_单$"格式中的"$N_单$"同"$V_双+N_双$"格式中的"$N_双$"属于同一义位,同时也能说明为什么不少"$V_双+N_单$"格式中的"$N_单$"是不能单用的黏着语素。还有些名词能找到对应的单音节名词,比如本文列举的典型实例中"图/图纸、兵/士兵、车/车辆、课/课程、题/题目、会/会议、病/疾病",但两者在范畴概括范围及句法表现功能方面差异很大,这是显而易见的。

(三)动词名词的分类性选择

上面我们考察了"$V_双+N_单$"复合化整合中双音节动词和名词所具备的选择性条件,但并不是所有的双音节动词和名词都能实现"$V_双+N_单$"的整合,整合动因还取决于动词所表示的动作行为对名词所表示的事物范畴是否具有分类性。这种分类性取决于人们的经验认知,是建立在人们范畴化认知系统的稳定性基础之上的,通常我们用于解释语言现象的所谓"约定俗成",实质上是人们范畴化经验认知的"规约化"。比如:

(17) 修改稿件→修改稿(相对于"原稿")
校对稿件→校对稿(相对于"样稿")
装修房屋→装修房(相对于"非装修房")
租赁房屋→租赁房(相对于"非租赁房")
讨论题目→讨论题(相对于"非讨论题")
选择题目→选择题(相对于"非选择题")
测量仪器→测量仪(相对于"非测量仪器")
观察仪器→观察仪(相对于"非观察仪器")

假如充当定语的动词所表示的动作行为对名词所表示的事物范畴不具有分类功能,即使是符合整合条件的同形异构体V+N,也不可能产生"$V_双+N_单$"的整合效应。比如"复印文件"可以整合为"复印件",那是因为"文件"通常有"原件",这个类名可以成立;而"学习文件"不能整合为"学习件",那时因为下发的"文件"通常都是要学习的,分类缺乏基础。又如"表演节目"不能整合,是因为排练节目就是为了表演的;"开发产品"也不能整合,是因为任何产品都是开发出来的;它们都不具备分类的认知基础。

综上所述,参与2+1韵律框架整合的双音动词和单音名词都是有条件的。也就是说,2+1的韵律模式只提供了整合框架,并不是任何双音动词和单音名词都可以无条件地进入该格式参与整合的,这就是整合框架和输入元素之间的互动作

# 第十章 参数变量与构式变异

用导致了整合效应的产生。本文关注的是一个汉语语块的韵律模式具有一定的伸缩弹性,集中表现在单双音节的变换,而韵律形式的变化会直接导致构式属性的变异。笔者认为,以上研究可以说是汉语韵律句法研究的一个重要成果,必将成为研究汉语构式及其变体的重要领域。

## 10.4 遍指性非差比义与量级序列缺失

本文 5.3 曾讨论了现代汉语中"一 M 比一 M+VP"的构式,该构式表示的是递进性差比义,蕴含着基于时间因素的"量级序列",旨在说明句法同构与多义解读。本节我们将再提及该构式,旨在说明"量级序列"是该构式的一个重要语块参数,一旦这个语块参数缺失,构式义将发生变异,表示非递进性遍指义。下面我们先概括原型构式的"量级序列"及其表现形式,再考察"量级序列"缺失后构式义发生的变异。

### 10.4.1 递进性差比义构式的量级序列

根据本文 5.3 的讨论,现代汉语中的"一 M 比一 M+VP"构式的编码形式包括三类,其中的量词分别是时量、动量和物量。例如:

(18) 在争创一流社会治安的三年中,一个覆盖苏州全市的群防群治网络,一年比一年缜密,一月比一月完善。

(19) 鬼子的新一轮大扫荡又开始了,形势一阵比一阵紧张,战斗一次比一次残酷!

(20) 翻山越岭不说,还要爬有名的七十二道拐,山坡一座比一座陡峭,道路一条比一条崎岖,等他爬坡爬累了,走不动的时候,我们就请他坐上滑竿。

上述例(18)"一年比一年"、"一月比一月"是时量递进,无界的性状被时段分割成为差比对象;例(19)"一阵比一阵"、"一次比一次"是动量递进,伴随时间推移被有界事件分割成为差比对象。"一 M 比一 M+VP"构式从时量演变到动量,表示"递进性差比"的构式义没有变,不同的是作为差比对象由"时段"(一天)变为"事件"(一次)。也就是说,两者的差异是时间要素由"前景信息"退居为"背景信息",这可以看作是该构式的"变异 1",示意如下:

无界性状 _____
有界时段|1 天|1 天|1 天|1 天|1 天|(差比对象)

无界时间 _____
有界事件|1次|1次|1次|1次|1次|(差比对象)

上述例(20)"一座比一座"、"一条比一条"中的"一M"为物量词,指称有界实体,构成一个有界实体的集合作为差比对象,表达物体属性程度量的递进性差比,构式义与例(18)(19)基本相似。值得关注是构式中有界实体集合的成员互相之间形成的属性程度量的递进性差比,同样是时间序列导致的,因为上述实例提供了蕴含时间要素的信息"爬有名的七十二道拐",这是一个"事件",而事件的展开必然伴随着时间的推移。按照概念隐喻理论,既然时间要素可以形成序列,那么其他存在量级差比的要素当然也可以构成序列,于是合理的推断是这些非时间因素的"量级序列"也可以进入"一M比一M+VP"构式,表示某个集合成员之间的递进性差比,事实正是如此。例如:

(21) 中国队6日对日本,9日对哈萨克斯坦,10日对韩国,对手一个比一个强,而劲敌将在这之前就火并。

(22) 文渊阁、文华阁、保和殿大学士,级别没有变,但是地位一个比一个高,这个保和殿大学士地位是最高的。

(23) 天子九鼎,他要用九个鼎摆在一起,这九个鼎形体不一样大,一个比一个小,叫列鼎。

(24) 水星1.52,木星5,土星9.54,这个数字有规律吗?没有规律,一个比一个大。

例(21)说足球比赛,差比的是"对手"强弱的等级序列;例(22)说清代大学士,差比的是"地位"高低的等级序列;例(23)说皇宫的九鼎排列,差比的是象征权力等级的"列鼎"形体大小的等级序列;例(24)说宇宙行星,差比的是"数字"大小的等级序列;例(22)说税收现状,差比的是"比例"高低的等级序列。上述非时间的"量级序列"分属于不同的范畴,从时间序列到这些非时间序列,是不同认知域之间的一种隐喻映射(metaphorical mapping),认知动因是"量级序列"这个相似点。从时间序列到非时间序列,可以看作是该构式的"变异2",示意如下:

时间序列 _____
有界实体|1个|1个|1个|1个|1个|(差比对象)
非时间序列 _____
有界实体|1个|1个|1个|1个|1个|(差比对象)

从上面的分析可见,"一M比一M+VP"构式的编码形式包括三类,其中的量

第十章　参数变量与构式变异　　177

词分别是时量、动量和物量。其中语境都提示了"量级序列",只不过这个"量级序列"从显性时间到隐性时间,从时间序列到非时间序列。可见"量级序列"就是"递进性差比"这个构式义的语义基础,是构式义赖以存在的重要语块参数。

### 10.4.2　非递进性遍指义变式的参数缺失

语料表明,"一M比一M+VP"构式在演变过程中发生了一个重要的变异,构式义从"递进性差比义"演变为"遍指性非差比义"。典型实例如下:

(25) 代表团8日到达雅典后,运动员们都显得无比轻松,甚至一个比一个"酷",一个比一个调皮。
(26) 摩登的小姐太太们一个比一个妖艳,一个比一个俏丽。
(27) 看一看海内外新闻媒体的标题,一个比一个耸人听闻。
(28) 冰雪的山峰矗立在夜空中,一个比一个高。

上例句中打点的词语都代表某个实体集合,"一个比一个VP"指"个个都VP"。如例(25)"运动员们"是一个集合,"一个比一个酷"意思是"个个都酷","一个比一个调皮"意思是"个个都调皮"。余例可类推解读。产生这种变异的根源在于表述中"量级序列"的缺失,构式一旦失去了"量级序列"的支撑,就直接导致了如下两个后果:

其一,"一M"的所指发生了变异。表"递进性差比"的构式中,"一M"指"某一M",是一种"实指",特指在某个"量级序列"(时间序列或非时间序列)制约下某个集合中的某一成员。这种指代是有定的,因为在"一M比一M"中,前"一M"一定是相对处于序列的后者,而后"一M"一定是相对处于序列的前者,构式义表示"后者比前者更VP"。而当该构式中的"量级序列"缺失,"一M"指"任一M",是一种"虚指","一M比一M"中前后两个"一M"都可以指某个集合中的任何一个成员,"一M比一M"是某个集合中所有成员互相之间的比较。比如"他们三个都很出色,一个比一个高明",假设"他们三个"分别为A、B、C,那么:A比B高明,A比C高明;B比A高明,B比C高明;C比A高明,C比B高明。由此产生的构式义就是"A、B、C都高明"。

其二,"比"的结果发生了变异。表"递进性差比"的构式中,由于某类"量级序列"(时间序列或非时间序列)的制约,"一M比一M"的比较结果是相对处于序列的后者比前者更VP,这种"递进性差比"的结果具有逻辑真值义(与客观事实相符)。而构式中的"量级序列"一旦缺失,比较结果的"递进性差比义"就消失了。试比较下面实例:

(29) 这里出产的苹果品种特优,树上结满鲜红的苹果,一个比一个大。

(30) 七仙女都回来了,只见她们篮子里半青不熟的桃子,一个比一个小。

从逻辑语义上来分析,例(29)"苹果"这个集合中"一个比一个大",相对来说应该是"一个比一个小";例(30)"桃子"这个集合中"一个比一个小",相对来说应该是"一个比一个大"。但事实上逻辑语义上的后一种推论是不存在的,句子表达的实际意义是单一的,前者指苹果"个个都大",而后者指桃子"个个都小",也就是说比较的结果不具有逻辑真值义(参见项开喜 1993)。从语用上来分析,"一个比一个VP"的预设是"个个都VP",VP是语义上的"下限",例(29)预设是确认苹果"大"(没有小的),例(30)预设是确认桃子"小"(没有大的)。这种"个个都VP"的构式义是构式效应的体现,同时也可见窥见在"量级序列"缺失的构式中"比"的原型义已经虚化,从"实比"演化为"虚比"。

该变异构式一旦成型,"个个都VP"的构式义一旦确立,同类的物量词也就可以进入这个构式,并表示相同的构式义。典型实例如下:

(31) 现在满街跑的小汽车一辆比一辆豪华,想鹤立鸡群很不容易。(《哈佛管理培训系列:哈佛经理领导权力》)

(32) 不是吹的,本人领带有七八条之多,而且一条比一条来劲,但我只在郊游时扎过三两次,平素日在办公室便放纵着脖子。(《读者》(合订本))

(33) 来到浦东陆家嘴金融中心,只见高楼林立,一幢比一幢漂亮,令人目不暇接。(2009年8月《报刊文摘》)

(34) 毕竟是原始森林,到处是参天大树,盘根错节,一棵比一棵粗大。(电视频道:探索自然)

从上面的分析中,我们可以发现一个重要原理:进行构式研究绝对不能忽视语境信息,传统句式研究中将句子从语境中抽出来单独加以考察的方法是不可取的。因为某些特定的语境信息是构式义赖以存在的基础,是一种形式上的特征,一旦忽略了语境信息,句子的很多语义特征,尤其是语用功能就难以发现。本文讨论表明,特定的语境信息往往是重要的语块参数,它的隐现会直接导致构式义的变异,进而影响构式的话语功能。

## 10.5 本章小结

本章分别考察了"V起来"结构的句法分布及其构式变异、同形异构体"V+N"

# 第十章 参数变量与构式变异

结构的韵律整合效应、递进性差比义构式"量级序列"缺失所造成的后果,以阐述语块参数变量与构式变异的关系。事实表明,说话人所说的话,就是基于对语境的识解而选择的编码形式,表现为形形式式的构式,而构式是由"语块"构成的,每一个"语块"都蕴含了特定的句法语义信息,并具有特定的语用功能。但是,值得指出的是,这些"语块"并不是"铁板一块",而是可能变化的,具体表现为三种情况:语块的移位,语块的伸缩,语块的消失。正因为"语块"是可能变化的,所以我们借鉴数学中"参数"的概念,把它看做是"参数变量"现象,并证明这些参数变量对构式变异的影响。具体概括如下:

(一)句法分布的位移和"V起来"的虚化

粘合动趋结构"V起来"在句中可以处于三个不同的位置,随着句法位置的前移,语义逐渐虚化,造成这种后果的的原因是不同认知域之间的转喻。在不同的句法位置上,"V起来"承担不同的句法功能,由此导致构式义及其话语功能的差异。"NP+V起来"是一种对某种实体状态的客观陈述,"NP+V起来+AP"是说话人对某种实体在一定条件下呈现状态的主观评述,"V起来,NP+VP"则体现了说话人对话语命题的一种估量、推测的语态。

(二)韵律模式的整合和V+N的句法投射

同形异构体V+N的韵律整合框架是从"$V_{双}+N_{双}$"(2+2)压缩为"$V_{双}+N_{单}$"(2+1),而韵律模式的改变导致整个构式从短语演变为复合词,这是一种典型的韵律整合效应。汉语基本语言单位是形音义三位一体的"有意义的音节",这导致汉语的音节具有一定的伸缩度,集中表现为单双音节的弹性,这种韵律属性的"参数"对汉语的概念整合具有敏感性,节律层面的"松"或"紧"与句法层面的"松"或"紧"相匹配,影响了不同等级语言单位的划分,这是韵律因素在句法层面投射的结果。

(三)量级序列的缺失和递进性差比义的变异

递进性差比义构式的变异表明,基于时间要素的"量级序列"是蕴含于语境中的信息特征,它源于时间要素,从显性时间到隐性时间,从前景信息到背景信息,再通过隐喻机制衍生到其他非时间认知域,概括了时量、动量、物量范畴。无论"量级序列"表现为何种状态,它是递进性差比义构式得以成立的重要条件,也是导致某个集合成员之间递进性差比的主要理据。但是,蕴含于语境中的"量级序列"一旦缺失,"递进性差比义"就失去了基础,构式义演变为"非递进性遍指义"。这是说话人基于语境的识解、心理预设的改变而采取的话语编码策略。

# 第十一章 结语和思考

## 11.1 本文的主要结论及其不足之处

本文的研究思路和整体框架如下：首先分析构式语法理论的学术渊源，全面阐述了以 Adele E·Goldberg 为代表的论元结构构式语法，并以其后的认知构式语法关于承继问题的研究成果作为本文研究的理论依据。在此基础上，结合汉语学界相关研究成果，以典型示例分析的方式，分别论述句法同构与多义解读、原型构式与隐喻派生、词类准入与构式赋义、语块整合与构式义提炼、语用心理与语境适切度等问题，希冀对汉语构式承继关系问题有一个全面、系统的梳理和阐释。

### 11.1.1 本文的主要结论

学界普遍认同各类构式语法是认知语言学的重要分支，但是它的理论背景和研究方法与认知语言学的主流思想之间需要进一步的梳理和融合，特别是基于 Goldberg 的认知构式语法理论来系统性地研究语言构式的承继问题，以及尝试多层次、多角度地探究承继性理据的本质。

认知构式语法理论是学界对语法研究不断创新的产物。一方面，认知构式语法是从格语法逐步演化而来的，因此注重语义结构的研究；另一方面，认知构式语法作为认知语言学的一个分支，必然把语法视作是一种包括心智、感知和实际运用语言的能力。从学术渊源来看，Fillmore 为认知构式语法的语义建构提供了主要的理论依据，通过对英语习语的研究，Kay & Fillmore 强调构式是一个"形义匹配体"，开创了基于语义差异的同构构式子类承继关系的描写；Lakoff 把句子结构视为整体的研究思路成为认知构式语法理论方法论的核心前提，构式系统是由原型范畴构式和次范畴构式组成的辐射状的组织结构，原型构式与子类构式之间形成了上下位的承继关联，理据是这个承继网络得以建构和延伸的连接点；Langacker 重视从意象的角度解释和分析语言的构式，把构式定义为象征性的集合，从经验识解的角度讨论象征单位之间的关系，图式构式的能产性限制问题极大推动了同形构式语义变异的研究；Croft 采用非经典范畴结构的语义地图模型，将语言个性的构式分布类型投射到共性的概念空间中，为在语言类型学领域拓展构式的应用研

# 第十一章　结语和思考

究提供了新的思路。(参见本文第二章)

Goldberg 1995 年的专著突出了构式的强制性,即构式的论元角色对词项的参与者角色具有支配性作用,突出了构式赋义过程中的语境限制。构式的部分能产性机制是同一构式范畴中原型构式辐射状地延伸出不同子类构式的内部动因。然而,Goldberg 在这一时期对承继性理据的相关研究基本上是为了论证一个上位构式是另一个或几个下位构式存在的理据,对涉及语言共性概括的理据几乎没有提及。Goldberg 在 2006 年出版的新著突破了这一局限,其主要目的是为了探索语言概括的本质,特别强调了以论元结构为载体的形式和功能匹配体的习得概括:论元结构在预测构式整体意义方面不但具有提示效力,更具有范畴化效力;限制论元结构领域过度概括的是原型构式的语义相似性和统计优选的结果;表层论元的结构中蕴涵了更加宽泛的句法和意义。也就是说,特定的句法形式是由构式的语义和语用功能驱动的,共时的功能性理据虽然隐于表层的句法实例之下,却能够用来解释语法的各个层面,某个特定构式范畴属性子类的集合是以功能为理据形成的承继网络。从这点来看,理据不只是某一个构式范畴中的原型构式,而应该是在具象和抽象两个维度中功能和形式之间产生象似性映射的动因,涵盖了从人类心智角度出发描写的整个语言系统中的语法关系,理据研究的目的就是探求人类自然语言构式的共性特征。(参见本文第三、四章)

近三十年来,国内学者对于构式及其承继关系的语义基础、同构限制、功能属性、认知原则等方面均有相当深入和细致的分析和解释,但以往的研究多局限于考察某个特定构式基于语义延伸的子类承继现象,尚未对汉语构式承继问题作系统性的研究。本文选取语言中的构式承继问题作为研究目标,试图说明认知构式语法理论有助于对单一语言理据研究的深化;与此同时,对单一语言研究的深入与细化,具体到对构式承继问题的研究,无疑也会对语言的概括产生重要意义。本文强调构式是形式和功能的匹配体,所蕴含的特征无法得到完全预测,关注的焦点是构式承继理据的可探究性,目的是凸显构式的整体形式价值和表义价值。因此,本文基于对认知构式语法理论的探讨,从第五章至第十章以典型示例的方式分别对汉语构式承继的相关问题一一加以梳理、分析和解释。具体包括如下一些论题:

(一) 基于句法同构多义子类的承继关系建构

第五章结合相关汉语语料研究,具体考察了现代汉语中"NP 分裂前移话题化"构式、"递进性差比义"构式和"连"字句构式,描述了句法同构的确认依据,以及在同构范畴内子类构式的多义解读。构式语法研究的一个重要方面是对构式承继关系的理据性探究,任何一个原型构式都会基于一定条件衍生出子类构式(变式),因而具有多义解读的基础。而构式变异都具有特定的理据性,是某个语块(词或短语)基于隐喻映射机制衍生的多义范畴系列。

(二)基于原型构式隐喻机制的子类派生描写

第六章结合现代汉语连动构式的认知层次、"把"字句构式的位移图式、事件称谓性 NV 构式的理据分析三个典型示例,以认知构式语法理论的隐喻扩展链接为出发点,从构式的部分能产性机制出发对子类构式的形成机制进行探究。通过研究发现,原型构式的隐喻扩展动因与事件在认知框架中的映射,概念在意象图式中的激活,以及构式的类推效应相关联。事实表明,人类的隐喻认知机制是构式承继的根本动因。

(三)基于构式赋义原理的词项准入条件分析

第七章结合现代汉语双及物构式的子类扩展、性质形容词替换动词导致"A 不到哪里去"构式成型、"程度副+名词"组配理据等实例,从构式促动词项的语义扩展、构式引发词项的类型替换和构式激活词项的语义因子三个方面阐述词类准入机制和构式赋义效应。事实表明,当一个词项的语义与其形态句法环境不兼容的情况发生时,构式可以强制性赋予这个词项产生出与论元结构系统相关的意义,过程涉及词项语义与构式意义的融合。构式赋义是建立在范畴属性归纳的基础上的,一旦证明某个与形态句法环境不兼容的词项可以嵌入一个特定构式,这个词项的意义就有可能发生变化,即在一定的语境条件下偏离其基本语义与句法特征。

(四)基于构式语块整合的特定构式义提炼

第八章结合现代汉语"把"字句构式的认知动因研究,通过与对应的动宾句的比较,揭示出"把"字句表达"主观处置义"的特定构式义;从自致使义 NP+VR 体现的"非预期的过量后果义"入手,探究特定构式义对语块链信息配置的重新整合;阐述"有+N"构式历时和共时的语义倾向,说明语块语义的固化对构式义的映射效应。事实表明,语块是在构式中承载相对独立的一部分语义单元的语义块,反映的是一种具有心理现实性的语言组块现象,是认知心理层面的"组块"在语言句法层面的表现。构式内部语义配置的每一部分都以一个具体语块的形式来参与整合。本章试图从以语块整合的角度对构式义的产生加以分析和解释,讨论构式义是如何以一种"整体大于部分之和"的强制性方式制约"语块链"的信息配置的。

(五)基于语用心理的构式语境适切度研判

第九章结合现代汉语 $NP_{(受)}+VP_{(t)}+QM$ 构式、带"得"的状态补语结构、口语表达式"看你 A 的"等实际案例,从说话人对情境识解的角度出发,探讨说话人的语用心理,揭示特定构式的语境适切度。事实表明,任何构式独有特定的构式义,而特定的构式义又具有特定的话语功能,这是说话人基于对语境的识解,进而选择话语编码形式的依据。因此任何一个构式都有特定的语境适切度,决定说话人在什么样的语境条件下会这样说而不是那样说,会选择这个构式而不是那个构式,这正是语言研究的终极目标。

（六）基于语块参数变量的构式变异探究

第十章分别考察了"V起来"结构的句法分布及其构式变异、同形异构体"V+N"结构的韵律整合及其效应、递进性差比义构式"量级序列"缺失及其后果,从而阐述语块参数变量与构式变异的关系。事实表明,说话人所说的话,就是基于对语境的识解而选择的编码形式,表现为形形式式的构式,而构式是由"语块"构成的,每一个"语块"都蕴含了特定的句法语义信息,并具有特定的语用功能。但是,值得指出的是,这些"语块"并不是"铁板一块",而是可能变化的,具体表现为三种情况:语块的移位,语块的伸缩,语块的消失。正因为"语块"是可能变化的,所以我们借鉴数学中"参数"的概念,把它看做是"参数变量"现象,并证明这些参数变量对构式变异的影响。

### 11.1.2 本文的不足之处

本文在梳理当代西方构式语法理论学术渊源的基础上,借鉴以 Goldberg 为代表的认知构式语法理论关于构式承继问题研究的观点,全面、系统地研究汉语构式的承继问题,并尝试多层次、多角度地探究承继性理据的本质。然而,根据构式语法理论的框架和基本观点,构式的承继问题存在于两个层面。一个层面是原型构式及其相关变式之间的承继,集中体现了构式基于隐喻类推的能产性效应,可以说是一种"内部"承继;另一个层面是不同构式之间的承继,集中体现了基于理据最大化原则的多重承继网络,可以说是一种"外部"承继。这后一个层面显然是更为重要的承继关系研究,构式语法理论作为功能认知学派的一个重要流派,初衷就是希冀通过构式承继关系的研究,构建起某种语言所有构式的一个承继网络系统,呈现这个承继网络系统的全部理据性"清单",进而发现跨语言的具有类型学价值的共性归纳。事实上,本文的考察和研究局限于前一个层面,即原型构式及其相关变式之间的承继,并没有涉及后一个层面。这样做是基于如下两方面的考虑:

第一,就构式语法理论本身来说,对于构式之间基于理据最大化原则的多重承继问题,目前仍停留在原则性思考和示例考察阶段,并没有实质性的进展。尽管学者们正在继续探索,希望呈现语言承继网络系统的理据性清单。但事实上能否实现,还不得而知。根据近一个多世纪以来的语言研究历程和现状,要实现这个愿望还是有难度的。当然,任何一种语言理论都只能解释部分语言事实,很难解决全部问题。如果事实就是如此,我们也就不苛求了,能做到什么程度就做到什么程度。

第二,就汉语构式研究现状来看,自觉地借鉴构式语法理论来考察汉语构式的研究成果，基本上也还停留在某个特定构式及其相关变体的承继关系。这方面的研究成果越来越多，方兴未艾。这是因为传统汉语句式或格式的研究，局限于句法语义层面的"分析"，没有从"整合"的角度，对这些句式或格式的整体语义，尤其是话语功能加以探索。因此，这就为汉语研究的发展提供了一个广阔的空间，引起了学界的极大关注和兴趣。正因为个案研究成果非常丰硕，才有可能使我们进一步在此基础上，对汉语原型构式及其相关变式的承继关系加以全面、系统的梳理、分析、考察，并对相关问题意义加以探讨。

以上所述既是本文的局限，也是后续研究的目标。事实上，汉语研究者对于不同构式之间的多重承继性理据的研究成果也很多，只是不自觉的。至于目前汉语学界对此研究的现状究竟如何，或者说我们的后续研究应该如何继续进行，详见下文解读。

## 11.2 本课题后续研究的基本思路

本课题后续研究的主要目标就是汉语中不同构式之间的承继，可以说是一种"外部"承继。这种不同构式之间的多重承继网络的链接，依赖于各类具有句法、语义、语用属性的"理据"，而这些"理据"都具有跨范畴的共性特征。按照 Lakoff (1987)的观点，不同构式之间的多重承继网络是基于理据最大化原理形成的。Goldberg(1995)继承了 Lakoff 的观点，并在 2006 的专著中进一步强调了理据的象似性和层级性。在笔者看来，链接不同构式之间、凸显覆盖效应的各类"理据"是有层次的，这种层次性不但体现了从上位到下位的制约性，还体现了句法、语义、语用这三个层面由表及里的关联性。

### 11.2.1 语用驱动的理据探索

语言是人类的交际工具，这就决定了语用驱动是语言编码形式的根本动因，不同构式之间的承继链接，最终要受到语用驱动的制约。因此这是最高层次、最深层次的理据。

比如汉语缺乏严格意义上的"形态"，语序是最主要的句法表现手段。关于语用对语序的影响，至今为止讨论最多的就是信息流的自然方向是从旧信息到新信息的，这意味着表达旧信息的成分倾向于前置而表达新信息的成分倾向于后置。汉语句首的话题就是这个原则的明显反映，因为话题通常是旧信息，而陈述通常是新信息。但是仅仅把信息流的自然方向解释成从旧到新，许多同语用有关的语序现象仍然得不到解释，因此有必要对信息流的自然方向进行更广泛的解释。陆丙

# 第十一章 结语和思考

甫(2005)从类型学的角度探讨了语序优势的认知解释,认为语序是语法的核心部分,各种语言形态上千差万别,但是在语序上则表现出极大的共性。他以大量的汉语实例提出并论证了"可别度领先"的语序原则。"可别度"是指可识别的程度,即指称性成分容易识别与否的程度。这源于 Comrie(1979)的研究,他在调查宾格的分布时发现,生命度高的受事名词更倾向于使用宾格标记(有标记形式),而生命度低的受事名词倾向于省略宾格(无标记形式)。他认为生命度可以构成一个"自然类"(natural class),理论上的解释是:主语通常为有生命和定指的事物,宾语通常为无生命和不定指的事物。当宾语为定指或有生命的事物时,容易发生主宾角色的混淆,因此就更需要形式标志加以区分。Comrie 的所谓自然类,实际上也就是认知语言学中所说的原型范畴。这个自然类中两个成分的共同特征是什么呢?Lambrecht(1994)认为指别性("定指"或"不定指")的实质主要是"可能识别度"(identifiability),可以简称为"可别度"。基于这样的界定,就可把生命度也归入可别度,因为人类在进化过程中,发展出了对生物更敏感的认知特点。事实表明,可别度的各个范畴都同语序密切相关,这个原型范畴所涵盖的次范畴可以列举如下,每对范畴中左边那个的可别度都高于右边的那个,代表了语序的自然方向:

| | | |
|---|---|---|
| 旧信息 | > | 新信息 |
| 话题 | > | 陈述 |
| 高指别性 | > | 低指别性 |
| 指别性 | > | 描写性 |
| 高生命度 | > | 低生命度 |
| 背景 | > | 前景 |
| 框架 | > | 焦点 |
| 大单位 | > | 小单位 |
| 全部 | > | 部分 |
| 大量 | > | 小量 |
| 有界 | > | 无界 |

从可别度高的成分到可别度低的成分,这个语序方向同人类的认知总是从已知到未知的顺序有关。说到底,人类认知的本质就是用我们已经了解的事物去解释我们尚未解决的问题,用容易理解的去解释难以理解的。因此自然语言的信息流遵循可别度大小安排语序,是自然的趋势,也是语言的共性。

就目前的研究成果来看,属于语用驱动这个层面的"理据",还包括基于句法临摹原则的一些研究。比如戴浩一(1988)提出的"时间顺序原则",刘丹青(2002)提出的"联系项居中原则",吴为善(2010a)提出的"汉语四位同构原理",陆丙甫(2011)提出的"重度——标志对应律",等等。

### 11.2.2 语义结构的理据探索

语用驱动的理据是最高层次,最深层次的理据,因此对语言的语序编码、虚词使用、结构容量等有决定性的制约。而语用驱动理据会直接导致下级层次理据的存在,即一些具有共性的语义范畴的理据。

比如"致使"范畴就是目前国内外研究的热点。从上个世纪60年代开始,国外语言学界对"致使"范畴给予了相当的重视。主要研究者有Lyons(1968)、Talmy(1976)、McCawley(1979)、Comrie(1989)、Saeed(1997)等。国外语法学界对致使范畴的解释除了对致使动词的分析之外,主要是侧重于对致使句中所包含的事件进行考察。他们认为任何一个"使成情景"由两个情景成分组成,即"成因"和"成果"(结果)。这两个微观情景结合起来产生一个复杂的宏观情景,即"使成情景"(causative situation)。这一描述不仅揭示出致使结构内部是双述结构的特点,也反映了双述结构之间的因果关系。受国外研究的影响,国内近年来对致使范畴的研究也相当关注。学界认为所谓致使范畴就是致使情景的表达形式,指出"致使情景"是相对于"自主事件"(autonomous event)而言的。同时认为致使情景有两方面的特点:一是包含两个事件,二是两个事件有"作用——效应"关系,事件1导致事件2,或事件2因事件1而发生。学界对该构式所包含语义角色的描写虽然所用术语不尽相同,但基本分析相仿,认为一个致使范畴的构式,通常包括"致使者"、"致使方式"、"被致使者"和"致使结果"这四个基本语义角色。事实表明,致使范畴覆盖到汉语的很多构式,按照宛新政(2005)的梳理,主要有如下一些句式:

(一) 由特定标记构成的致使句

① "使"字句:

> 船上无线电的报告使他们忧虑。
> 他的神态和歌声令我入迷。

② 部分"把"字句:

> 你是想把我们家都饿死啊?
> 他可以把她落下几丈远。

(二) 由特定句法格式构成的致使句

① 使令句:

### 第十一章 结语和思考

你叫他们来当面谈谈。
你们应当强迫他干！

② 使成句：

孙广才几乎喊破了嗓子。
他们踏坏了一大堆白菜。

③ 部分"V得"句：

风吹得我十分舒服。
这女人缠得我受不了啦。

（三）由词语使动用法构成的致使句（使动句）

公交始发站要方便乘客。
他对病人的态度感动了更多的人。

可见一个语义范畴涉及到的不是单个的构式，而是一批构式，这就是不同构式之间承继链接的理据。按照学界前期的研究概括，汉语中已有研究成果涉及到的重要语义范畴包括"时间范畴"、"空间范畴"、"数量范畴"、"领属范畴"、"自主范畴"、"动态范畴"、"顺序范畴"、"持续范畴"、"趋向范畴"、"指示范畴"、"情态范畴"、"体貌范畴"、"程度范畴"等等。而且事实上汉语中还可以根据语法意义的表现和语法意义的分析需要归纳出更多的语义范畴。

#### 11.2.3 句法形式的理据探索

我们这里所说的句法结构理据，不是一般的句法结构关系，而是特指一些有区别性特征的结构形式，它们在一定范围内具有理据性，对不同构式之间的承继链接发挥作用。

比如定中结构中结构标记"的"的隐现形成"黏合式"与"组合式"的区别，朱德熙(1982：148)在分析汉语形容词的属性时对两者的区别进行了描写。陆丙甫(1988)进一步用"称谓性"和"非称谓性"的对立来概括"黏合式"与"组合式"的区别性特征。例如：

黏合式：黑鹅　老歌　白衬衫　新房子　木头桌子
　　　　呢子大衣
组合式：黑的鹅　老的歌　白的衬衫　新的房子　木头的桌子
　　　　呢子的大衣

陆丙甫指出上面所举的黏合式都是"称谓性"的,组合式都是"非称谓性"的。所谓称谓性就是"可命名性",即用黏合定中结构的形式给某一类事物赋予一个通名(genere),如生物分类学给某一物种命名。其中前一成分具有"分类性",对后边成分加以某种规约性的分类(参见张敏1998:232—252)。就句法层面来分析,中间不能插入结构标记"的",这是因为结构标记"的"的基本功能是"描写性"的,陆丙甫(2007)对此有详尽的论证。事实上我们对这种区别是很敏感的,如"北京的饭店"不同于"北京饭店",前者泛指在北京的饭店,而后者专指"北京饭店";"孩子的脾气"不同于"孩子脾气",前者专指孩子表现出来的脾气,而后者肯定不是。称谓性黏合定中结构是名词性的,就原型性来说,该构式的中心语成分都是名词,是一种"事物性称谓"。但该构式成型后,动词也能进入该构式,NV结构后边的V是一个具有事件指称性的动词,可以认定是一种"事件性称谓",N是从关涉对象范围方面对V加以分类。事实上,NN事物称谓和NV事件称谓具有句法、语义上的同一性,试比较:

NN事物称谓: 市场份额　干部素质　情报数量
　　　　　　图书质量　信息特征　环境状态
NV事件称谓: 市场监管　干部选拔　情报搜集
　　　　　　图书出版　信息处理　环境保护

上述实例中,NN事物性称谓中心语是典型名词;NV事件性称谓的中心语是"名动词"或"物化事件"类动词。但是从语感上我们看不出它们有什么区别,中心语N从名词到动词,整体构式从"事物性称谓"到"事件性称谓",表现为一种非离散性的连续统,显然具有同构性。这种区别在汉语句法结构编码中具有普遍性,郭继懋、王红旗(2001)从认知的角度对述补结构的"粘合式"和"组合式"的表达差异进行了分析,用说话人预设的"规约性"和"偶发性"来解释两者的差别,其中带"得"的补语往往用于表达说话人心中超预期的结果。这不但表现在述补谓语句中,还表现在如下一些句式:

"把"字句:他把孩子宠得一点礼貌都不懂。
"被"字句:他被累得手都抬不起来了。
动词拷贝句:村民们挖井挖出了金子。
受事主语句:县政府大楼盖得比五星级宾馆还豪华。

上述具有区别性特征的句法结构在汉语中很多,如"一量"组合可能表真值义(比如"来了一个人"),也可能表非真值义(比如"一个人也没来");通指类名处在主语位置通常定指(比如"客人来了"),而处在宾语位置通常不定指(比如"来了客

# 第十一章 结语和思考

人");陈述句中疑问代词置于否定词之前表"全量"(比如"什么都没说"),置于否定词之后表"部分量"(比如"没说什么,就随便聊聊");"不 V"和"没 V"都表否定,前者表示主观意愿(比如"他不去"),后者表示客观陈述(比如"他没去");形容词置于动词前做状语比较自由(比如"彻底解决了"),置于动词后做补语往往要加程度副词(比如"解决得很彻底")。诸如此类的区别在汉语中都在一定范围内具有共性,往往是不同构式之间承继的理据。

综上所述,汉语构式之间的多重承继链接的理据性研究,还有很大的探索空间,值得我们去发现、挖掘,也是笔者后续研究的主要方向。

# 参 考 文 献

Bolinger, Dwight L. 1971. *The Phrasal Verb in English*[M]. Cambridge, Mass. : Harvard University Press.

Boyd, Jeremy K. & Goldberg. Adele E. 2011. Learning what not to say: categorization and statistical preemption in "a-adjective" production[J]. *Language*.

Chao, Yuen Ren, 1968. *A Grammar of Spoken Chinese*[M]. University of California Press. 台湾敦煌书局1981. 中国话的文法(丁邦新译). 中国现代学术经典·赵元任卷(刘梦溪主编). 河北教育出版社, 1980.

Chomsky, N. 1957. *Syntactic Structure*[M]. The Hague: Mounton.

Chomsky, N. 1965. *Aspects of the Theory of Syntax*[M]. Cambridge: The MIT Press.

Chomsky, N. 1977. *Essays on Form and Interpretation*[M]. New York: Elsevier.

Chomsky, N. 1981. *Lectures on Government and Binding*[M]. Dordrecht: Foris.

Chomsky, N. 1993. A minimalist program for linguistic theory[J]. In K. Hale & S. J. Keyser (eds.), *The View from Building 20: Essays in Linguistics in Hornor of Sylvain Bromberger*[C]. Cambridge: The MIT Press.

Comrie, Bernard 1979. *The animacy hierarchy in Chukchee*[R]. In Clyne, Paul R, Hanks, William F., & Hofbauer, Carol L., editors, . The elements: a parasession on linguistic units and levels, including papers from the Conference on Non-Slavic Languages of the USSR (Chicago LinguisticSociety).

Comrie. 1989. *Language Universals and Linguistic Typology*[M]. 北京: 华夏出版社.

Croft, W. 2001. *Radical Construction Grammar*[M]. Oxford: Oxford University Press.

Croft, W. 2005. Logical and Typological Arguments for Radical Construction Grammar[J]. In Jan-Ola Östman. & Mirjam Fried (eds.) *Construction Grammars*[C]. Amsterdam: John Benjiamins Publishing Company.

Diessel, H. 1997. Verb-first constructions in German[A]. In M. Verspoor, K. D. Lee, and E. Sweetser (eds.), *Lexical and Syntactical Constructions and the Construction of Meaning*[C]. Amsterdam: John Benjamins.

Evans, V. and Green M. 2006. *Cognitive Linguistics: An Introduction*[M]. Edinburgh: Edinburgh University Press.

Fillmore, Charles J. 1966. Toward a Modern Theory of Case[J]. In Raibel D. A. & S. A. Schane(eds.). *Modern Studies in English: Readings in Transformational Grammar*[C]. Englewood Cliffs, NJ. : Pretnice-Hall.

Fillmore, Charles J. 1975. An Alternative to Checklist Theories of Meaning[J]. In Cogen C. et al. (eds.). *Proceedings of the Berkeley Linguistic Society* [C]. Berkeley: Berkeley Linguistics Society.

Fillmore, Charles J. 1985. Frames and the Semantics of Understanding[J]. *Quaderni di Semantica* 6(2).

Fillmore, Charles J. 1988. The Mechanisms of "Construction Grammar"[J]. *Proceedings of the Annual Meeting of the Berkeley Linguistics Society*.

Fillmore, Charles J., Paul Kay & Mary Catherine O'Connor. 1988. Regularity and Idiomaticity in grammatical constructions: The case of Let alone[J]. *Language*, 64(3).

Fried, Mirjam. & Jan-Ola Östman. 2004. *Constructional Approaches to Language. Vol. 2: Construction Grammar in a Cross-Langauge Perspective* [M]. Amsterdam: John Benjiamins.

Goldberg, Adele. E. 1995. *Constructions: A Construction Grammar Approach to Argument Structure*[M]. Chicago and London: The University of Chicago Press.

Goldberg, Adele. E. 2006. *Constructions at work: the Nature of Generalization in Language* [M]. Oxford University Press.

Hopper, Paul & Thompson Sandra A. 1980. Transitivity in grammar and discourse[J]. *Language 60*.

Ji Xiaoling, 1995,. *The Middle Construction in English and Chinese* [A]. A thesis of The Chinese University of Hong Kong.

Kay, Paul. & Fillmore, C. 1999. Grammatical Constructions and Linguistic Generalizations: the What's X doing Y? *Construction*[J]. *Language* (75)1.

Kuno, S. 1987. *Functional Syntax: Anaphora, discourse and empathy.* [M]. Chicago and London: University of Chicago Press.

Lakoff, G. 1973. *Fuzzy Grammar and the Performancy/Competence Game* [R]. Papers from the Ninth Regional Meeting of the Chicago Linguistic Society.

Lakoff, G. & Johnson M. 1980. *Metaphors We Live By* [M]. Chicago: The University of Chicago Press.

Lakoff, G. 1987. *Women, Fire, and Dangerous Things*[M]. The University of Chicago Press.

Lakoff, G. 1993. The contemporary theory of metaphor[J]. In Andrew Ortony(ed.), *Metaphor and Thought*[C]. Cambridge: Cambridge University Press.

Lambrecht, Knud. 1994. *Information Structure and Sentence Form: Topic, Focus, and the Mental Representations of Discourse*[M]. Cambridge: Cambridge University Press.

Langacker, R. W. 1991. *Foundations of Cognitive Grammar, Vol. I: Theoretical Prerequisites* [M]. Stanford, Cal. : Stanford University Press.

Langacker, R. W. 1995. *Grammar and Conceptualization*[M]. Berlin: Mouton de Gruyter.

Langacker, R. W. 2005. Integration, Grammaticization, and Constructional Meaning[J]. In M.

Fried(ed.)*Grammatical Constructions: Back to the Roots*[C]. John Benjamins.

Langacker, R. W. 2007. *Congnitive Linguistics: Internal dynamics and interdisciplinary interaction*[M]. Berlin: Mouton de Gruyter.

Langacker, R. W. 2008. *Cognitive Grammar: A Basic Introduction*[M]. OUP.

Langacker, R. W. 2009. Developing constructions [J]. *Cognitive Linguistics* 20.

Lyons. 1968. *Semantics*. Vol. 1[M]. Cambridge University Press.

Lyons, J. 1977. *Semantics*: Volume 2[M]. Cambridge: Cambridge University Press.

McCawley. 1979. Lexical Insertion in a Transformational Gramma*r* [J]. *CLS*. 4, *ChicagoLinguistics Society*.

Michaelis, Laura A. 2001. Exclamative constructions[J]. In M. Haspelmath, E. König, W. Österreicher, and W. Raible (eds.). *Language Universals and Language Typology: An International Handbook*[C]. Berlin: Walter de Gruyter.

Newmeyer, Frederick J. 1999. Bridges between generative and cognitive linguistics[J]. In Leon de Stadler and Christoph Eyrich (eds.), *Issues in Cognitive Linguistics*: 1993 *Proceedings of the International Cognitive Linguistics Conference* 3—19 [C]. New York/Berlin: Mounton de Gruyter.

Osherson, Daniel., Ormond Wilkie, Edward E Smith, Alejandro Lopez & Eldar Shafir. 1990. Category Based Induction[J]. *Psychological Review* (97).

Pinker, Steven. 1989. *Learnability and Cognition: The Acquisition of Argument Structure* [M]. Cambridge, Mass.: MIT Press.

Saeed. 1997. *Semantics*[M]. 北京: 外语教学与研究出版社..

Saussure, De Ferdinand 1959. *Course in General Linguistics*[M]. London: Peter Owen Limited.

Stefanowitsch, Anatol. 2008. Negative entrenchment: A usage-based approach to negative evidence[J]. *Cognitive Linguistics* 19.

Sung Kuoming, 1994. *Chinese Middle Construction*[A]. One part of his doctoral dissertation: Case Assignment Under Incorporation. University of California at Los Angeles,

Talmy. 1976. Semantic Causative Types[J]. Shibatani. (ed.) *Syntax and Semantics* 6: *The Grammar of Causative Constructions*.

Taylor, John. 2002. *Cognitive Grammar*[M]. Oxford: Oxford University Press.

白丽梅,《汉语普通话中的"连……也/都"》,《中国语文》1981 年第 3 期。

蔡维天,《谈"只"与"连"的形式语义》,《中国语文》2004 年第 2 期。

曹　宏,《中动句对动词、形容词的选择限制及其理据》,《语言科学》2004 年第 1 期。

曹　宏,《论中动句的句法构造特点》,《世界汉语教学》2004 第 4 期。

陈　平,《试论汉语中三种句子成分与语义成分的配位原则》,《中国语文》1994 年第 3 期。

陈宁萍,《现代汉语名词类的扩大》,《中国语文》1987 年第 5 期。

崔希亮,《试论关联形式"连……也/都"的多重语言信息》,《世界汉语教学》1990 年第 3 期。

# 参考文献

崔希亮,《"把"字句的若干句法语义问题》,《世界汉语教学》1995年第3期。
大河内康宪,《量词的个体化功能》(靳卫卫译),《日本近、现代汉语研究论文选》(大河内康宪主编),北京:北京语言学院出版社,1993年。
戴浩一,《时间顺序和汉语的语序原则》,《国外语言学》1988年第1、2期。
戴浩一,《以认知为基础的汉语功能语法刍议》(叶蜚声译),《国外语言学》1990年第4期。
丁声树等,《现代汉语语法讲话》,北京:商务印书馆,1961年。
董燕萍、梁君英,《构式在中国学生英语句子意义理解中的作用》,《外语教学与研究》2004年第1期。
方梅,《从"V着"看汉语不完全体的功能特征》,《语法研究和探索》(九),北京:商务印书馆,2000年。
房玉清,《实用汉语语法》,北京:北京大学出版社,2001年。
傅爱平,《黏合式名词短语结构关系的考察和分析》,《中国语文》2004年第6期。
高增霞,《现代汉语连动式的语法化视角》,北京:中国档案出版社,2006年。
顾鸣镝,《语言构式的部分能产性问题再探——汉语"很+NP"构式的认知解释》,《西南交通大学学报》(社会科学版)2012年第2期。
郭继懋、王红旗,《粘合补语和组合补语表达差异的认知分析》,《世界汉语教学》2001年第2期。
贺阳,《"程度副词+有+名"试析》,《汉语学习》1994年第2期。
胡炳忠,《三声三字组的变调规律》,《语言教学与研究》1985年第1期。
黄锦章,《汉语格系统研究——从功能主义的角度看》,上海:上海财经大学出版社,1997年。
黄正德,《题元理论与汉语动词题元结构研究》,《当代语言学理论和汉语研究》,北京:商务印书馆,2008年。
江蓝生,《时间词"时"和"後"的语法化》,《中国语文》2002年第4期。
李福印,《认知语言学概论》,北京:北京大学出版社,2009年。
李淑静,《英汉语双及物结构式比较》,《外语与外语教学》2001年第6期。
李勇忠,《构式义、转喻与构式压制》,《解放军外国语学院学报》2004年第2期。
李勇忠,《祈使句语法构式的转喻阐释》,《外语教学》2005年第2期。
李宇明,《能受"很"修饰的"有X"结构》,《云梦学刊》1994年第1期。
李云靖,《"NP+的+VP"的结构和构式语法阐释》,《语言教学与研究》2008年第2期。
梁君英,《构式语法的新发展:语言的概括特质—Goldberg〈工作中的构式〉介绍》,《外语教学与研究》2007第1期。
林晓恒,《"都+V+的+N"的构式分析》,《语言研究》2006年第1期。
刘丹青、徐烈炯,《话题与背景、焦点及汉语"连"字句》,《中国语文》1998年第5期。
刘丹青,《汉语中的框式介词》,《当代语言学》2002年第4期。
刘丹青,《语言类型学与介词理论》,北京:商务印书馆,2003年。
刘丹青,《作为典型构式句的非典型"连"字句》,《语言教学与研究》2005年第4期。
刘丹青,《汉语名词性短语的句法类型特征》,《中国语文》2008年第1期。
刘丹青,《汉语"有"字领有句的语义倾向和信息结构》,《中国语文》2011年第2期。

刘　辉,《现代汉语事件量词的语义和句法》,上海师范大学博士论文,2009年。
刘润清、封宗信,《语言学理论与流派》(英文版),南京:南京师范大学出版社,2003年。
刘宇红,《George Lakoff语言理论的发展历程》,《外语教学》2002年第5期。
刘月华,《趋向补语通释》,北京:北京语言文化大学出版社,1998年。
陆丙甫,《流程切分和板块组合》,《语文研究》1985年第1期。
陆丙甫,《定语的外延性、内涵性和称谓性及其顺序》,《语法研究和探索》(四),北京:商务印书馆,1988年。
陆丙甫,《核心推导语法》,上海:上海教育出版社,1993年。
陆丙甫,《语序优势的认知解释》,《当代语言学》2005年第1、2期。
陆丙甫,《"的"的基本功能和派生功能:从描写性到区别性再到指称性》,《汉语词汇句法语音的相互关系》(徐杰、钟奇主编),北京:北京语言大学出版社,2007年。
陆丙甫,《重度—标志对应律——兼论功能动因的语用性落实和语法性落实》,《中国语文》2011年第4期。
陆俭明,《再谈"吃了他三个苹果"一类结构的性质》,《中国语文》2002年第4期。
陆俭明,《现代汉语语法研究教程》,北京:北京大学出版社,2005年。
陆俭明,《构式—语块汉语教学》,蔡昌卓主编《多位视野下的汉语教学——第七届国际汉语教学学术研讨会论文集》,桂林:广西师范大学出版社,2009年。
陆俭明,《构式与意象图式》,《北京大学学报(哲社版)》2009年第3期。
陆俭明,《"构式—语块"句法分析法》,《汉语语法语义研究新探索》,北京:商务印书馆,2010年。
陆宗达,《说文解字通论》,北京:北京出版社:1981年。
吕叔湘,《现代汉语单双音问题初探》,《中国语文》1963年第6期。
吕叔湘,《汉语语法分析问题》,北京:商务印书馆,1979年。
吕叔湘,《现代汉语八百词》(增订本),北京:商务印书馆,1980/2009年。
吕叔湘,《"把"字用法研究》,载《汉语语法论文集》,北京:商务印书馆,1984年。
马庆株,《时量宾语和动词的类》,《中国语文》1981年第2期。
马庆株,《现代汉语的双宾语构造》,《语言学论丛》(十),北京:商务印书馆,1983年。
梅祖麟,《从汉语"动、杀"、"动、死"来看动补结构的发展》,《语言学论丛》(十六),北京:商务印书馆,1991年。
牛保义,《构式语法理论研究》,上海:上海外语教育出版社,2011年。
齐沪扬等,《与名词动词相关的短语研究》,北京:北京语言大学出版社,2004年。
石定栩,《乔姆斯基的形式句法——历史进程与最近理论》,北京:北京语言文化大学出版社,2002年。
沈家煊,《"有界"与"无界"》,《中国语文》1995年第5期。
沈家煊,《英汉对比语法三题》,《外语教学与研究》1996年第4期。
沈家煊,《"在"字句和"给"字句》,《中国语文》1999年第2期。
沈家煊,《语言的"主观性"和"主观化"》,《外语教学与研究》2001年第4期。
沈家煊,《如何处置"处置式"——论"把"字句的主观性》,《中国语文》2002年第5期。

沈家煊,《再谈"有界"与"无界"》,《语言学论丛》(三十),北京:商务印书馆,2004年。
沈家煊,《也谈能性述补结构"V得C"和"V不C"的不对称》,《语法化与汉语研究》(二),北京:商务印书馆,2005年。
沈家煊,《概念整合和"浮现意义"》,复旦大学望道论坛学术报告,2006年。
施春宏,《汉语动结式的句法语义研究》,北京:北京语言大学出版社,2008年。
宋文辉,《现代汉语动结式的认知研究》,北京:北京大学出版社,2007年。
宋玉柱,《说起来及与之相关的一种句式》,《语言教学与研究》1980年第1期。
石定栩,《乔姆斯基的形式句法——历史进程与最近理论》,北京:北京语言文化大学出版社,2002年。
石毓智,《语法的形式和理据》,南昌:江西教育出版社,2001年。
石毓智,《英汉双宾结构差别的概念化原因》,《外语教学与研究》2004年第2期。
谭景春,《名形词类转变的语义基础及相关问题》,《中国语文》1998年第五期。
宛新政,《现代汉语致使句研究》,杭州:浙江大学出版社,2005年。
王灿龙,《句法组合中单双音节选择的认知解释》,《语法研究和探索》(十一),北京:商务印书馆,2002年。
王洪君,《汉语的韵律词与韵律短语》,《中国语文》2000年第6期。
王健慈,《汉语评判动词的语义类》,《中国语文》1997年第6期。
王　力,《中国现代语法》,北京:商务印书馆,1945年。
王　敏,《现代汉语"起来"的句法、语义分析》,《淮北煤炭师范学院学报》2003年第3期。
王　寅,《构式语法研究(上卷):理论思索》,上海:上海外语教育出版社,2011年。
王　寅,《构式语法研究(下卷):分析应用》,上海:上海外语教育出版社,2011年。
吴葆棠,《一种有表失义倾向的"把"字句》,《句型和动词》,语文出版社,1987年。
吴长安,《"爱咋咋地"的构式特点》,《汉语学习》2007年第6期。
吴海波,《〈运作中的构式:语言中概括的本质〉简介》,《当代语言学》2008年第4期。
吴怀成,《关于现代汉语动转名的一点理论思考》,《外国语》2011年第2期。
吴为善,《论汉语后置单音节的粘附性》,《汉语学习》1989年第1期。
吴为善,《汉语节律的自然特征》,《上海师范大学学报》(哲学社会科学版)2003年第2期。
吴为善、吴怀成,《双音述宾结果补语"动结式"初探》,《中国语文》2008年第6期。
吴为善,《认识论和语言观的思考:系统、信息、同构》,《东方语言学》(七),2010年。
吴为善,《自致使义构式"NP+VR"构式考察》,《汉语学习》2010年第6期。
吴为善,《递进性差比义构式及其变异》,《语言教学与研究》2011年第2期。
吴为善、夏芳芳,《"A不到哪里去"的构式解析、话语功能及其成因》,《中国语文》2011年第4期。
吴为善,《汉语韵律框架及其词语整合效应》,上海:学林出版社,2011年。
吴为善,《认知语言学与汉语研究》,上海:复旦大学出版社,2011年。
吴为善,《"NP(受)+VP(t)+QM"构式的多义性及其同构性解析》,《世界汉语教学》2012年第2期。
吴为善,《"V起来"构式的多义性及其话语功能解析——兼论英语中动句的构式特征》,《汉语学习》2012年第4期。
吴为善,《事件称谓性NV构式的来源、属性及其整合效应》,《语言教学与研究》2013年第1期。
吴宗济,《普通话三字组变调规律》,《中国语言学报》1984年第2期。
项开喜,《"一M比一MA"格式试探》,《语言教学与研究》1993年第2期。
熊学亮,《英汉语双宾构式探析》,《外语教学与研究》2007年第4期。
熊学亮、杨 子,《"V+NP+NP"结构的语用分析》,《外语与外语教学》2008年第6期。
许国萍,《现代汉语差比范畴研究》,上海:学林出版社,2007年。
徐烈炯,《汉语是话语概念结构化语言吗》,《中国语文》2002年第4期。
徐盛桓,《试论英语双及物构块式》,《外语教学与研究》2001年第2期。
徐盛桓,《相邻关系视角下的双及物句再研究》,《外语教学与研究》2007年第4期。
杨建国,《基于动态流通语料库的汉语熟语单位研究》,北京:北京语言大学,2009年。
姚占龙,《也谈能受程度副词修饰的"有+名词"结构》,《汉语学习》2004年第4期。
张伯江、方 梅,《汉语功能语法研究》,南昌:江西教育出版社,1996年。
张伯江,《现代汉语的双及物结构式》,《中国语文》1999年第3期。
张伯江,《论"把"字句的句式语义》,《语言研究》2000年第1期。
张国宪,《"V双+N双"短语的理解因素》,《中国语文》1997年第3期。
张国宪,《现代汉语形容词的典型特征》,《中国语文》2000年第5期。
张建理,《英汉双宾句认知对比研究》,《外国语》2006年第6期。
张 敏,《从类型学和认知语法看汉语重叠现象》,《国外语言学》1997年第2期。
张 敏,《认知语言学与汉语名词短语》,北京:中国社会科学出版社,1998年。
张 韧,《转喻的构式化表征》,《外国语》2007年第2期。
张旺熹,《"把字结构"的语义及其语用分析》,《语言教学与研究》1991年第3期。
张旺熹,《汉语句法重叠的无界性》,《语法研究和探索》(十三)北京:商务印书馆,2006年。
张谊生,《现代汉语副词研究》,上海:学林出版社,2000年。
章丽燕,《"有+N双"构式的整合度高低及其层级分布》,上海师范大学硕士学位论文,2011年。
周 红,《现代汉语致使范畴研究》,上海:复旦大学出版社,2005年。
周 韧,《现代汉语韵律与语法的互动关系研究》,北京:商务印书馆,2006年。
周小兵,《汉语"连"字句》,《中国语文》1990年第4期。
邹韶华,《中性词语义偏移的原因及其对语言结构的影响》,《语法研究和探索》(四),北京:北京大学出版社,1988年。
赵元任,《汉语口语语法》,北京:商务印书馆,1979年。
朱德熙,《语法讲义》,北京:商务印书馆,1982年。
朱德熙,《语法问答》,北京:商务印书馆,1985年。
朱 军,《汉语构式语法研究》,北京:中国社会科学出版社,2010年。
祝 莉,《"很+NP"类结构及其语用价值》,《广州大学学报(社会科学版)》2004年第4期。

# 后　　记

　　笔者在上海师范大学对外汉语学院攻读博士学位期间主要研究汉语构式的承继关联，所以本文是笔者在博士论文的基础上对构式承继性理据的延伸研究和后续概括。全文以 Adele E·Goldberg 为代表的认知构式语法学派关于承继问题的论述为理论依据，结合汉语学界相关研究的成果，以典型示例分析的方式，分别论述句法同构与多义解读、原型构式与隐喻派生、词类准入与构式赋义、语块整合与构式义提炼、语用心理与语境适切度，以及参数变量与语块变异等问题，希望对构式的承继性理据问题有一个全面、系统的梳理和阐释。需要说明的是，尽管倾注了大量心血在构式的承继网络中探寻共时平面的理据，但限于笔者的视界和逻辑辨析能力，难免会有疏漏之处。因此，笔者期待着大家对文中一些不尽成熟的看法与论述批评指正，并会把这些经验指导作为我今后研究的目标与方向。

　　回望这些年来取得的那么一点成绩，笔者必须承认这部书稿凝聚了很多人的智慧，承载了许多人的期望。特别要感谢我的导师吴为善教授，他不仅指导我完成书中的主要内容，还在百忙中为本书写序，并对学界现存的一些疑问作了回应；感谢金锦龙先生，少了他的鞭策和鼓励笔者很难顺利地突破学业上的"瓶颈"；也要感谢我的师兄吴怀成博士，师姐石慧敏、匡腊英博士等，他们给予我的每一次指导和点拨都是一种真心与无私地付出；还有笔者的两位好友，感谢汤京鹏教授在明尼苏达大学的图书馆中为我查找外文资料，感谢田苗导演在北京国子监的新年祈福。

　　书稿出版在即，还要感谢学林出版社的吴耀根先生，他乐于助人、耐心细致，为本书的出版付出了很多辛勤的劳动，在此深表谢意。

顾鸣镝<br>于 2013 年春节

www.ingramcontent.com/pod-product-compliance
Lightning Source LLC
Chambersburg PA
CBHW062138160426
43191CB00014B/2316